爭辯中的兩岸關係理論

包宗和、吳玉山 ◆ 主編

包宗和、吳玉山、高 朗、張五岳
吳秀光、冷則剛、石之瑜、明居正　合著
袁易

作者簡介

包宗和

美國德州大學奧斯汀分校政治學博士，現任國立台灣大學政治學系教授兼副校長、台灣歐洲聯盟中心主任。研究領域為國際政治、外交決策、美國外交政策、國際衝突、國家安全、博奕理論、國際政治理論、兩岸關係。

吳玉山

美國柏克萊加州大學政治學博士，現任中央研究院政治學研究所籌備處特聘研究員兼主任、國立台灣大學政治學系合聘教授。主要研究領域為社會主義國家政治經濟轉型、新興民主國家民主鞏固與憲政設計、兩岸關係與國際關係理論。主要區域專長為台灣、中國大陸、東歐與俄羅斯。

高　朗

美國馬里蘭大學政治學博士，台灣大學政治學系教授，研究專長為比較政府、國際政治外交。

張五岳

國立政治大學法學博士，現任淡江大學中國大陸研究所副教授兼所長、陸委會諮詢委員、經濟部顧問。研究領域為兩岸政經專題、中共對台政策、兩岸談判協商、兩岸經濟與亞太區域經濟整合機制、港澳議題。

吳秀光

美國羅徹斯特大學政治學博士，現任國立台北大學公共行政暨政策學系教授。研究專長為公共選擇論、博弈理論、政治學、實證政治學理論及其方法、衝突理論、公共政策、國際組織行政、談判學研究、東北亞地區安全政策研究。

冷則剛

美國維吉尼亞大學政府與外交博士，現任中央研究院政治學研究所籌備處研究員、國立政治大學政治學系合聘教授。研究專長為兩岸關係、全球化政治、中國大陸政治經濟發展。

石之瑜

美國丹佛大學國際研究博士、哈佛大學碩士與國立台灣大學學士，現任台灣大學政治學系教授、國立中山大學政治學研究所兼任教授。開授政治心理學、文化研究與中國研究等相關課程，並指導中國大陸事務學會迄今逾18年。

明居正

美國聖母大學政治學博士，現任國立台灣大學政治學系教授。研究專長為中共政治、中共外交、國際關係、中國外交（清末與民國）及兩岸關係。

編著序

Preface

　　國內有關台海兩岸的學術研討會非常多，相關著作論文則多偏向政策與實務方面，理論性的探討比較少。事實上，理論面向的研究可以強化政策的內涵與深度，而實務面向的探討則可檢證理論的效度與廣度，兩者應是相輔相成的。故當今年年初我的同仁吳教授玉山兄向我提及有意在八十七學年度第一學期舉辦一場兩岸關係理論研討會，並已獲得行政院陸委會企劃處處長詹志宏先生答應贊助時，我即欣然表示同意。

　　研討會的內容架構幾經系內與兩岸研究有關之同仁反覆磋商後，決定分為兩岸互動面向理論探討，台灣的大陸政策與大陸的對台政策及國際環境面向理論探討等三個場次。第一場次包含整合理論、分裂國家模式及賽局理論三個部分；第二場次則包含大小政治實體與議題空間分析、大陸政策的根源——階級與利益團體及大陸對台政策的政治心理詮釋等幾個部分；第三場次則包含戰略三角、國際體系與國際典制三個部分。這些內容已大致涵蓋了兩岸關係研究中之相關理論，藉以建構出影響兩岸關係之內外環境因素的理論體系。

　　研討會進行相當順利，會中學界朋友出席踴躍，發言熱烈，令人有喜出望外的感覺，也對未來兩岸關係之理論性研究增添不少信心。為使會中論文能引起更多的迴響，我們決定以野人獻曝、拋磚引玉的心情，將論文付梓出版，使更多的學術菁英能加入兩岸關係理論研究的行列之中。

　　對於這本書能夠順利誕生，我首先要感謝所有論文發表人的心血付出以及論文評論人的寶貴意見。我也非常感謝陸委會企劃處的熱心贊助以及五南圖書出版公司之同意發行，使本書之出版成為可能。至於玉山兄從研討會的精心擘劃，到準備過程的憚精竭慮，以及研討會結束後主動與五南

洽商出書，乃至於對整個編輯工作的盡心投入，都是我所深深感激與佩服的。而系中同仁的實質與精神支持，系辦助教張嘉倩、張慧瑾、王辰元小姐及組員趙永如小姐無怨無悔的協助，唐欣偉與林宛慧兩位同學參與編輯與校訂，玉山兄助理張志孝同學的全程幫忙，都是本書得以順利出版的原因，也謹此一併致謝。

　　盼望這項研究成果能為兩岸關係帶來深層的反思，也能為兩岸研究激起更多智慧的火花。

包宗和

識於台大法學院政治學系

民國87年12月20日

袁　易

　　美國威斯康辛大學麥迪遜分校政治學博士，現任國立政治大學國際關係研究中心中國政治研究所研究員、國立台灣大學政治學系兼任教授、《中國大陸研究季刊》主編、《政治科學論叢》編輯委員。研究領域為國際關係理論、國際安全建制、中國安全政策。教學課程包括國際關係理論、理念與國關理論、防擴散與國際安全，以及國關理論與兩岸關係等。

目錄　Contents

第十章　安全典則與美「中」關係：一個認知社群　的分析　**269**

第一章

爭辯中的兩岸關係理論

吳玉山

　　兩岸關係的快速發展始於1980年代。在此之前，台灣和中國大陸之間在政治、經濟、軍事等各個領域都是完全對立的。這種對立的局勢更是鑲嵌在冷戰的國際體系之內，同時受到兩岸政治格局的強烈制約。到了1980年代，大陸和台灣的政治結構都發生了巨大的轉變，國際體系也產生了前所未有的變遷，而兩岸的互動更以前所未有的速度快速展開。簡言之，大陸由於領導階層的更迭，從毛澤東式的極權政治與統制經濟轉向鄧小平式的威權資本主義，而台灣則從威權資本主義轉向多元開放的民主體制。也就是大陸進入了台灣過去的發展模式，並且取得了驚人的成功，而台灣在同時則離開了威權資本主義的發展模式，轉向了近乎民主資本主義的政經體制。在國際體系方面，中國大陸在華盛頓—莫斯科—北京的戰略三角當中逐漸取得了「樞紐」的角色，迫使美國遠離台灣。但是接下來的蘇聯崩解帶來了冷戰的結束，卻又減低了北京的戰略價值，造成華盛頓—台北—北京的關係大幅度波動。在台灣和大陸內部政治局勢與國際體系同時劇烈變動的環境之下，兩岸關係在經貿投資方面找到缺口，以一日千里之勢快速發展。然而經濟的互動卻是在政治的對立之下展開，於是形成了「經濟整合、政治疏離」的局面。國內政治（國內因素如何影響兩岸關係）、國際環境（國際體系如何影響兩岸關係）與兩岸互動（兩岸互動的模式）這三者明顯地形成了現階段兩岸關係的三個主要面向，也就成為台灣學術界研究兩岸關係的三個主要的領域。

　　在以下的討論當中，我們將分別處理兩岸互動、國內政治和國際體系這三個領域。在兩岸互動方面，我們整理出三個面向：整合理論、分裂國

家模式和博奕理論，分別由高朗、張五岳和吳秀光三位教授撰文討論。[1]在國內政治方面，有吳玉山和冷則剛兩位教授提出選票極大化策略模式和發展國家理論來詮釋在民主化之下台灣的大陸政策，以及石之瑜教授用心理分析途徑來詮釋大陸對於台灣的態度與政策。在國際環境方面則由包宗和、明居正和袁易等三位教授分別探討戰略三角理論、國際體系理論和認知社群理論。

在上述這九篇論文當中，我們廣泛地檢討了不同的研究範疇與研究途徑，以歸納出目前學術界對於兩岸關係研究的理論成果。本書所蒐集的九篇論文撰稿人都是國內學術界開創或熟稔兩岸關係研究各個主要途徑的學者。在各篇論文當中，我們檢討了各個途徑的根源，對兩岸關係適用的情形，該途徑的優點與缺點，及其對於兩岸關係的發展提供解釋和預測的能力。本書的目的是積累研究成果，檢討和比較各個研究途徑，以讓對於兩岸關係研究有興趣的讀者與研究人員能夠便利地掌握兩岸關係的研究現況，並激發學術界進一步研究的興趣。由於這個原因，本書的各篇論文並不是以兩岸關係的內容作為研究的焦點，而是將重點擺在研究兩岸關係的理論與途徑上。「工欲善其事，必先利其器」，本書正是以利其器作為主要的目的，而這正是有效地研究兩岸關係的先決條件。

兩岸互動面向

要將兩岸互動的過程與未來的發展用理論來加以詮釋，第一步必然是尋找可以適用於兩岸關係的理論通則，然後利用通則的解釋和預測能力來分析兩岸關係。要想這樣做，我們必須先回答以下的問題：究竟兩岸關係是屬於哪一類的關係？有沒有可相類比的事例？又有哪些現成的理論可以適用？這些問題帶領我們來到三個理論範疇：整合理論、分裂國家模式和

---

[1]　吳玉山在本書第五章「台灣的大陸政策：結構與理性」當中提出了「大小政治實體模式」，亦可視為兩岸互動理論的一種。

博奕理論。

高朗在本書當中分析整合理論在兩岸關係上的適用性。[2]他認爲雖然整合理論家對於整合這個概念的理解各不相同，但是都關切一個相同的問題，就是「二十世紀以來經濟與科技快速的發展究竟對國際社會成員間的互動產生何種影響？」整合理論可以分爲三個主要的流派：功能主義論、新功能主義和聯邦主義。功能主義以彌特尼（David Mitrany）爲代表，主張國際體系的形式將配合國際社會的功能需求而有所調整，也就是科技、經濟與通訊的快速進步會造成許多各國共通的問題，從而形成一股壓力，導致國際間合作的增多，並促成各國政治的結合。新功能主義以海斯（Ernst B. Haas）爲代表，認爲早期的功能論是科技經濟決定論，缺乏對於政治過程的理解。新功能論者認爲只有當政府、政黨和利益團體可以從整合的過程中獲得利益時，整合才會發生。因此新功能論特別著重「擴散效應」（spillover effect），主張先在較不敏感的科技或經濟領域建立功能連結與合作的制度，然後透過試誤的過程，逐步擴散，重新界定議題與衡量利益，而將整合的範圍加以延伸，以達成政治領域的整合。至於聯邦主義則主張先從政治著手，期望經由制度設計，使心理、社會和經濟仍有差距的不同政治體願意接受統一的安排，同時又維持高度的自主性，也就是先「統」再「合」，透過聯邦的建立，從政治的統一帶動經濟、社會和心理的逐漸整合。

高朗接著將整合理論的架構拿來分析兩岸關係，探討兩岸在何種條件之下得以啓動整合的過程。他依據杜意契（Karl Deutsch）的概念提出整合（心理、政策和制度的一致）和統一（政府的合併）兩個變項，構作了一個2×2的架構，提出了「整合且統一」、「整合而未統一」、「未整合且未統一」、「未整合但統一」四種組合，並且分別以日本、歐盟、美國與俄羅斯和加拿大與魁北克爲例。他認爲台灣和中國大陸目前是處於「未整合且未統一」的狀況。如果要達到「整合且統一」，可以依循兩條途

---

2 高朗，「從整合理論分析兩岸間整合的條件與困境」，本書第二章。

徑，一是「漸進式途徑」（gradual approach），就是先進行整合，再進行統一，這是台灣的主張。另外一個途徑是「概括式」（holistic）的，就是先統一再整合，這是大陸方面的主張。以目前兩岸關係來看，統一的前景固然遙遠，但是各種功能整合卻進展快速。站在功能主義和新功能主義的角度，經貿等功能的整合會逐漸外溢到政治的整合。這是否就是兩岸未來發展的方向呢？

新功能論者對於整合的有利條件和不利條件有許多的討論。從這些條件的角度來看，兩岸之間的政治整合仍然前途艱難。這是因為台灣民眾的認知是對大陸的情感日漸疏離，評價日漸負面；兩岸政治菁英的歧見仍深，尤其是民主和獨裁的價值不能相容；以及預期的利益不足，而代價高昂。由是以觀，台灣和中國大陸之間的政治整合仍然難以預期。[3]

整合理論主要是以歐洲統合作為經驗指涉，分裂國家模式則是以二次戰後在政治上分裂的數個政治體系（德國、韓國、越南、中國）作為主要的參考對象。張五岳在本書當中評述了分裂國家模式在兩岸關係上的適用性。[4]他認為分裂國家必須滿足以下的要件：在分裂前，分裂國家的國民意識與國家權力結構都是一個完整的單位；國家的分裂未經雙方人民的同意產生；分裂的至少一方不斷明白宣示以結束國土分裂、追求國家再統一為其國策；分裂雙方各自信奉不同的意識形態，採行不同的政治、經濟、社會體制；由於國際強權的介入，使得分裂國家雙方的互動與統一均涉及

---

[3] 吳新興對於兩岸整合的前景基本上也是採取謹慎的估計。他認為有時外部因素對於整合的過程會產生很大的影響；整合是一個漫長的過程，不可能一蹴即成；整合必須是出於自願，不能依靠戰爭的威嚇；整合必須由簡入繁，從「低政治」到「高政治」，循序漸進；整合是一個相互學習的過程，雙方都試圖說服對方，進展有時快，有時慢；菁英在整合過程當中所扮演的角色比一般大眾更為重要，同時因為菁英可以透過學習的過程而改變其觀點，因此更可能產生極大的作用；當整合不順利時，有可能會倒退而造成分解（disintegration）；透過不同的整合理論來觀察可以獲得更好的觀察和分析；最後，整合是一個複雜的、多面向的現象，不宜簡化理解。參見吳新興，《整合理論與兩岸關係之研究》（台北：五南，民國84年），及對於本書第二章論文在「兩岸關係理論研討會」發表時之評論。

[4] 張五岳，「分裂國家模式之探討」，本書第三章。

列強的權力平衡；分裂國家的問題非傳統的國際法所能規範。在這些特定的狀況之下，分裂國家是否表現出一定的互動模式呢？

分裂國家模式的理論性討論始於韓德遜（Gregory Henderson）、李鮑（Richard Ned Lebow）和史托辛格（John G. Stoessinger）等三人。韓德遜等人認為分裂國家會從初期的高度敵意、互不承認，並動輒試圖以武力顛覆對方；逐漸演進到中期的相互默認、接受共存，並降低意識形態對抗和抑制軍事衝突，開始進行人員交流；進而到積極的和解階段，密切交流且共同援外合作；最後則達到鬆散的政治整合（如邦聯），實現象徵性的統一。[5]我國學者魏鏞和丘宏達在1970年代開創了運用分裂國家概念來討論台灣和中國大陸關係的研究領域，魏鏞並發展出「多體制國家」的理論。在1980年代末兩岸關係解凍、接著德國和平統一、南北韓又共同加入聯合國後，用分裂國家概念來討論兩岸關係在學術界又獲得了極大的重視。[6]

如果要將兩岸關係和德國與韓國等的分裂狀況相比較，第一步就必須建立這些事例之間的可比性。由於兩德和兩韓的分裂是由於外力所致，而兩岸卻並非如此，所以兩岸關係是否可以和德、韓相比就受到很大的質疑。張五岳認為，對於一個研究者而言，其所關切的並非探討這些國家步上分裂的直接原因與顯性因素，而應該同時兼顧促成分裂國家走上分裂道路的間接原因與潛在因素，以及加深分裂雙方定型化的若干變數。當我們把這些因素和變數（包括國際強權的干預，分裂國家內部的歷史分歧、地緣差異、意識形態的衝突與權力的角逐等）考慮進去之後，便可以發現兩岸和兩德與兩韓都具有很大的相似性，可以共同適用分裂國家模式。

在確定了分裂國家模式的適用性之後，張五岳開始比較兩岸和東西德、南北韓處理主權問題的方式。他認為德國和韓國的經驗顯現出分裂國

---

[5] 參見Gregory Henderson, Richard Ned Lebow, and John G. Stoessinger, eds., *Divided Nations in a Divided World* (N.Y.: David McKay, 1974)。

[6] 參見張五岳，《分裂國家互動模式與統一政策之比較研究》（台北：業強，民國81年）。

家能夠正視國家的分裂狀態；雙方都能夠遵守聯合國憲章所揭櫫的和平解決爭端的原則；雙方都能夠承認對方的平等地位；雙方在外交上都接受雙重承認與雙重代表；分裂雙方對於彼此的關係均定位為是一種「特殊性質的內部關係」，而非國際關係；與在上述的基礎上，雙方透過制度化的溝通協商管道，開啟並致力於「正常化」健全關係，以規範雙方的互動與交流，並致力於雙方的互利與共榮。然而在兩岸關係上，雖然民間交流密切頻繁，但是政治關係卻尖銳對立。既欠缺官方直接對話管道，亦無法透過中介機構建立起制度化的協商途徑，而主權的宣示與管轄權的行使長期無法一致，更是國際間所罕見。

張五岳認為德韓模式無法在兩岸間適用，最主要的原因就是北京的態度。大陸不願意現實地承認台灣為對等的實體，並在此基礎上發展相互對應的關係模式，是兩岸間關係產生障礙的重要原因。

然而為什麼北京的態度如此決絕呢？吳玉山在本書的第五章中提出了「大小政治實體模式」，認為大小實力的差距是其中決定性的因素。就如同整合理論主要是以歐洲統合作為經驗指涉，分裂國家模式主要以德、韓等二次大戰後的分裂國家作為參考對象，「大小政治實體模式」也有特定的參照對象，就是蘇聯分解後十四個前蘇聯共和國和俄羅斯聯邦之間的關係。

在權力不對等和大國對小國有主權要求的情形之下，大國的政策是確定的，就是意圖屈服小國的意志，而小國對於大國卻可能採取「抗衡」（balancing）或「扈從」（bandwagoning）兩種不同的策略。「抗衡」和「扈從」這一套概念是Stephen M. Walt在研究聯盟起源時提出來的。[7]抗衡是指小國藉著增強本身的實力或是透過聯盟運用外力來抗拒大國要求小國屈服的壓力。而扈從則是小國單方面地限制本身的行為以避免和大國的核心利益相衝突，從而保持和大國之間的和緩關係。由於大國是採取高姿態來壓迫小國，所以小國基本上要在抗拒和屈服之間做一個抉擇，而不可

7　參見Stephen M. Walt, *The Origins of Alliances* (Ithaca: Cornell University Press, 1987)。

能和大國之間發展出真正平等的關係。對小國的執政者而言，或許並沒有抗衡的意圖，而只是尋求對等，但是由於大國的優勢地位和威權心態，拒絕從屬就必須抗拒大國的壓力，結果還是落入抗衡的選擇。直言之，在權力不對等和大國的主權要求之下，小國對於大國的政策選項是被侷限在抗衡和扈從兩者之間。在討論兩國關係的時候，由於大國的基本態度是一個常數項，所以決定大國和小國關係的主要變項就是小國在抗衡和扈從之間的抉擇。

抗衡和扈從是各有利弊的，那麼當一個小國在面對可能會兼併它的強鄰之時，究竟會採取哪一種策略呢？大小政治實體模式希望從雙方關係的結構當中尋求答案。吳玉山在檢視了前蘇聯十四個共和國和俄羅斯聯邦之間的關係後，發現各國對莫斯科的態度基本上受到兩個條件的左右。第一個是各國和俄羅斯比較的相對經濟發展程度，第二個是各國在西方所獲得的支持。一般而言，經濟發展程度相較俄羅斯為高的國家以及比較受到西方重視的國家從一開始就採取抗衡的政策，而且能夠持續，例如波羅的海三國（愛沙尼亞、拉脫維亞、立陶宛）。另一方面，經濟發展程度相對俄國為低以及較不受西方重視的國家或是自始就採取扈從的態度（例如中亞五國的哈薩克、烏茲別克、土庫曼、吉爾吉斯與塔吉克），或是不能堅持抗衡，而逐漸轉為扈從（例如西部三國的烏克蘭、白俄羅斯與摩多瓦與外高加索的喬治亞、亞賽拜然與亞美尼亞）。除了經濟發展和西方支持這兩個基本條件之外，國家的大小、俄裔在總人口當中所占的比例、文化差異和歷史經驗等都相當程度地影響了各國的對俄政策，但是經驗研究發現這些因素都沒有經濟發展和西方支持這兩個基本條件來得重要。因此當國家大小等因素和兩項基本條件衝突的時候，後者終會決定各國的對俄政策。

基於這樣的理解，吳玉山展開了對於兩岸經濟發展程度差距和西方（主要是美國）對於台灣支持程度的討論，並且驗證了這兩個因素也是決定台灣對大陸政策的主要條件。最後吳玉山提出了四個結論。第一，對兩岸關係而言，台灣對於中國大陸只有抗衡和扈從兩種選擇；第二，在兩岸經濟發展程度仍大的情形之下，台灣傾向於抗衡；第三，如果美國也支持台北對抗北京的壓力，則抗衡的選擇更為明確；第四，在台灣內部有不同

的政治團體和政治勢力，分別主張不同的大陸政策，它們的相對力量反映了台灣社會受到經濟和國際因素影響後所呈現的狀態（關於第四點吳玉山又提出了「選票極大化策略模式」來加以解釋）。

在本書所討論的兩岸互動模式當中最後一個途徑是博奕理論（game theory）。博奕理論適用於任何戰略情境，在此種情境當中行為者的抉擇會考慮到他所認知到對方的意向和決定。這樣看來，博奕理論適用的範圍非常之廣，也因此在兩岸關係的研究中運用博奕理論不必像前述三個途徑一樣努力建立適用性。然而博奕理論的廣泛適用性是建築在它的高度抽象性之上的。這個特徵的具體表現就是博奕理論學者所習慣使用的符號語言形成了與非博奕理論學者之間溝通的障礙。在本書當中，吳秀光運用博奕理論所提供的分類學來分析兩岸談判的結構，因而迴避了博奕理論學者所習用的符號語言。[8]

吳秀光將兩岸談判的結構分解為四個面向，而在每一個面向當中又舉出二到三個變數，最後對於每一個變數給予兩個選項值。特定變數的特定選項值代表特定的談判意含。吳秀光將兩岸談判用這樣一個的分類標準加以分析，得出其在每一個變數下的選項值，然後依據特定選項值所代表的意含來推定兩岸談判的特性。

談判的四個面向分別是：第一，談判當事者相對位置、數目及授權形式；第二，議題數目、關聯性及議程；第三，時間因素；第四，權力與協議的強制性。就第一點而言，又可再區分為談判當事者的數目（兩個選項值是兩造或多人）、兩階段談判競局（是或否）、隱密性與否（是或否）等三個變數。就第二點而言，又可區分為談判議題的數目（單一議題或複式議題）和議題的可操作性大小（大或小）。就第三點的時間因素而言，又可分為決策的時間（同時決定或依序決定）和時間成本（有或無）。就第四點而言，又可區分為權力對談判者行為的影響（有或無）、權力形式（對稱或不對稱）和協議的強制性（有或無）。兩岸談判是被定義為「兩

---

8 吳秀光，「兩岸談判之結構分析：由博奕理論出發」，本書第四章。

造」、「兩階段」、「無隱密性」、「複式議題」、「議程的可操作性大」、「決策依序決定」、「有時間成本」、「權力對談判者行為有影響」、「權力形式不對稱」、與「協議無強制性」。

由於是兩造談判,而雙方所掌握的資源又不均衡,因此談判對於台灣是不利的。因為是兩階段且無隱密性的談判,因此內部政治會影響談判代表在談判桌上的作為。由於是認知差異很大的團體間所從事的多議題談判,所以因為誤解及錯估而產生衝突的可能性高。由於協議無強制性,因此談判成功的判準不應該只是達成協議,而更應該考慮到協議能否被忠實執行。這些特性都是由於兩岸談判在各個變項上具有特定選項值的結果。

從整合理論到分裂國家模式、大小政治實體模式和博奕理論,我們檢閱了研究兩岸互動模式的主要途徑。這些途徑的共同特性是專注於台灣和中國大陸之間的關係,它們並沒有深入國內政治環境或是國際體系來找尋解釋兩岸關係的因素。在以下的討論當中,我們將探討在民主化的背景之下,台灣的大陸政策是如何制定的。

國內政治面向

兩岸關係必然會受到台灣和中國大陸各自政治局勢的影響。然而影響的根源是什麼?又是透過什麼機制?而對於雙方相互對應的政策(台灣的大陸政策和大陸的對台政策)又會產生什麼樣的影響呢?對這些問題學者有不同的看法。例如有人認為大陸的後極權威權體制(post-totalitarian authoritarianism)比較台灣的新興民主體制對於政策的決定擁有較大的能力,也因此較有可能採取激烈的行動。[9]也有人認為大陸的領導人由於不必對選民負責,也不用擔心反對黨的挑戰,因此可以有較大的讓步餘裕。

---

9 Andrew Nathan, "The Effect of Taiwan's Political Reform on Taiwan-Mainland Relations," in Tun-jen Cheng and Stephan Haggard, eds., *Political Change in Taiwan* (Boulder, Colorado: Lynne Rienner, 1992).

反而台灣的執政者由於受到社會輿論和反對黨的嚴密監督，因此缺少讓步的空間，結果行事僵硬。[10]不過也有學者認為台灣的民主體制為政府提供了真正的民意支持，同時也替台灣的談判代表提供了堅持立場的理由，從而使得北京的「強制外交」難以發揮，因此台灣的民主制度並沒有減少政府面對大陸時的談判能力。[11]

　　以上的討論主要是著眼於不同的政治體制對於雙方談判能力和態度偏好的影響。在這個議題之上一個更為細膩的看法就是吳玉山在本書中所提出的「選票極大化策略模式」。[12]這個模式先為大陸政策勾畫出一個議題空間，也就是認定台灣的大陸政策有兩個最主要的面向：一個是統獨爭議（認同面向），一個是經濟與安全的衝突（利益面向）。[13]由於台灣的民意長期以來在認同和利益的面向上都展現出常態分配，也就是在兩條軸線上分配曲線的峰點都趨近中央，因此在追逐選票的考慮之下，台灣各主要政黨的大陸政策都會逐漸向中間靠攏（唐斯法則）。[14]這就是說主流民意主張維持現狀，不尋求和中國大陸統一，也不主張宣布台灣獨立。同時選民多數也認為國家安全和經濟發展都非常重要，在兩岸政策上不可偏廢，既不贊成為了安全而阻宕和大陸的經濟聯繫，也不贊成為了經濟發展而全

---

[10]　參見Tun-jen Cheng, "The Mainland China-Taiwan Dyad as a Research Program," in Tun-jen Cheng, Chi Huang, and Samuel S.G. Wu, eds., *Inherited Rivalry: Conflict across the Taiwan Straits* (Boulder, Colorado: Lynne Rienner, 1995).

[11]　參見Chien-min Chao, "Cooperation amid Animosity: Changes and Continuity in Taiwan's Mainland Policy," paper presented at the International Conference on Cross-Straits Relations and Policy Implications for the Asia-Pacific Region, The Institute for National Policy Research, Taipei, March 27-29, 1995。

[12]　吳玉山，「台灣的大陸政策：結構與理性」，見本書第五章。

[13]　參見Yu-Shan Wu, "Moving towards the Center: Taiwan's Public Opinion and Mainland Policy in Shift," paper presented at the Workshop on Cross-Strait Relations, the University of British Columbia, Vancouver, August 21-22, 1998。

[14]　唐斯（Anthony Downs）在1957年提出在選民偏好常態分配的情形下，政黨的政策有向中央峰點移動的傾向，產生這種現象的原因是政黨希望將其選票極大化。參見Anthony Downs, *An Economic Theory of Democracy* (New York: Harper & Row, 1957)。

面開放貿易、投資與交通。在這種民意結構之下，以勝選爲主要考慮的政黨自然會淡化原先較爲強烈的大陸政策立場，而向中央趨近。這個理性抉擇的邏輯適用於國民黨、民進黨和新黨。

各黨在決定了本身大陸政策的位置之後，也就決定了對於中國大陸的態度。在這裡「選票極大化策略模式」採用了「大小政治實體模式」的看法，將台灣的大陸政策加以運作化，而提出了「抗衡」和「扈從」的兩分法。抗衡是指小國藉著增強本身的實力或是透過聯盟運用外力來抗拒大國要求小國屈服的壓力。而扈從則是小國單方面地限制本身的行爲以避免和大國的核心利益相衝突，從而保持和大國之間的和緩關係。基本上，如果一個政黨的大陸政策愈著重獨立與安全，則其態度就愈偏向抗衡。如果政黨的大陸政策愈著重統一和經濟，則其態度就愈偏向扈從。因此抗衡和扈從是由各政黨的選票極大化策略所決定的，這基本上是一個理性抉擇模式。

在本書中吳玉山對於「選票極大化策略模式」提出了以下的疑問。第一，將大陸政策分解爲認同和利益兩個面向是否合理？第二，在兩個面向當中，將統獨和經濟利益與安全利益加以對立起來是否合於事實？第三，政黨爭逐選票的策略模式是否僅限於向中間靠攏？第四，是否有其他的重要因素會繞過選民的偏好分配來影響各政黨的大陸政策，也就是選民偏好的分配眞的是決定各黨大陸政策最重要的因素嗎？對於這四個問題的回答是：第一，認同和利益兩個面向的分析幫助我們區分了舊國民黨和新黨的不同，以及民進黨美麗島系和新潮流系的不同。如果只是緊守統獨的單一面向，許多的政治狀況將無法解釋，各黨分歧的大陸政策也就無法清楚地表現出來。第二，和中國大陸的經濟交往確實會帶來一定的安全風險，因此台灣的經濟利益和安全利益在面對中國大陸時是難以得兼的。至於就長遠而言，台灣的總體安全狀況會不會因爲和大陸的經貿交往，帶來了較好的經濟表現而獲得增進，則暫不在討論之列。在此模型當中所關切的是和大陸的交往所帶來的短期影響。

第三，政黨爭逐選票的策略模式是否僅限於向中間靠攏？這一部分主

要是由兩個因素決定。第一個是選民偏好的分配樣式是否為常態分配；第二個是選舉制度是否獎勵爭取中間選民。如果分配的模式不是常態的，而是兩極的，那麼選票極大化策略應該會促使各黨向兩個極端移動。如果選舉制度是大選區，因而使得候選人可以用激進的主張來爭取立場強硬選民的支持，同時可以期待足夠當選的選票，則就算選民偏好不變，政黨也不一定會趨向中間地帶。此外如果是新興政黨，則由於主要的發展策略是爭出頭，而不是爭占有率，因此較不會像老牌政黨一樣以爭取中間多數選民作為最主要的目標。

　　第四個問題是理性的選票極大化考慮是否為最主要的決定大陸政策的依據。在選票極大化模式當中，各個政黨並不會完全集中到同一立場。維持各黨的基本取向是爭取選票的必要條件，因此所謂的趨向中間地帶是在維持本身基本立場的前提之下說的。這樣說來，各黨的基本取向仍然清楚有別，雖然向中央靠攏，但是並沒有抹殺了本身的意識形態。至於個別領袖的偏好可以被妥協的程度更大一些，但也不需要完全趨向同一。因此，我們一方面可以強調為了選票極大化各黨會向中點靠攏，一方面承認各黨的意識形態和政治領袖的個人偏好仍然繼續影響各黨的大陸政策。

　　相對於服膺理性抉擇典範的選票極大化策略模式，冷則剛在本書中提出了對於國家與社會途徑（state and society）的評述，並探討「發展性國家」（developmental state）能否適用於分析台灣對於中國大陸的經貿政策。[15]對於發展性國家的討論始於1980年代初的「喚回國家」（bringing the state back in）學術風潮[16]，並且在解釋東亞經濟奇蹟上取得了重要的地位。[17]但是發展國家的前提是國家具有自主性，能自定目標，同時具備

15　冷則剛，「大陸經貿政策的根源：國家與社會的互動」，本書第六章。

16　Peter Evans, Dietrich Rueschemeyer and Theda Skocpol, Bringing the State Back In (Cambridge: Cambridge University Press, 1985)

17　參見Chalmers Johnson, *MITI and the Japanese Miracle* (Stanford: Stanford University Press, 1982); Robert Wade, *Governing the Market: Economic Theory and the Role of Government in East Asian Industrialization* (Princeton, New Jersey: Princeton University Press, 1990)。

強大的能力來實現本身的意志。具體而言，東亞的發展國家具有以下的特點：第一，一個團結而有效率的官僚體系；第二，威權或權力集中型的政治體制；第三，國家對經濟活動的強力干涉；第四，國家影響力的幅度源於特殊的儒家文化傳統，而強有力的國家機構也進一步型塑以發展爲主體的政治文化。[18]但是由於東亞國家對於經濟的發展策略隨著時間的推移而逐漸改變，同時日本和南韓等高速成長的經濟也出現了嚴重的危機，因此發展國家的典範在1990年代便受到了嚴重的挑戰。[19]

冷則剛曾運用「國家與社會」途徑來分析台灣對大陸的經貿政策。[20]他認爲傳統東亞發展國家的四項特點在台灣政治民主化的背景之下無法繼續存在，因此在當前如果堅持發展國家的分析模式將會有窒礙難行之處。具體而言，冷則剛將國家與社會的關係細分爲以下四個課題：

1. 政治領導及官僚體系的團結程度，國家機構間的合作與衝突，以及決策過程；
2. 商業界對大陸經貿政策投入的方式、程度及效度。國家機構抗拒業界壓力的對策、議價過程及妥協結果；
3. 國家執行對大陸經貿政策的政策工具、執行效果、社會的因應對策及政策的演變；
4. 國家影響社會對總體大陸政策及大陸經貿政策價值判斷的方式及效果。

就第一點的官僚體系而言，我國在過去的威權時代，科技官僚和政

---

[18] 參見Thomas Gold, *State and Society in the Taiwan Miracle* (Armonk, NY: M.E. Sharpe, 1986); Stephan Haggard, *Pathways from the Periphery* (Ithaca: Cornell University Press, 1990)。

[19] 參見Walden Bello and Stephanie Rosenfeld, Dragons in Distress: *Asia's Miracle Economies in Crisis* (San Francisco: The Institute for Food and Development Policy, 1990); Paul Krugman, "The Myth of Asia's Miracle," *Foreign Affairs*, vol. 73, no. 6 (November/December1994), pp. 62-78。

[20] 參見Tse-Kang Leng, *The Taiwan-China Connection: Democracy and Development across the Taiwan Straits* (Boulder, Colorado: Westview, 1996)。

治強人之間雖然存在「主從關係」（patron-client relation），但是基本上政治強人並不干涉經貿政策的實際運作。科技官僚首先和美國顧問充分合作，接著從1960年代中期以後致力將台灣的經貿政策和有利於出口的國際環境接軌。然而此一菁英合作的模式在1980年代末期開始由於民主化的展開而逐漸解體。民主化對於台灣制定大陸經貿政策的官僚體系形成了有力的衝擊。國民黨的主流派和民進黨的溫和派形成了朝野聯盟，於是在政策產出方面國民黨對民進黨的獨立立場必須做出若干妥協和讓步，這包括在大陸政策方面採取中間的立場，並且由最高領導人直接介入實質的大陸經貿政策，以貫徹此一妥協議價的結論。經濟官僚逐無法再與政治紛爭絕緣，專業官僚與政客分立的情況也被打破。當經濟官僚的專業考量和當局的政治考量相左時，經濟官僚必須服從政治邏輯。往昔發展國家所強調的「先驅性官僚機構」在對大陸的經貿政策上並未形成，理性官僚的論證受到嚴重的挑戰。

就第二點的政商互動而言，經濟官僚不但受制於政黨政治，更被企業界所影響，失去了自主性。往昔國民政府遷台後，藉著分配美援、限制大型企業的興起，以及掌控國營企業，壟斷了社會上的稀少資源，同時防止企業扮演壓力團體的角色。此時各種工商協會主要只是國家宣傳與溝通政令的工具。在政權本土化之後，執政黨與本土企業的聯繫日增，國家和企業的主從關係逐漸轉換到民主時代的互賴合作關係。[21]雖然由於大企業對於國內市場和金融體系的依賴較大，因此對於政府的大陸經貿政策必須加以尊重，但是大企業為了本身的商業利益常能遊走於兩岸之間，抬高議價空間，而在本土獲得更多的利益。而工總、商總和工商協進會也以公開和不公開（例如私人管道）的方式促使政府開放大陸政策。

就第三點的政策工具、國家能力和政策執行工具而言，冷則剛指出台灣政府對於投資大陸主力的中小企業傳統上就缺乏約制的能力。台灣的中小企業由於不能夠滿足經濟發展初期的各種獎勵投資條例，又無法從正規

---

21 參見Karl Fields, *Enterprises and the State in Korea and Taiwan* (Ithaca: Cornell University Press, 1995)。

的金融管道獲得資金，因此相當仰賴以家族、社群和非正式的民間金融體系爲主的網絡，與政府政策並無直接的關連。因此當政府試圖管制台商和大陸的貿易、投資與資金獲得時，便缺乏著力點。

就第四點國家對於社會態度的影響力而言，冷則剛認爲在此國家機構仍然保持了相當大的能力。爲了增強政權的合法性和對抗中共的能力，國家採取了強調台灣主體性和本土性的政策，並且成功地型塑了社會的意見。民間所謂「台灣優先」民意的形成，與其說是多元社會自然互動的結果，不如從政權本土化的實際需要及與大陸折衝的角度來觀察。因此儘管國家機構對於業界的實質拘束力有限，其大陸政策卻廣受民眾支持。而國家機構對於民意調查結果的解讀，本身也成爲型塑對大陸政策的有力工具。

總體而言，發展國家在詮釋台灣對於大陸的經貿政策上顯有不足之處。官僚理性不但受制於政黨，也被企業所影響。雖然國家在型塑民意上仍保有若干的能力，但是實際的政策工具和執行效果都受到很大的限制。造成此一現象的原因便是民主化。民主化帶來了新的行爲角色，將大陸經貿政策暴露於多元政治的影響，而與台灣內部的權力互動相連結。

如果將吳玉山的「選票極大化策略模式」和冷則剛對於發展國家的評論相比較，可以看出二者都是以民主化作爲討論的前提背景。「選票極大化策略模式」認定民主化帶來了政黨競爭以及爭取中間多數選民的要求，於是各黨的大陸政策會趨同。對發展國家的評論則指出經濟官僚必須服從政治要求，執行中間的大陸政策。二者都認定在民主化下，國家自主的時代已經結束。不過兩個途徑最大的差異是「選票極大化策略模式」不探求民意趨中的原因，只是提出在常態分配的情況之下，各黨的大陸政策會向中間地帶靠攏。對發展國家的批評則認爲民意本身就受到國家機構的型塑，而後國家再透過對於民意的解讀來增強其大陸政策的合法性。

在討論了分析台灣大陸政策的途徑之後，我們可以將焦點轉移到中國大陸，開始評述研討大陸對台政策的理論。在這一方面，石之瑜在本書中採用了和吳玉山與冷則剛大相逕庭的研究方法，提出了心理分析的途

徑。[22]他認為要透過政治心理學、比較政治心理學和中國政治心理學，才能達到兩岸的政治心理研究。石之瑜並且對於其他研究途徑採取了批評的態度，認為不進入中共決策的人心，只是一味地講求客觀中立的知識論，試圖追求普遍性的理論貢獻，是不切實際的。他又認為此種實證主義的講究，是源於台灣進入後冷戰時期，想要在主體上和中國大陸有所區隔、追求平等所帶來的結果。不過兩岸心理分析並非是後實證主義。石之瑜認為應該把大陸當成外在的研究對象，同時又將其當成內於己的主體成分，如此游移於大陸內外，進出中共決策的人心，才能超越實證主義與後實證主義的論爭，才是有台灣特色的中國研究。

政治心理學以對於權威人格和國民性格的研究為濫觴。此一研究認為權威人格愈強，人的依賴性就愈高，而政治上的威權主義就愈盛行。到了60年代，政治心理學將焦點轉到對於政治態度的研究，這是受到選舉研究的影響。到了80年代，舉凡理性抉擇、社會交換、歸因、基模、誘因、風險規避、主觀判斷和效能感等理論都紛紛出現。而在90年代最為醒目的是屬於後實證主義的詮釋學，研究的主題包括認同與主體性等。

在中國政治心理學方面，出現最早的是國民性格的研究。有學者用權威人格來解釋文化大革命的爆發，用精神分析來理解保守與改革。近來又有對於中國公民文化的研究，大規模地運用社會調查，以探討中國人的政治態度；或利用田野調查，研究當事人的政治動機。此外，戰爭決策、談判風格、世界觀、領導風格、認同研究等都是中國政治心理學的主要題目。

在兩岸關係方面，雖然有若干研究採用了認知理論，但基調是兩岸基於互利而進行互動，而不是滿足什麼深層的需要，或是受到什麼知覺的誤導。但是政治心理分析可能貢獻於兩岸關係研究之處甚多。例如有些大陸領導人在看待台灣時以戰勝者自居，則妥協性自然小。又如在90年代當國民黨徹底台灣化之後，大陸與台北之間一下子從人情關係轉為主權關係，

---

22 石之瑜，「芝麻！開門　心理分析引領兩岸政策研究進入新境界」，本書第七章。

產生了許多的誤解。另外，大陸領導人的天朝思維、內戰思維和圍城思維都對於大陸對台態度和政策產生了重大的影響。最後，大陸人民有從權威人格、後殖民人格與後現代人格轉化為極權人格的可能，而這是兩岸關係的最大危機。這是因為極權人格者有高度的被迫害妄想，完全沒有人我分際的規範，有強烈的攻擊性，非常容易動員，並且需要依賴極權領袖來為他們指出醜類何在，並領導他們剷除這批想像中的奸邪。在文革中成長並受到極權人格影響的第三代人正在全面接班當中，由於他們對於權力上的限制或挫折忍耐程度有限，反擊手段沒有倫理規範的忌諱，因此對於兩岸關係容易造成波濤。

兩岸政治心理學可以採用的研究方法很多，包括實驗法、內容分析、社會調查、文本分析和精神分析等。對於這些途徑可以採取拿來主義，就是凡是有啟發的都接納。在研究的時候，研究者會發現其實是在根深蒂固地研究自己。兩岸關係研究對於兩岸的學者而言，是一種在全球化潮流中不知所以然的自我治療。這就是石之瑜所主張的帶有批評性的心理分析研究途徑。

在研討了兩岸互動模式和國內政治這兩個面向之後，我們將進入國際環境面向的探討。

國際環境面向

在討論國際環境因素對於兩岸關係的影響時，基本上可以區分兩種理論。一個是（新）現實主義的，一個是（新）自由主義（或理想主義）的。包宗和與明居正在本書當中所提出的「戰略三角理論」[23]和「國際體系理論」[24]基本上是屬於前者，而袁易所提出的「建構主義」則是屬於後

23　包宗和，「戰略三角角色轉變與類型變化分析－以美國和台海兩岸三角互動為例」，本書第八章。

24　明居正，「國際體系理論與兩岸關係」，本書第九章。

者的範疇。[25]

就現實主義來看，兩岸關係一方面是構成了台北—華盛頓—北京「小戰略三角」的一部分，一方面又是附著在整體的國際體系（overall international system）當中。[26]在本書中，包宗和檢視了羅德明（Lowell Dittmer）、羅致政和吳玉山的三角關係理論，並提出了本身的三角關係模型。羅德明的理論基本上提供了一個三角關係的類型學（typology）。依照三邊關係的友善（正面）或敵對（負面），他將不同的三角關係分爲三邊爲正的三邊家族型（Menage a trois）、二正一負的羅曼蒂克型（Romantic）、一正二負的結婚型（Marriage）與三邊爲負的單位否決型（Unit-veto）四類。[27]羅致政接續羅德明的類型學，並且更進一步認定在三角結構中負面關係的數目爲偶數時，結構就平衡而穩定，否則結構就不平衡，而關係也不穩定。[28]在台北—華盛頓—北京的三邊關係當中，美國是扮演結構平衡者的角色。

吳玉山將羅德明的類型學進一步運用到三角關係的角色上來。他細分了六種角色，分別爲樞紐（pivot）、朋友（friend）、夥伴（partner）、側翼（wing）、敵人（foe）和孤雛（outcast）。樞紐是在羅曼蒂克型三角關係當中和兩個側翼都維持友善關係的角色，同時獲得兩翼的追求。朋友是三邊家族型的三角關係當中三個行爲者所扮演的角色，而敵人是單位否決型三角關係當中三個行爲者的角色。最後在結婚型的三角關係當中，

---

[25] 袁易，「安全典制與美『中』關係—一個認知社群論的分析」，本書第十章。

[26] 關於大小戰略三角的理論，參見Yu-Shan Wu, "Exploring Dual Triangles: The Development of Taipei-Washington-Beijing Relations," *Issues and Studies*, vol. 32, no. 10 (October 1996), pp.26-52。

[27] 參見Lowell Dittmer, "The Strategic Triangle: A Critical Review," in Ilpyong J. Kim, ed., *The Strategic Triangle: China, the United States, and the Soviet Union* (N.Y.: Paragon House Publisher, 1987); "The Strategic Triangle: An Elementary Game-Theoretical Analysis," *World Politics*, vol. 33, no. 4 (July 1981), pp. 485-516。

[28] 羅致政，「美國在台海兩岸互動所扮演的角色—結構平衡者」，《美歐月刊》，第一卷，第十期（民國84年1月），頁39。

相互友善的兩個行為者是夥伴，被冷落在外的則是孤雛。對於戰略三角的行為者而言，友好關係愈多，角色愈有利。在友好關係數目相同的場合，另外兩個行為者如果彼此敵對，則對本身有利；如果彼此親善，則對本身不利，因為此時有被設計和出賣的可能。根據此一標準，六種角色的優越順序是樞紐、朋友、夥伴、側翼、敵人與孤雛。[29]吳玉山認為處於不利地位的行為者必然會有「提升角色」的動機，其方法不外是增加親善關係的數目，或是製造另外兩方面的嫌隙。在戰略三角關係當中，每一個行為者都會努力嘗試提升角色，而最佳狀況則是爭取到樞紐的地位。

　　包宗和的三角關係理論一方面接受了羅德明三角關係的類型學，同時又採用了羅致政的量化指標，和吳玉山「提升角色」的觀點，目的在透過量化定位找出三個行為者提升角色的取向。包宗和並且將其改良過的三角關係理論運用到1949年以來台北—華盛頓—北京的三邊互動，以從實例中檢證理論。具體而言，包宗和計算每一個角色和其他兩邊的關係，友善給＋1分，敵對給－1分，如此得到兩個數值。又計算另外兩邊的關係，友善給－1分，敵對給＋1分。最後將三個數值相加，得到角色的總效益值。這樣計算的結果，六個角色的效益大小變成：

樞紐＞朋友、夥伴＞側翼、敵人＞孤雛

　　接下來考慮到角色提升，必然是由孤雛透過破壞另兩個行為者（夥伴）彼此間的關係，或是改善本身和任一夥伴之間的關係。前者是將自身的角色提升到敵人的地位，同時將三角關係改變為三邊為負的單位否決型。後者則是將自身的角色提升為側翼，而將戰略三角由結婚型轉變為羅曼蒂克型。由側翼和敵人向朋友和夥伴提升角色，與最後提升到樞紐的角色，都是依據此一邏輯。如果要越級提升角色（如從孤雛到夥伴），則由於必須同時轉換一種以上的三角關係，因此會加倍困難。

---

29 吳玉山，《抗衡或扈從—兩岸關係新詮：從前蘇聯看台灣與大陸間的關係》（台北：正中，民國86年），頁182-183。

　　基於上述的理論，包宗和檢視了歷史上的美國與台海兩岸三角互動。他發現在1950年到1960年是結婚型三角關係；從1961年到1968年是理論上朝羅曼蒂克型三角關係過渡的結婚型三角關係；從1969年到1978年是行動上朝羅曼蒂克型三角關係過渡的結婚型三角關係；從1979年到1986年是朝向三邊家族型過渡的羅曼蒂克三角時期；從1987年到1994年是三邊家族型的三角關係；而從1995年迄今是從三邊家族退化爲結婚型，再提升爲羅曼蒂克型，進而逐漸回歸三邊家族型三角關係的時期。

　　觀察整個美國與台海雙邊關係的發展歷史，包宗和發現戰略三角三方在常態下均朝擴大角色效益的方向發展。而唯有當另兩方中的強勢一方有對弱勢一方擴大影響力或支配力時，方會暫時性降低自身角色效益的行爲。但當此一情況解除後，擴大角色效益的行爲又會再度出現。

　　相對於包宗和以美國和台海兩岸關係爲焦點的討論，明居正將分析的焦點轉移到整個的國際體系。他先區別了「外在因素派」和「體系影響派」。前者對於體系的理解是「超越國家層次之上或之外的因素的總和」。由於這些因素之間沒有結構性的聯繫，因此其實只是一份有助於歸類的檢查表。後者則是較爲完整的體系理論。在這一類的理論當中，華爾茲（Kenneth Waltz）所提出的觀點最爲精要，他專注於體系結構對於體系構成份子的影響力，並認爲此一影響力的來源是體系構成份子之間的社會化，以及體系構成份子在無政府環境下的相互競爭。[30]

　　如果將國際體系的分析運用到兩岸關係之上，明居正發現外在因素派基本上就是討論美國、中共和台灣之間的關係。大多數這一方面的文獻缺乏理論，僅爲傳統的現實主義。[31]就體系影響派而言，明居正運用華爾

---

[30] 華爾茲的理論根源於個體經濟學對於廠商數目和市場結構的討論，因此在體系變項的選擇上非常精要，務求執簡御繁。他對於其他體系論的批評集中在這些理論不能夠分清體系變項和次體系的變項。參見Kenneth N. Waltz, *Theory of International Politics* (Reading, Massachusetts: Addison-Wesley, 1979)。

[31] 明居正指出包宗和用博奕理論研究美國、中共和台灣的三邊關係是一個例外。參見包宗和，《台海兩岸互動的理論與政策面向》（台北：三民，民國79年）。

茲的理論來分析1991年蘇聯及東歐共產政權崩潰後對國際體系所帶來的衝擊，並由此推論其對亞洲局勢與兩岸關係所可能引發的激盪。他的結論可分爲以下幾點：

1. 以「極性」（polarity）來看，國際上已經形成了以美、歐、俄、日與中共所組成的「一霸四強」格局，各國都在爭取下一世紀的更佳戰略地位，彼此既合作又競爭；

2. 美國會繼續留駐亞洲，而中共及日本則已心照不宣地進入對抗，並交相與美國交好；

3. 美國對於中共的態度是長期促進和平演變，短期掌握人權、經貿、軍售和台灣等牌，但其使用有侷限性；

4. 就台灣的安全而言，推動東亞集體安全並不可行。台灣的戰略空間有三個：一，完全倒向中共，隱隱然與美日對抗；二，完全導向美日，隱隱然與中共對抗；三，立於二者之間。其中第三者較爲可行；

5. 要落實「立足於二者之間」的戰略，台灣對於大陸就必須進行和平演變，化被動爲主動。[32]

在檢討了利用國際體系理論來分析兩岸關係的文獻之後，明居正認爲只有「體系影響派」可以對兩岸關係提供理論的詮釋。體系影響派承襲了華爾茲「結構現實主義」（Structural Realism）的傳統，對於國際格局的變遷提供了完整而深入的解釋，具有其他理論所不能企望的預測能力，並且能協助決策者運用理性來判斷國家的最佳策略。不過，此一理論也有一些缺點，包括對於單一行爲者的假設；對於認知如何影響決策缺乏討論；

---

32 明居正，「國際新形勢下我國外交之走向」，載於蔡政文編，《台灣新契機》（台北：國家發展基金會，民國84年）；明居正，「美日安保宣言與我國之外交空間」，「開拓外交空間：1996年我國外交之回顧與展望」研討會論文，民國85年，中正大學，嘉義；明居正，「美國，中共與日本的戰略關係與台海風雲」，載於許光泰編，《香港回歸與大陸變局》（台北：政治大學國際關係研究中心，民國86年）。

沒有考慮到決策失誤與執行失誤；無法衡量在客觀環境變遷和主觀認知與政策修正間的時間差距[33]；以及「見林不見木」的缺點。明居正最後認為結構現實主義可以和戰略三角理論、博奕理論和預期效益理論相結合，以獲致更佳的成果。

　　包宗和的戰略三角理論與明居正的國際體系理論（結構現實主義）都是從現實主義出發，認為各國是在無政府的環境當中追求本身的安全利益，並嘗試發現在特定結構下的行為模式。兩者的前提假設都是結構與理性。袁易所提的「認知社群理論」則與此二者大相逕庭，展現出另外一套的分析模式。

　　袁易在廣泛地檢視了有關於安全議題的國際關係理論之後，提出傳統的現實主義和理想主義已經逐漸被新現實主義（結構現實主義）和新自由主義所取代。前者認為在無政府的國際環境之下必然產生安全困境，這是永久性的國際體系結構，而任何制式的國際安全合作終將失敗。後者則提倡國際典制（international regime）的概念，認為可以透過原則、規則和規範來約束國家行為而達成互惠效果，促成國際安全困境下的合作。新現實主義者面對新自由主義者的挑戰，仍然堅持權力均衡才是主導國際政治的要素，而國際典制不過是國際間權力分配的反映。總體而言，新現實主義和新自由主義在下述的六個概念上展開了不同的詮釋：無政府狀態的本質與結果、國際合作、相對與絕對利益、國家目標的優先順序、國際意向與能力，以及國際機構與典制。

　　雖然有這些差異，但是新現實主義和新自由主義仍然有許多類似之處。新自由主義者認為可以透過國際典制的建立，來改變國家的預期收益，從而在維持理性抉擇的假設之下，得以導引國家相互合作，化解安全困境。這種說法和新現實主義一樣都是強調結構、制度與理性。這兩個流派也都大量運用博奕理論來檢驗合作的可能性。二者都將文化和情感放在

---

[33] 參見吳玉山，「兩極體系的崩解與中共的外交政策」，載於江振昌主編，《國際新秩序的探索與中共》（臺北：政大國關中心，民國82年）。

次要的地位。

相對於新現實主義和新自由主義，「建構主義」（constructivism）倡議以文化為核心概念，來了解國際政治。該學派的主要倡導者溫特（Alexander Wendt）認為一國環境中所具有的文化或制度成份塑造了該國的安全利益或安全政策。無政府和安全困境不是外部客觀的環境，而是出於各國相互主觀的了解，所形成的一種社會結構。社會結構是由規範、共有認同和利益等成份所構成的，它們不能被化約為人性或國內政治等物質性的外在因素。在「安全困境」的結構當中，由於國家間的相互不信任，造成了各國對於彼此意圖上最壞的假設，進而才導致各國皆以自力救濟的方式來界定其利益。然而「安全共同體」（security community）則是一個全然不同的社會結構，它是由共享知識所構成，因此各國間能夠彼此信賴而不再以戰爭的方式來解決相互的爭端。

建構主義特別著重於規範、文化和認同的分析，因此在研究典制時，便反映出對於主體主觀性的重視。具體而言，制度的需要是由行為體的意識和知識所決定的，而意識和知識則是經過逐漸學習而形成的。任何一種國際合作都受制於人們的想像、知覺和信息的處理能力，因而任何國際合作都不是固定的，而是動態、變化和學習的過程。

袁易接受了建構主義對於新現實主義和新自由主義的批評，從文化和認知的角度來觀察美國和中共之間的安全典制。他建立了一個認知因素分析架構，其中包含了：一、認知社群體，包括國際組織、非政府組織和政府間組織所形成的跨國議題網絡；二、議題領域，即建立信任措施、軍備控制及戰區導彈防禦等；三、認知過程和傾向，即認知社群成員之知覺和學習等主要心智過程，它包括了目標評價（既定立場）、他我關係（其他相關的既定立場）以及訊息處理（潛在相關的非既定立場）等幾個功能。他特別強調了訊息處理不當會產生「知覺錯誤」，而嚴重影響危機處理的能力。知覺錯誤或是由於決策者所面臨的環境複雜及認知能力的侷限（認知型），或是由於決策者在面臨嚴峻情境時所生成的情感作用（動機型）。此種認知心理學的途徑是對於傳統理性抉擇模式的挑戰，其目的是

掌握安全典制的建立、發展和變遷，並期望能突破雙方的零合互動形態。

小　結

　　兩岸關係對於我們的國家安全、經濟發展、對外關係、乃至於國內政治都具有決定性的影響。[34]東亞的和平與安全與世界局勢在後冷戰時期是否能維持穩定也和兩岸關係息息相關。台灣自然是研究兩岸關係最適宜的場所，因為在這裡有充分的訊息，豐富的研究資源和強烈的研究動機。然而就是因為兩岸關係對於台灣的重要性和迫切性，使得學術界對於這個議題的研究偏重於重大事件的分析和政策的建議，學術與理論性的探討反而少見，這實在是一個很大的損失。

　　缺乏對於兩岸關係的理論研究無論在政策面或是學術面都會帶來嚴重的後果。就政策面而言，在面對瞬息萬變的兩岸關係時，固然學術界對於政府和社會大眾應該提供具體的政策建議，然而任何一種政策建議的背後都有特定的理論假設，這些理論假設的正確性卻少有人加以驗證。在整理和分析兩岸之間各種紛雜的現象時，研究者尤其需要一套理論的解釋架構，否則永遠無法歸納出任何規律，對於未來也就無法加以預測。當我們專注於眼前的變化或危機時，往往無法產生宏觀和整體的視野，因此不免侷促於解決當前的問題，而無法做長期的規劃。提出政策建議、解釋兩岸關係與應付當前危機都是學術界可以提供具體貢獻的地方，然而如果沒有理論的指引，沒有一樣工作可以順利達成。

　　就學術面而言，對於影響國家命運最關重要的兩岸關係自然應該有活躍的理論性討論，然而長期以來我國學術界對於發展兩岸關係的理論架構缺乏興趣，而將研究重點置於短期個案的分析。此不僅影響到研究的深度，也減少了我國學者所可能在國際學術界所產生的影響。很明顯地，國

---

34 參見Yu-Shan Wu, "Taiwan in 1994: Managing a Critical Relationship," *Asian Survey*,
　 vol. 35, no. 1 (January 1995), pp. 61-69。

際上如何看待兩岸關係對於我國的安全和發展具有重大的影響。在這裡我國學者具有很大的比較優勢，可以將我們對於兩岸關係的理解透過國際的學術討論展現出來。然而國際學界的理論要求高，台灣學者的優勢如果不能配合理論的發展和詮釋，將無法真正實現。因此加強對於兩岸關係的理論研究具有重大的學術和國際意義。

　　本書的九篇論文正是爲了彌補以上政策面和學術面的缺失。在兩岸互動模式、國內因素和國際環境因素這三個面向當中，我們各提出了三個途徑，相當程度地涵蓋了國內研究兩岸關係的主要理論模式。它們分屬於不同的面向，其中有的強調理性和結構（博奕理論、選票極大化策略模式），有的則強調文化和心理層面（政治心理分析、認知社群理論）；有的在相當程度上是西方理論在兩岸關係上的適用（國際體系理論、戰略三角），有的則是標舉本身的特色（大小政治實體模式、政治心理分析）；有的是適用於特定範圍（整合理論、分裂國家模式、發展國家），有的則是具有高度的抽象性與極廣泛的適用性（博奕理論）。這些理論和途徑有些相合，有些則相互衝突，然而它們都是研究兩岸關係重要的工具。在「工欲善其事，必先利其器」的考慮之下，它們都值得兩岸關係的研究者細加斟酌、比較。

參考書目

中文書目

包宗和，1990，《台海兩岸互動的理論與政策面向》，台北：三民。

吳玉山，1993，「兩極體系的崩解與中共的外交政策」，載於江振昌主編，《國際新秩序的探索與中共》，臺北：政大國關中心。

吳玉山，1997，《抗衡或扈從—兩岸關係新詮：從前蘇聯看台灣與大陸間的關係》，台北：正中。

吳新興，1995，《整合理論與兩岸關係之研究》，台北：五南。

明居正，1995，「國際新形勢下我國外交之走向」，載於蔡政文編，《台灣新契機》，台北：國家發展基金會。

明居正，1996，「美日安保宣言與我國之外交空間」，「開拓外交空間：1996年我國外交之回顧與展望」研討會論文，嘉義：中正大學。

明居正，1997，「美國，中共與日本的戰略關係與台海風雲」，載於許光泰編，《香港回歸與大陸變局》，台北：政治大學國際關係研究中心。

張五岳，1992，《分裂國家互動模式與統一政策之比較研究》，台北：業強。

羅致政，1995，「美國在台海兩岸互動所扮演的角色—結構平衡者」，《美歐月刊》，1(10): 37-54。

外文書目

Bello, Walden. and Stephanie Rosenfeld, 1990. *Dragons in Distress: Asia's Miracle Economies in Crisis*. San Francisco: The Institute for Food and Development Policy.

Chao, Chien-min. 1995. "Cooperation amid Animosity: Changes and Continuity in Taiwan's Mainland Policy." Paper presented at the International Conference on Cross-Straits Relations and Policy Implications for the Asia-Pacific Region, The Institute for National Policy Research, Taipei, March 27-29.

Cheng, Tun-jen. 1995. "The Mainland China-Taiwan Dyad as a Research

Program." In Tun-jen Cheng, Chi Huang, and Samuel S.G. Wu, eds., *Inherited Rivalry: Conflict Across the Taiwan Straits*. Boulder, Colorado: Lynne Rienner.

Dittmer, Lowell. 1981. "The Strategic Triangle: An Elementary Game-Theoretical Analysis." *World Politics* 33(4): 485-516。

Dittmer, Lowell. 1987. "The Strategic Triangle: A Critical Review." In Ilpyong J. Kim, ed., *The Strategic Triangle: China, the United States, and the Soviet Union*. N.Y.: Paragon House Publisher.

Downs, Anthony. 1957. *An Economic Theory of Democracy*. New York: Harper & Row.

Evans, Peter, Dietrich Rueschemeyer and Theda Skocpol. 1985. *Bringing the State Back In*. Cambridge: Cambridge University Press.

Fields, Karl. 1995. *Enterprises and the State in Korea and Taiwan*. Ithaca: Cornell University Press.

Gold, Thomas. 1986. *State and Society in the Taiwan Miracle*. Armonk, N.Y.: M.E. Sharpe.

Haggard, Stephan. 1990. *Pathways from the Periphery*. Ithaca: Cornell University Press.

Henderson, Gregory, Richard Ned Lebow, and John G. Stoessinger, eds. 1974. *Divided Nations in a Divided World*. N.Y.: David McKay.

Johnson, Chalmers. 1982. *MITI and the Japanese Miracle*. Stanford: Stanford University Press.

Krugman, Paul 1994. "The Myth of Asia's Miracle." *Foreign Affairs* 73(6): 62-78.

Leng, Tse-Kang. 1996. *The Taiwan-China Connection: Democracy and Development Across the Taiwan Straits*. Boulder, Colorado: Westview.

Nathan, Andrew. 1992. "The Effect of Taiwan's Political Reform on Taiwan-Mainland Relations." In Tun-jen Cheng and Stephan Haggard, eds., *Political Change in Taiwan*. Boulder, Colorado: Lynne Rienner.

Wade, Robert. 1990. *Governing the Market: Economic Theory and the Role of Government in East Asian Industrialization*. Princeton, New Jersey: Princeton University Press.

Walt, Stephen M. 1987. *The Origins of Alliances*. Ithaca: Cornell University Press.

Waltz, Kenneth N. 1979. *Theory of International Politics*. Reading, Massachusetts: Addison-Wesley.

Wu, Yu-Shan. 1995. "Taiwan in 1994: Managing a Critical Relationship." *Asian Survey* 35(1): 61-69.

Wu, Yu-Shan. 1996. "Exploring Dual Triangles: The Development of Taipei-Washington-Beijing Relations." *Issues and Studies* 32(10): 26-52.

Wu, Yu-Shan. 1998. "Moving towards the Center: Taiwan's Public Opinion and Mainland Policy in Shift." Paper presented at the Workshop on Cross-Strait Relations, the University of British Columbia, Vancouver, August 21-22.

第二章

從整合理論探索兩岸整合的條件與困境

高　朗

問題的緣起

自1987年台灣開放探親以來，兩岸間的政治、經濟、文化、體育與人員的交流日益頻繁，與此同時兩岸間軍事對峙漸趨緩和，不過政治鴻溝依然很深，主權爭議使兩岸至今未舉行政治談判，高層領導人亦從未互訪。

以往動員戡亂時期，兩岸關係全然隔離，軍事敵對，切斷了經濟、文化與人員的聯繫。可是，兩岸關係解凍後，政治對峙的現象依舊，相互間激烈的外交競賽，終而引發1996年的台海危機。惟兩岸間的經貿、文化與人員的交流，並未因兩岸關係的緊張，喪失動力，依存關係反而日深。也就是說，台灣與大陸之間，政治與軍事敵對未消除前，經濟、文化與人員的來往日益繁多。目前兩岸政治屬於零和關係，經貿卻是互補，衡諸各國歷史，極少先例可做類比。

本章擬從整合論（integration theory）的角度，檢討兩岸關係發展出現的問題。文章首先介紹整合理論主要派別的論點，然後從這些理論分析兩岸的統一策略，最後再探討兩岸整合面臨的困難。

整合論的派別

誠如西方學者所言，整合論並非一套有嚴謹命題的理論，不同的學

者於探討、發展整合論時，關懷的重點不同，所用的辭彙也很混淆。譬如「整合」一詞的概念，有的學者意指統一（unification），有的意指合作（cooperation）或比較多的自由貿易。[1]杜意契（Karl Deutsch）對「整合」下的定義是，將原先分離的部分（separate units）轉變成系統的部分（components of a coherent system）。學者海斯（Ernst Haas）定義「整合」爲創立政治體的過程。奈伊（Joseph Nye）對「整合」的定義更爲寬鬆，認爲國際社會成員在任何層面的連結（association），都視爲一種整合。

儘管整合論對自身的概念，都欠缺有效的整合，但並未減低整合論對國際政治的影響。主要的原因是整合論提出了重要的議題（issue），同時提出一套截然與傳統權力政治（power politics）不同的解釋架構。整合論關懷的問題是二十世紀以來經濟與科技快速的發展，究竟對國際社會成員間的互動產生何種影響？整合論者分析的重點或許不同，然而他們都注意到隨著經濟與科技的發展，國家與國家間的依存關係日深。此種關係發展的過程（process）爲何？以及最終的結果（end product）爲何？由於涉及的議題極爲寬廣，不同學者探取不同的研究途徑，有的著重「過程」面的分析，有的偏重「結果」面的分析，另也有學者重視「結合」（association）面的分析。

在價值觀上，「整合」究竟是經驗的概念，還是規範的概念？部分學者將之混爲一體，探討整合議題時，不僅認爲是經驗世界的現象，且是發展的必然趨勢。有的研究者則儘量維持價值中立，實事求是地提出分析架構，探討經驗世界裡國家與國家的功能性互動，以及不同條件之下，發展的可能趨勢。

整合論的發展大致有幾個不同派別，包括功能主義論、新功能主義論與聯邦主義論。底下分述三個派別的主要論點：

---

[1] Joseph S. Nye, Jr. *Peace in Parts: Integration and Conflict in Regional Organization* (Lanham: University Press of America, 1987), p.24.

功能主義論（functionalism）

　　整合論可以溯至1930年代社會科學家對科技發展與國際體系變化的分析，其中以彌特尼（David Mitrany）為主要代表。這派學者認為科技與通訊的快速發展，產生各國共通的經濟、環境與社會問題，形成一股國際合作的壓力，此項發展有助於各國政治的結合。早期整合論者深受社會學裡功能學派的影響，以為科技與經濟的發展將帶動國際關係的變化，也就是說，國際體系的格局將配合國際社會的功能需求，而有所變化。這派學者被稱為功能論者（functionalist）。

　　功能論者強調未來國與國的關係，將由人類的基本需求與科技的變化所左右，可是未來國與國是否在政治上整合為一？還是出現其他種類型的國際組織？對此，功能論者的觀點不一，有的認為不同議題領域，各國合作的方式不同。有的學者認為國際社會終將出現一種比較複雜的政治組織網絡，以因應各國共同面臨的課題。

　　平心而論，功能論者有點科技決定論的傾向，只是他們巧妙的將其轉變為功能決定論。彌特尼說，「功能決定它的適當組織」（the function determines its appropriate organs.）。[2]此處所指的功能為世界人類的福祉與需求。換言之，功能論者分析的單位為整個世界，並非個別國家。在整合的策略，功能論者主張先從爭議性小、非政治性的經濟與社會領域合作，經由學習過程，逐漸擴大功能合作的範圍。值得一提的，功能論者談論整合，著重於功能取向，而非領土取向。不過，功能主義不同於國際主義（internationalism），儘管其對國家的角色，態度是負面的，以為對整合構成障礙，他們卻承認人們對國家的效忠與情感乃是實存的現象。[3]

　　功能學派最大的貢獻在於凸顯科技與經濟的變遷對國際關係的衝擊與形塑的力量。很明顯的，功能論者的觀點乃是當前國際政治新自由主義

2　D. Mitrany, *A Working Peace System* (Chicago: Quadrangle Books, 1966), p.157.

3　Ernst B. Hass, *Beyond the Nation-State: Functionalism and International Organization* (Stanford: Stanford University Press, 1964), p.11.

學派的前身，相對於現實主義學派的權力平衡理論，功能主義提出截然不同的解析。不過，功能學派的科技決定論的傾向，對於戰後歐洲整合的過程，解釋力不夠完整，故一些學者提出修正的觀點，也就是新功能主義（neofunctionalism）。

新功能主義

新功能主義與功能主義的區別，在於新功能主義認爲政治整合非純由經濟與科技因素決定，而是政治力互動的結果。新功能主義承認科技與經濟的變遷，爲各國帶來共通的問題，成爲普遍性的壓力。不過，這些問題的解決，須視有關政府、政黨與利益團體的態度而定，他們從整合過程中能否獲取利益或至少利益不致受損，對他們的意向具有關鍵作用。換言之，新功能主義的重點在分析政治力於整合過程扮演的角色。

新功能主義主要代表人海斯指出，整合是不同的政治單位（political unit）願意放棄絕對的主權，與鄰邦結合或合併，以和平方式處理相互的衝突。現實主義學派強調權力平衡對和平維繫的作用。新功能主義卻指出國與國間經由經貿、科技的交流，可以不斷擴大合作的範圍，甚至一些國家不惜犧牲部分主權，以換取更大的國家利益。故國際和平不一定藉助於權力平衡，亦可經由區域整合的方式達成。

對於整合的最終結果，新功能主義學者並無共識，使用的名詞包括 supranationality、political community、collective decision-making system等等。海斯早期認爲整合最終的結果可能出現超國家的結構，惟後來他改以比較寬鬆的「政治體」概念取代。新功能主義另一位大將林柏格（L. N. Lindberg）認爲一個整合的體系將出現共同決策的機制，參與成員對其授權，決策過程由成員協商決定。[4]由此可知，新功能主義儘量避免預測整合的最終結果，其描繪的圖像並不清楚，林柏格提及的共同決策體系的出

4　L. N. Lindberg, "Political Institution as a Multidimentional Phenomenon Requiring Multivariate Measurement", *International Organization*, vol. 24, no. 4 (1970), p.652.

現，顯然在避免可能的爭議。

新功能主義探討整合過程，常從「擴散效應」（spillover effect）說明經濟整合如何的由簡入繁，不斷擴大範圍，延伸至其他部門（sector），進而啓動政治整合。整合初期，各國通常於特定領域，進行合作，後來爲了因應新的情勢，必須調整合作的範圍與方式。譬如參與者不滿意兩國或多國合作的進度或發現牽涉的議題比預期更廣，雙方爲解決爭議，必須重新界定議題，評估利害得失，往往便將工作範圍延伸，授權加大，以達成目標。奈伊曾舉一擴散效應的實例，他說當年歐洲共同體減低關稅後，成員國的公司比較容易受到他國稅制的影響，各國乃進行協調，終而建立共同的稅制政策。[5]所以減低關稅是原先設定的目標，但各國合作時卻衍生新的問題（他國稅制的影響），於是各國擴大合作範圍，建立共同的稅制政策。

無疑的，新功能主義深受歐洲整合的影響，這些國家先在科技或經濟領域建立功能連結（functional linkage）與合作制度，繼由試誤（trial and error）過程，逐步延伸合作的範圍。惟新功能主義並不認爲整合的過程是只進不退，倒退的可能性依然存在，關鍵在參與整合的國家，其政治菁英、利益團體與輿論對於整合是否支持？

當政治體之間經貿量增多後，「量變」是否可能帶動「質變」呢？也就是說，隨著量的擴增，是否會促使相關制度的變革或創新呢？當參與成員之間，經貿數量不斷升高，愈來愈多利益團體捲入功能交流的活動，有的獲益，有的受損，贊成與反對的聲音並存。此時，許多議題被政治化，整合的困難度升高，但也有原先被政治化的議題，逐漸退去政治色彩，增加相互合作的可能性。

此時，政治菁英與官僚體系的角色極爲重要，他們如何評估整合的利弊？整合對他們的國家及自身的影響爲何？這些因素將影響他們對整

5　Joseph Nye, Jr., "Comparing Common Markets: A Revised Neo-Functionalist Model," *International Organization*, vol. 24, no. 4 (1970), p. 804.

合的態度。當功能性交流愈常規化，範圍不斷擴大，參與的團體愈多，各國涉入的程度愈深，便愈難退出整合的進程。況且隨著時間的消逝，政黨、利益團體與輿論的認知亦逐漸轉變。此時為了維持整合的動能（momentum），各國往往須進一步建立機制，擴大合作，減低衝突。所以，經貿數量的持續擴增，最終可能導致人們觀念的轉變與制度的新創。

新功能主義另一重要論點是探討整合的背景條件，亦即在何種條件下，有助於啓動國與國間經貿的整合？乃至於政治的整合？杜意契曾提出五項條件，包括：（1）菁英間價值觀的相容性及對整合後利益的期待；（2）多層面的信息與交易活動與共同制度的建立；（3）調適與回應能力的提升；（4）人員相互間的自由來往活動；（5）相互行為的可預測性。[6]學者海斯與施密特（Philippe Schmitter）則提四項背景條件：（1）政治體間相似的大小（size）與權力；（2）經貿與人員的流通數量；（3）多元主義（pluralism）；（4）政治菁英價值觀的相似性。[7]對於海斯與施密特提及的背景條件，奈伊附加另外三項條件，分別是：（1）利益分配是否等同的認知；（2）對外部因素（例如外在威脅與示範性效果）影響的認知；（3）可見成本是否很低或可以轉嫁。[8]此外，社會學者艾芝奧尼（Amitai Etzioni）提出的觀點為：（1）政治體之間同質性的程度；（2）地理環境因素（領土是否接壤？是否有崇山峻嶺？）；（3）文化的相似性；（4）是否有共同敵人？（5）政治體間有效的溝通與回應；（6）權力的分配。[9]

依據政治學者葛漢（Robert Keohane）與奈伊的分析，有關整合的條

---

6 Karl Deutsch, Sidney Burrell, et al., "Political Community and the North Atlantic Area," in *International Political Community: An Anthology* (New York: Anchor Books, 1966).

7 Ernst B. Haas & Philippe C. Schmitter, "Economics and Differential Patterns of Political Integration: Projections about Unity in Latin America," *International Political Community An Anthology* (New York: Anchor Books, 1966), pp. 266-268.

8 Nye, *Peace in Parts*, pp. 83-86.

9 Amitai Etzioni, *Political Unification: A Comparative Study of Leaders and Forces* (New York: Holt, Rinehart and Winston, Inc., 1965), pp.67-71.

件，學者間的觀點各異，惟仍有部分共識存在，這些共識包括：參與整合的政治菁英主要價值觀必須相近、政府間須有能力調適、回應對方的需求。[10]就第一項而言，杜意契指出，西方歷史上每次政治整合之前，不同政治體間都先縮小了主要價值觀的差距。例如十八世紀德國新教與天主教衝突的緩和，是十九世紀德國邁向統一的主要條件。[11]即使觀之今日，也可以發現類似的論據。譬如現今民主國家的領導人及意見領袖對於自由經濟、民主政治、人權與程序正義具有高度的共識。反觀，其與共黨國家領導人的世界觀（worldview）差距太大，相互合作都有困難，更遑論彼此整合？

新功能主義另一點共識是，參與整合的國家是否有能力調整政策與制度，以因應整合帶來的壓力與需求。政府能力的高低，固然與官僚體系的效能、政治決策的特質與政黨體系有關，另一方面則牽涉政治體之間的溝通管道暢通與否，彼此能否確實掌握對方的意向，以免認知錯誤，導致摩擦。

有關其他背景條件，學者間欠缺共識的原因是對整合的最後結果，究竟是聯邦或是某種合作的組織，預期不同，故提出的條件也不相同。例如艾芝奧尼認為整合的最終目標是政治統一，新的政治體將合法的擁有強制力。但在杜意契、海斯或奈伊的預期，整合的結果恐怕難以達到政治統一的目標，所以提出的背景條件互有差異。

綜合上述，新功能主義最大的貢獻，在於突出政治力在整合過程扮演的角色。不過，值得注意的是，這些學者所提的背景條件，即使參與整合的國家全然符合，他們也無法預測整合能否成功。因此，新功能主義對於整合過程的研究，只有部分的解釋力，而沒有任何的預測力。

---

[10] Robert O. Keohane & Joseph Nye, Jr. "International Interdependence and Integration," in Fred I. Greenstein & Nelson W. Polsby, eds., *Handbook of Political Science*, vol. 8, *International Politics* (Reading: Addison-Wesley Publishing Company, 1975).

[11] Karl W. Deutsch, et al., "Political Community and the North Atlantic Area," p.27.

聯邦主義（federalism）

相對於功能主義學派，聯邦主義者的重心不在整合的過程，而放在建立一套政治體制，一方面聯邦成員享有自治（self-rule），另一方面達到共治（shared rule）的目標。[12]此處使用的「聯邦主義」一辭，含意比較寬鬆，適用範圍除指聯邦制國家外，還包括單一制國家（unitary state）運用聯邦制原則（federal principle）處理內部整合的問題。

種族、宗教、語言及地方差異始終是政治體之間整合面臨的主要困難。無論功能主義或新功能主義，皆擬從不敏感的部分著手，經由經貿與技術的整合，逐步帶動政治的整合。可是，聯邦主義者則從政治入手，期望經由制度的設計，使心理、社會與經濟仍有差距的不同政治體，願意接受統一的安排，同時仍維持其自主性（autonomy）。換言之，聯邦主義者的理念是先「統」，再「合」。暫時無法整合的，讓其保有自主權，決定自己的制度與生活方式，中央只管國防、外交與涉及全國性的事務。因此，聯邦制特色是從政治的統一帶動經濟、社會與心理逐步的整合。

從歷史來看，中央賦予地方自治的權限，時間非常久遠。古代帝國常運用此一方式，解決內部整合問題。近代聯邦制的發展與以往不同在於，中央與地方從授權關係，演變成契約關係。中央與地方是分工，而非層級的關係。如今實施聯邦制國家，其憲法大多將中央與地方的權限詳細列舉，剩餘權力屬於地方。[13]凡歸地方管轄的事務，地方權力是最高的。單一制國家不同，中央與地方屬於層級關係，地方的權限受制於中央，中央得經由立法更動地方的權限。即使如此，為因應族群或特殊需要，有的單一制國家也運用聯邦制原則，對其統轄的部分地區，賦予高度自治的權力。例如英國對北愛爾蘭，中共對西藏及香港，都採取有別於其他各省的治理方式。與聯邦制不同的，單一制國家中央與地方不是契約關係，而是

---

[12] Daniel J. Elazar, *Exploring Federalism* (Tuscaloosa: The University of Alabama Press, 1987), p.12.

[13] 加拿大例外，其憲法將剩餘權力歸屬中央。

授權關係。地方的權力，中央可以更動，地方自主性的保障不足。不過民主國家也有例外，例如丹麥與Faroe Islands的關係，該島擁有自治（home rule）權，非經Faroe Islands同意，丹麥不能片面改變其自治地位。[14]

據政治學者萊克（William Riker）分析，形成聯邦制的主因是，成員原先有共同的敵人，基於安全，使他們結合。當外敵因素不存在時，聯邦隨即面臨解體的危機。[15]不過，危機並非不能渡過，許多例證顯示聯邦成立後，將可產生內部整合的力量，中央運用強制性、功利性與認同的力量，整合成員，凝聚對中央的忠誠與向心力，以穩固聯邦的基礎。

整合論對兩岸關係的啟示

從前述不同學派的觀點看出，政治體間的整合，最終目標是新政治體的出現。功能主義的脈絡傾向於科技、經濟的發展，將創造條件，促使政治體間的整合，此一觀點忽略了政治力的角色。惟當考慮時間的變數，情況可能不同。科技與市場的力量常比特定時空環境下的政治力更為有力，幾乎足以改變一切的制度運作與人際交往的模式。近幾年功能主義有復甦的趨勢，只是換了新名詞「全球化」（globalization），其許多假設與功能主義雷同。整合論中的新功能主義比較關注整合的過程，認為菁英、輿論與官僚體系對整合的認知與利害的估算，將影響整合的進程。對於整合的最終結果，新功能主義者觀點分歧，認為可能出現聯邦制國家（federal state）或超國家的結構或共同決策的機制。而聯邦主義論者對整合的立場是，從政治入手，先「統」再「合」。中央與地方關係以契約的方式（如

---

[14] Faroe Islands與格林蘭是丹麥的一部分，但是兩者都享有自治權。請參考Albert P. Balustein, et al., eds., *Constitutions of the Countries of the World* (New York: Oceana Publications, 1986), pp.1-99.

[15] William H. Riker, "Federalism," in Fred I. Greenstein & Nelson W. Polsby, eds., *Handbook of Political Science*, vol. 5, *Governmental Institutions and Processes* (Reading: Addison-Wesley Publishing Company, 1975), p.117.

聯邦制國家），或以授權的方式（如單一制國家），總之讓地方繼續享有相當自治的權力，以解決整合時機未成熟，統一所面臨的困境。

上述理論對兩岸關係的啓示可以從三方面觀察：（1）兩岸關係如何定位？兩岸是一個國家？還是兩個國家？或屬其他類型？（2）兩岸間整合的動力爲何？是經貿因素？政治因素？還是認同因素？（3）兩岸間整合面臨的困難有哪些？

兩岸關係定位

多年來，有關兩岸關係定位的問題，學者提出一些觀點，譬如分裂國家模式或多體制國家模式。[16]這些論點主要在處理分裂國家的主權及國際身分（international identity）問題。

惟從整合論的觀點，兩岸關係是國內關係或國際關係？並非考量的重點，而是關懷兩岸在何種條件下得以啓動整合的過程，以及過程中經濟力與政治力扮演的角色。爲免於陷入主權爭議的泥沼，底下將仿效新功能主義以比較抽象的「政治體」概念，分析兩岸關係。

在圖2-1以「整合」（integration）與「統一」（unification）兩個變項作爲分析國際體系的框架。[17]「整合」指政治體間心理、政策與制度的配合、一致性的程度；「統一」指政治體之間政府的合併，創立新的政

---

16 參考Yung Wei, "Unification or Confrontation: An Assessment of Future Relations between Mainland China and Taiwan," *The Politics of Divison, Partition, and Unification*, in Ray Edward Johnston, ed. (New York: Praeger, 1976); Hungdah Chiu and Robert Downen, *Multi-System Nations and International Law: the International Status of Germany, Korea and China*, Occasional Papers/Reprints Series in Contemporary Asian Studies, no. 8 (Baltimore: School of Law, University of Maryland, 1981); Gregory Henderson, et al., eds. *Divided Nations in a Divided World* (New York: David McKay Company, Inc., 1974).

17 此項概念源自杜意契在「政治體與北大西洋區域」"Political Community and the North Atlantic Area"一文所提的分析架構，杜氏使用的變項爲整合（integration）與合併（amalgamation），以正負區分，總共畫爲四個象限。

府，可能是聯邦制或單一制。如以橫軸與縱軸區分，得出四個象限。象限
（I）指政治統一，也高度整合，譬如日本；象限（II）指政治未統一，
政治體間卻高度整合，例如歐盟（European Union）；象限（III）爲政治
未統一，政治體間也未整合，如國際體系裡各國間關係；象限（IV）指
政治統一，政治體間卻未整合，例如前南斯拉夫、賽普路斯以及古代的帝
國。

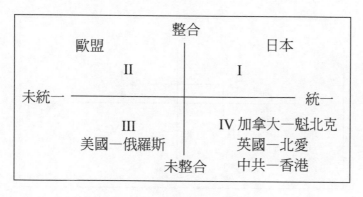

圖2-1

　　上述四種組合，除象限（III）外，其餘政治體間都產生某種類型
的結合，象限（I）是最理想的形態，不僅政治統一，內部也高度的整
合，此種政治體最爲穩定。相對的，象限（IV）雖然政治統一，然而
內部因族群因素，社會分裂，此種體系往往藉由聯邦制的安排（federal
arrangement），避免分裂。象限（II）並未出現新的國家，各政治體仍保
有主權，或僅讓渡部分的經濟主權給新的合作組織。

　　上述不同的組合，隱含兩種不同的統一途徑（見圖2-2）。一條屬於
「漸進式途徑」（gradual approach），從象限（III）經過象限（II）至象
限（I），該策略也是新功能主義的整合策略。另一條是「概括式途徑」
（holistic approach），從象限（III）經過象限（IV）至象限（I），也就
是先統一，繼按聯邦制原則，解決內部整合問題。

　　近五十年來，兩岸間政治從未統一，雙方人民心理以及社會、經濟的差距很大。過去十年兩岸雖然展開人員與經貿的交流，惟因主權爭議，兩岸間始終未建立一套合作的機制，解決交流衍生的問題。台灣海基會與大陸海協會的中介功能，自1995年李總統訪美後，例行性會晤隨告中斷。因此，兩岸不僅政治未統一，整合程度亦低，目前兩岸所處位置應該在象限（III）。

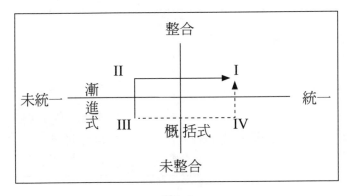

圖2-2

台北統一策略

　　有關統一問題，台灣偏向於漸進式的途徑，大陸則主張概括式的途徑。台灣方面早在1982年孫運璿院長即曾表示，如果中國大陸與自由中國在政治、經濟、社會與文化的差距縮小，和平統一的條件將逐漸成熟，統一的障礙也將隨時間自然減少。[18]蔣經國總統晚年開放民眾前往大陸探親，李登輝總統執政後，進一步放寬兩岸交流，任內制定的《國家統一綱領》（國統綱領）對中國統一的立場是，「中國的統一，其時機與方式，首應尊重台灣地區人民的權益並維護其安全與福祉，在理性、和平、對等、互惠的原則下，分階段逐步完成。」

18　"Premier Sun Discusses Issue of Reunification," FBIS, 11 June 1982: V1.

　　「國統綱領」將統一的進程分爲三階段：交流互惠階段、互信合作階段與協商統一階段。每一階段都設立一些條件，唯有在條件滿足後，始能進入次一階段。例如交流互惠階段必須兩岸互不否定對方爲政治實體，兩岸建立交流秩序，制定交流規範，設立中介機構，以維護兩岸人民權益。另外，兩岸應摒除敵對狀態，以和平方式解決爭端，在國際間相互尊重，互不排斥，始能進入互信合作階段。在互信合作階段，兩岸建立對等官方溝通管道，實施三通，兩岸互助參加國際組織及活動，並推動高層互訪。如果這些條件都成熟了，才邁入協商統一階段。此時兩岸將成立統一協商機構，依照兩岸人民意願，在政治民主、經濟自由、社會公平與軍隊國家化的原則下，共商統一大業。

　　「國統綱領」描述的統一過程，偏重政治層面。雖然策略是漸進的，惟每一階段的要求，幾乎是政治條件。即使滿足這些條件，例如中共在國際社會不打壓台灣，放棄對台使用武力，甚至不否認台灣爲政治實體，按照「國統綱領」，兩岸統一的道路依然漫長。當步入最後的協商統一階段，仍須依「政治民主、經濟自由、社會公平，軍隊國家化」的原則，商討統一。此一鴻溝，兩岸很難踰越。再者，「國統綱領」強調統一的時機與方式，須尊重台灣人民的意願。是以，台灣的統一藍圖，表面偏重政治層面，實際鎖定在兩岸間經濟、社會、文化及心理的差距，必須隨著時間逐步縮小，否則無法達成統一。

　　1995年4月李登輝總統針對江澤民的「八點談話」，做出六點回應，包括：（1）在兩岸分治的現實上追求統一；（2）以中華文化爲基礎，加強兩岸交流；（3）增進兩岸經貿往來，發展互利互補關係；（4）兩岸平等參與國際組織，雙方領導人藉此自然見面；（5）兩岸均應堅持以和平方式解決一切爭端；（6）兩岸共同維護港澳繁榮，促進港澳和平。從「李六點」的內容更印證台灣的統一模式，是從象限（III）經過象限（II）至象限（I）。

　　1994年7月台灣官方發表《台海兩岸關係說明書》，認爲「傳統觀念的中國現已分裂爲兩個政治實體，即實行民主自由體制的台灣地區，

以及實行社會主義制度的大陸地區。」[19]台灣官方使用的「政治實體」
（political entity）概念與新功能主義者的「政治體」概念相通。有關統一
以後的政府形態，台灣官方從未明確說明，只強調抽象的民主原則。但卻
堅決反對中共「一國兩制」的主張，認為「『一國兩制』的目的，是要中
華民國向中共全面投降。」[20]

北京統一策略

　　1979年1月，中共改變對台政策，人大常委會發表「告台灣同胞
書」，提出「和平統一」，呼籲認同回歸、三通四流，同時宣告停止對金
馬等島嶼的炮擊。1981年中共人大常委會委員長葉劍英發表「台灣回歸祖
國，實現和平統一的方針政策」，俗稱「葉九條」，首次宣示台灣與大
陸統一後，台灣可作為特別行政區，享有高度自治權，還可保有軍隊，現
行的生活方式與社會、經濟制度不變。該統一模式其實採取了前述概括式
統一的理念。

　　葉劍英的方案為「一國兩制」的前身。1982年北京因香港九七問題
迫在眉睫，與英國展開談判，台、港、澳問題乃合併在「一國兩制」架構
下處理。鄧小平表示：「這個構想（「一國兩制」）是我們從自己的情況
出發考慮的，而現在已成為國際上注意的問題了。我們社會主義制度是不
改變的，永遠不會改變。但是，不保證香港和台灣繼續實行資本主義制
度，就不能保持它們的穩定和繁榮，也不能和平地解決問題。因此，我們
在香港問題上，首先提出保證其現行的資本主義制度和生活方式，在1997
年後五十年不變。」[21]

　　鄧小平的上述觀點成為中共對台政策的基本方針，至今未變。從

---

[19] 行政院大陸委員會，《台海兩岸關係說明書》（台北：行政院大陸委員會，民國83
　　年7月）。

[20] 行政院大陸委員會，《台海兩岸關係說明書》。

[21] 「鄧小平論述『一個國家，兩個制度』」，《瞭望》，1984年10月15日。

圖2-2看來，中共統一策略是從象限（III）經過象限（IV）至象限（I）。
「一國兩制」是先「統」再「合」的策略。鄧小平講讓香港五十年不變，
其目的固然在安定香港人心，更重要的是著眼中國大陸的經濟發展，預估
五十年後，差距縮小，也就沒有實施兩制的必要了。

　　對於兩岸關係，中共目前的定位並不清楚。大陸官方正式聲明裡，始
終堅持三段論法，「世界只有一個中國；台灣是中國不可分割的一部分；
中華人民共和國是代表中國唯一合法的政府。」據此，中共將兩岸關係實
際定位為中央與地方的關係，從不肯與台灣展開政府對政府的談判。

　　1995年1月江澤民總書記發表八點對台講話，俗稱「江八點」，主要
重點包括：（1）堅持一個中國的原則；（2）對台灣同外國發展民間性經
濟文化關係，不持異議；（3）呼籲就「正式結束兩岸敵對狀態、逐步實
現和平統一」進行談判；（4）呼籲中國人不打中國人，但不承諾放棄武
力；（5）大力發展兩岸經濟交流與合作，呼籲直接三通；（6）兩岸共同
發揚中華文化；（7）尊重台灣同胞的生活方式和當家做主的願望，歡迎
台灣各黨派、各界人士前往大陸參訪；（8）兩岸領導人相互訪問，共商
國是。

　　江澤民講話比鄧小平「一國兩制」的說法，稍有不同。江澤民認為兩
岸談判不必立即談統一問題，得先就結束敵對狀態進行商談。只要台灣接
受「一個中國」原則，中共願就如何穩定兩岸的現狀進行協商。甚至關於
「一個中國」的涵意，海協會會長汪道涵曾數次表示，「一個中國並不等
於中華人民共和國，也不等於中華民國，而是兩岸同胞共同締造未來統一
的中國」。[22]當然，汪的談話不能代表中共官方的立場，但北京也從未駁
斥汪的說法。另外，中共官方的民間策士常放話，說北京從未講「一個中
國」是「中華人民共和國」。換言之，「一個中國」為何？中共有意留下
迴旋空間，讓台灣去想像，藉此降低台灣的疑慮。

---

22 《中國時報》，民國87年10月30日，第14版。

兩岸整合的條件與困境

對於統一，兩岸的策略有漸進式與概括式的差異，而且兩岸對現狀的認知與定位，南轅北轍，欠缺共識。儘管如此，兩岸間經貿與人員的交流卻逐漸擴大。從功能主義的角度，經貿與科技的互動，首先將牽動經濟的整合，繼而延伸至政治領域。新功能主義則重視政治因素在整合過程扮演的角色。底下擬從各不同整合的條件，分析兩岸經貿、社會、人員的交流，是否可能帶動經濟與政治的整合。

兩岸經貿交流與整合

自1988年以來，兩岸間因產業互補性強，語言文化相通，經貿來往急劇升高。1988年雙方貿易總額爲27億2,000萬美元，1993年成長至86億8,900萬美元，1997年更高達264億美元，大陸已成爲台灣第三大貿易夥伴。[23]如果從依賴度看，1988年台灣對大陸的貿易依賴度爲2.47%；1993年成長至9.97%；1997年變爲10.9%。投資方面，依據經濟部投資審議委員會資料，1991年政府核准台灣企業對大陸間接投資總金額爲1億7,400餘萬美元，1993年成長至31億6,800餘萬美元，1997成長至43億3,000萬美元。[24]截至1998年6月底台灣企業申請累計件數高達二萬一千件，累計總金額達124億美元，占台灣對外投資的42%。

另外，兩岸間人員來往也日益增多。1988年台灣人民申請前往大陸的爲43萬餘人次；1993年成長至154萬餘人次；1997年爲184萬餘人次。相對而言，大陸人民前往台灣的人次較少，從1988年11月至1997年12月，總共來台爲25萬餘人次。去年訪台爲7萬2,300餘人次。[25]除貿易、投資與

23　《兩岸經濟統計月報》（台北：行政院大陸委員會，民國84年1月），頁28；《大陸政策參考資料》（台北：行政院大陸委員會，民國87年7月），頁31。

24　《兩岸經濟統計月報》（台北：行政院大陸委員會，民國84年1月），頁40；《兩岸經濟交流統計速報》（台北：行政院大陸委員會，民國86年12月），http://www.mac.gov.tw/associ/ass_em/870218.htm。

25　《兩岸經濟統計月報》，頁40；《兩岸經濟交流統計速報》，http://www.mac.gov.tw/associ/ass_em/870218.htm。

人員來往外，兩岸之間郵件、電話與匯款來往，也極為頻繁。

　　過去十年間對於兩岸三地的經貿交流，不少學者以「大中華經濟圈」、「連結體」（linkage communities）等概念闡述，認為兩岸間大規模的經貿、人員交流，已步向功能整合的過程。[26]1988年10月美國商業週刊即曾指出，以大陸的勞動力，台灣管理技術以及香港的金融實力，大中華（Greater China）將會形成，認為這是以非政治（nonpolitical）、有利可圖的方式走向統一。[27]上述觀點，台北與北京官方基於政治考慮，並不支持。台灣擔心太過強調大中華經濟圈，可能模糊問題焦點，在政治歧見未消除前，被迫三通。大陸則擔心引起鄰邦不安，他們很可能把大中華經濟圈的發展，視為另一種中國威脅論。

　　許多學者將經貿流量的增加，視為經濟整合的指標，葛翰與奈伊卻有不同的看法。他們認為貿易流量的增加不一定代表整合，衡量經濟整合較為有效的指標，是相互依存度（degree of interdependence）。即使雙方經貿流量很少，若流通的項目對其中一方或雙方很重要，任何一方政策的改變，他方利益很敏感的（sensitive）受到影響，此表示雙方依存程度高，呈現經濟整合的現象。反之，雙方經貿流量即使很高，如果流通項目對其中一方或雙方沒有重要性，其中一方政策變化，對方也沒有受到損害，就不能表示雙方有依存性，經濟依舊沒有整合。[28]

　　葛翰與奈伊的觀點恰好顯示台灣官方的矛盾心理。台灣的漸進式統一

[26] Yung Wei, "From Multi-System Nations to Linkage Communities: A New Conceptual Scheme for the Integration of Divided Nations," Occasional Papers/Reprints Series in Contemporary Asian Studies, No. 1 (University of Maryland: School of Law, 1998); 吳新興，《整合理論與兩岸關係之研究》（台北：五南，民國84年）；George T. Yu & Paul J. Bolt, "Taiwan-Mainland China Relations in the 1990s: Integration Theory, Competitive Politics, and Prospects for Reunification," 載於賴澤涵、于子橋主編，《台灣與四鄰論文集》（國立中央大學歷史研究所，1998年10月），頁559～580。

[27] "Asia's New Fire-Breather: the Rise of Greater China as An Economic Power," Business Week, 10 October 1988, pp.54-55.

[28] Keohane and Nye, "International Interdependence and Integration," pp.368-369.

途徑於實際運作，正面臨進退維谷的窘境。基於安全的考量，台灣官方限制大企業前往大陸投資，因爲某些投資項目（例如塑化產業）將會加深兩岸經貿的依存度。在政治歧見未解決前，台灣官方擔心兩岸經濟過度的整合，等於替北京創造條件，影響台灣的經濟，台灣自然不願處於此種不利的地位。換言之，台灣倡導的漸進統一模式，在兩岸敏感的主權問題未解決前，難以推展。

台灣民眾的認知

無論是經濟、社會與政治的整合，兩岸民眾心理須先產生變化，出現集體的社群意識，使彼此信任程度增加，願意以和平方式改變現狀。然而實際情況是，經過幾十年的分隔，兩岸民眾雖處於相同的文化背景，相互間的誤解卻很深，許多的認識是錯誤的。更糟的是，受到兩岸主權的爭議以及連串事件（如千島湖事件、飛彈危機）的影響，民間交流並未縮短彼此心理的距離，反而使成見日漸加深。大陸人總認爲台灣人民想搞台獨，有點錢就趾高氣昂；台灣人則認爲大陸人霸道，老想統一台灣，不給台灣一條路走。

有關大陸民眾如何認知台灣問題，手邊並無資料，難以定論。惟從台灣民調變化的趨勢，很明顯看出台灣民眾對大陸的認知與情感愈來愈弱，此與兩岸經貿熱絡的趨勢，反其道而行。過去幾年行政院大陸委員會（陸委會）定期延請民間機構就兩岸問題，進行民調。結果顯示，在自我認同方面，目前台灣民眾絕大多數爲雙重認同，即認爲自己是台灣人，也認爲自己是中國人。不過，只認爲自己是中國人與只認爲自己是台灣人的比例，卻以反比的速度，急劇拉大。1992年時，受訪者自認是中國人的占42%；認爲自己是台灣人的占36.5%；認爲自己既是台灣人也是中國人的占16.7%。1994年時，情況顯著改變，認爲自己是中國人的降至24.2%；認爲自己是台灣人的是29.0%；雙重認同的升至43.2%。此後調查百分比雖有高低，惟趨勢沒有改變。1998年8月陸委會另一民調顯示，認爲自己是中國人的占16.4%；自己是台灣人的占38.9%；認爲自己既是台灣人也

是中國人的占38.4%。[29]

　　關於統獨議題，1995年以來的民調顯示，八成以上受訪者主張維持現狀（包含永遠維持現狀、維持現狀以後統一、維持現狀以後獨立、維持現狀以後再決定），主張儘快統一或儘快獨立的民眾，全部加總從未超過10%。1995年11月民調顯示主張儘快統一的占受訪者的1.9%；主張儘快獨立的占3.4%。1998年8月民調主張儘快統一的比例為0.8%；主張儘快獨立的為7.4%。[30]由此看出，絕大多數台灣民眾贊成維持現狀，急統與急獨都得不到顯著的支持。

　　另外，陸委會民調也顯示，絕大多數民眾認為大陸當局對我政府與人民存有敵意。1995年9月最高，民眾認為中共對我政府有敵意的達88%；對我民眾有敵意的達68.8%。1998年8月調查發現，民眾認為中共對我政府有敵意的達60.8%；對我民眾有敵意的達52.7%。[31]

　　從上述民調數字看出，台灣民眾的心理對大陸有一大段距離，對自己身分認同產生變化。認同自己是台灣人者急劇增加，認同自己是中國人者急劇減少，以及在中共壓力下，絕大多數的人採取觀望的態度，強烈偏向維持現狀，絕少人主張統一。倘若沒有中共攻台的壓力，支持台獨主張的人可能快速攀升。

　　這些現象反映一項事實，台灣民眾對大陸的印象負面居多，絕大多數認為對方有敵意。從整合論來看，無論經濟、社會或政治的整合，政治體間的民眾必須先有共屬一體的感覺，這是整合的主要前提。如今台灣民眾對大陸情感日漸疏離，評價日趨負面，根本不利兩岸的整合。

29　《「民眾對大陸政策與兩岸關係看法－林滴娟事件」民意調查結果》（台北：行政院大陸委員會，民國87年9月）。

30　《「民眾對大陸政策與兩岸關係看法－林滴娟事件」民意調查結果》。

31　《「民眾對大陸政策與兩岸關係看法－林滴娟事件」民意調查結果》。

兩岸政治制度與菁英的歧見

　　新功能主義認為菁英間的價值觀相近係整合的要件之一。依此衡量，兩岸不僅政治統一困難，經濟整合亦難。北京領導人深受共產主義與專制主義的影響，其世界觀迥異於台灣現在的領導人。直至目前，中共領導人不接受三權分立的思想，大陸上言論、組黨與辦報的自由受到全面限制，人身自由沒有保障，軍隊由共產黨掌控。相對的，台灣過去十年全面走向民主，人民享有充分的言論、組黨、辦報的自由，政治過程開放，各政黨自由競爭。所以，當大陸仍實施威權統治，台灣已轉型為民主國家。

　　由於政治制度與理念的分歧，造成兩岸政治領袖溝通的困難。辜振甫訪問北京，會見江澤民談及民主，江的反應冷淡，說明溝通困難。如果對於國家的政治體制走向，沒有共識，雙方也很難合作，推動整合或統一。

　　兩岸領導人對經濟領域的觀點，差距亦大。中共雖致力推動改革開放，惟大陸仍是以公有制為主的社會主義社會。相對的，台灣是以市場經濟為主的資本主義社會。固然，中共領導人為提升效能，引進部分市場經濟的機制，但歸根究柢大陸經濟未來的走向，仍充滿不確定性。如果一個社會的經濟體制充滿不確定性，另一社會卻已步入市場經濟，可以預見兩邊領導人溝通的困難性，經濟觀點的分歧將大幅減低相互整合的意願。

　　整合的動力必須源自心理的契合，想法的相近，不僅人民如此，政治菁英亦是如此。民主國家與共黨國家從沒有整合的先例，1989年至1990年間，東德因經濟崩潰以及戈巴契夫態度轉變，始併入西德。換言之，兩德不是以和平、漸進的方式達成統一，而是環境巨變，其中一方瓦解的結果。所以，台灣與大陸無論整合或統一，必須面對民主與獨裁、資本主義與社會主義能否相容的問題。

預期的利益與代價

　　新功能主義認為預期的利益與參與的代價是整合的背景條件之一。如果投入整合過程，付出代價很低，對利益分配的預期也感到滿意，往往會增強參與的動機，反之會削弱整合的意願。

　　若是純就經濟而言，兩岸排除經貿障礙，對雙方都有利。例如兩岸若是直航，台灣商人一個貨櫃可以節省新台幣4,000至5,000元的運費，一年可節省100億元。[32]可是，直航牽涉的範圍很廣，包括政治、法律與軍事的問題，連帶都需要解決。另外依據「兩岸人民關係條例」規定，兩岸直航須得到立法院同意。因此，台灣方面同意直航，須付出的成本很高，自然極為審慎。

　　再者，兩岸直航的後果究竟對誰有利？台灣考慮的因素包括：兩岸經濟依存度增加、走私偷渡的取締將更為不易、鬆懈台灣民眾的心防，以及影響國際及華僑社會對兩岸關係的認知。[33]換言之，在政治與軍事對峙未解除前，貿然實施直航，付出的代價可能高過獲致的好處，此為台灣裹足不前的原因。

　　台灣民主化後，政治菁英不再是單一的群體。以往戒嚴時期，國民黨幾乎壟斷政治資源，如今政治多元的格局業已形成，民進黨在台灣多數縣市取得執政地位，目前正向中央執政的道路邁進。有關兩岸關係的議題，國民黨或民進黨都害怕遭到他黨的質疑，特別是被指控出賣台灣的利益。所以，面對北京政權，任何政黨的政策不敢太過前進，擔心選舉受傷。

　　因此，兩岸間的經貿整合，充滿太多不確定因素。台灣的政治菁英評斷利弊，很容易傾向保守、迴避的態度。畢竟推動兩岸整合甚至統一，台灣可以得到什麼？並無確定答案，但卻很可能觸發許多內在與外在的危機，足以讓所有台灣識時務的政治人物，不敢輕易觸碰這條最敏感的神經。

---

[32] 《兩岸直航的問題與展望》（台北：行政院大陸委員會，民國81年9月），頁21-22。

[33] 《兩岸直航的問題與展望》，頁24-26。

結　論

　　整合論的學派眾多，本章是從三種不同觀點，探討兩岸間整合與統一的議題。從圖2-2顯示，台灣官方採取漸進式的統一策略，大陸官方則採取概括式的統一策略。台灣談統一偏重於過程與條件，大陸談統一則注重統一後的制度設計。不過，兩岸分歧並不侷限於統一途徑的不同，而是台灣對於漸進式的統一策略，也採取消極、迴避的態度，其中與政治因素有關。

　　從功能主義角度，兩岸間經貿互補，經濟與科技的力量早晚會迫使兩岸政府調整政策，以配合經濟整合的大趨勢。惟從實際發展看來，並非如此。從新功能主義的角度，兩岸整合的條件不純屬經濟範疇，還包括政治條件如兩岸民眾的認知與觀感、政治菁英的價值觀與利益是否相合？如果這些條件不成熟，必然阻滯整合的進程，甚至雙方因政治摩擦，整合不進反退。例如1995年7月至1996年3月的台海危機，相當程度使兩岸的經貿交流，踟躕不前。台灣官方推動的「戒急用忍」政策，目的是以政治力防堵台灣經濟與大陸經濟快速的結合。

　　由此可見，兩岸間經濟整合面臨的主要困難仍是政治問題。當台灣民眾與政治菁英對大陸的情感日趨疏離之際，兩岸經貿來往帶來的誘因，並未拉近彼此的距離。90年代初期，兩岸關係和緩之際，雙方談判的仍是很低階的事務性議題，而且雙方協議機制於1995年中斷後，至今未恢復，故想要兩岸共同建立決策機構，處理經貿交流衍生的問題，仍有漫長的道路要走。

　　很明顯的，台灣官方目前想緩和兩岸整合的進程，以確保自身的安全與自主性，故維持現狀成為台灣上下一致的願望，絕大多數人的內心其實既不想「統一」也不想「整合」，只想保有自主性，希望藉由時間的推移，慢慢解決兩岸間幾十年解決不了的問題。

參考書目

中文書目

《大陸政策參考資料》，1998，台北：行政院大陸委員會。

《中國時報》，民國87年10月30日，第14版。

《台海兩岸關係說明書》，1994，台北：行政院大陸委員會。

《「民眾對大陸政策與兩岸關係看法－林滴娟事件」民意調查結果》，1998年9月，台北：行政院大陸委員會。

吳新興，1995，《整合理論與兩岸關係之研究》，台北：五南。

《兩岸直航的問題與展望》，1992，台北：行政院大陸委員會。

《兩岸經濟統計月報》，1995年1月，台北：行政院大陸委員會。

《兩岸經濟交流統計速報》，1997，台北：行政院大陸委員會，http//www/mac.gov.tw/associ/ass_em/870218.htm。

「鄧小平論述『一個國家，兩個制度』」，《瞭望》，1984年10月15日。

賴澤涵、于子橋主編，《台灣與四鄰論文集》，1998，國立中央大學歷史研究所。

外文書目

"Asia's New Fire-Breather: the Rise of Greater China as an Economic Power." 1988. *Business Week* (10): 54-55.

Balustein, Albert P., et al., eds. 1986. *Constitutions of the Countries of the World*. New York: Oceana Publications.

Chiu, Hungdah and Robert Downen. 1981. *Multi-System Nations and International Law: the International Status of Germany, Korea and China*, Occasional Papers/Reprints Series in Contemporary Asian Studies, no. 8. Baltimore: School of Law, University of Maryland.

Deutsch, Karl, Sidney Burrell, et al. 1966. "Political Community and the North Atlantic Area." In *International Political Community: An Anthology*. New York: Anchor Books.

Etzioni,Amitai. 1965. *Political Unification: A Comparative Study of Leaders and Forces*. New York: Holt, Rinehart and Winston, Inc.

Elazar, Daniel J. 1987. *Exploring Federalism*. Tuscaloosa: The University of

Alabama Press.

Hass, Erant B. 1964. *Beyond the Nation-State: Functionalism and International Organization*. Stanford: Stanford University Press.

Haas, Ernst B. & Schmitter, Philippe C. 1966. "Economics and Differential Patterns of Political Integration: Projections about Unity in Latin America." *In International Political Community: An Anthology*. New York: Anchor Books.

Henderson, Gregory, et al. eds. 1974. *Divided Nations in a Divided World*. New York: David McKay Company, Inc.

Keohane, Robert O. & Joseph Nye, Jr. 1975. "International Interdependence and Integration." In Fred I. Greenstein & Nelson W. Polsby, eds., *Handbook of Political Science*, vol. 8, *International Politics*. Reading: Addison-Wesley Publishing Company.

Lindberg, L.N. 1970. "Political Institution as a Multidimensional Phenomenon Requiring Multivariate Measurement." *International Organization* 24(4): 649-731.

Mitrany, D. 1966. *A Working Peace System*. Chicago: Quadrangle Books.

Nye, Joseph S., Jr. 1987. *Peace in Parts: Integration and Conflict in Regional Organization*. Lanham: University Press of America.

Nye, Joseph, Jr. 1970. "Comparing Common Markets: A Revised Neo-Functionalist Model." *International Organization* 24(4): 796-835.

"Premier Sun Discusses Issue of Reunification." 1982. *FBIS*, June 11: Vl.

Riker, William H. 1975. "Federalism." In Fred I. Greenstein & Nelson W. Polsby, eds., *Handbook of Political Science*, vol. 5, Governmental Institutions and Processes. Reading: Addison-Wesley.

Wei, Yung. 1976. "Unification or Confrontation: An Assessment of Future Relations between Mainland China and Taiwan." *The Politics of Division, Partition, and Unification*. In Ray Edward Johnston, ed., New York: Praeger Publishers.

Wei, Yung. 1998. "From Multi-System Nations to Linkage Communities: A New Conceptual Scheme for the Integration of Divided Nations." Occasional Papers/Reprints Series in Contemporary Asian Studies, no. 1. University of Maryland, School of Law.

第三章

分裂國家模式之探討

張五岳

前　言

二次大戰結束後，國際政治上出現了德、韓、越、中等四個著名的
「分裂國家」（Divided Nations or Divided Countries）。這四個分裂國家
相較於眾多因種族、宗教、殖民而分裂的國家，其共同的特色為：第一，
在國家分裂前，分裂雙方原係一個擁有共同語言、歷史、文化與長期統一
經驗的國家社會單位，亦即在分裂前，其國民意識與國家權力結構，都是
一個完整的單位；第二，國家的分裂不管是國際安排或內戰所致，皆未
經雙方人民的同意而產生；第三，分裂雙方（或至少一方）皆不斷明白宣
示，以結束國土分裂，追求國家再統一為其國策（1968年之後的東德則明
白宣示放棄統一政策）；第四，分裂雙方各自信奉不同意識形態，採行互
異的政、經、社體制，使得雙方各項發展截然不同；第五，分裂雙方皆由
於國際強權的介入，使得雙方的互動與統一均涉及到列強的權力平衡；第
六，分裂雙方所衍生的各項重大問題（如主權、領土、繼承……），不僅
在傳統國際政治上所未見，亦為傳統國際法所無由加以完全規範。[1]

由於分裂國家分裂雙方（或一方）以結束國家分裂為其目標，不時
宣示其為該國之唯一合法政府，並於法理上涵蓋其實際上未能有效控制之

---

[1] 張五岳，《分裂國家互動模式與統一政策之比較研究》（臺北：業強出版社，民國
81年），頁2～3。

另一法律與政治實體管轄下之領域[2]；亦即分裂雙方（或一方）對其從未行使有效管轄權之區域仍然堅稱擁有主權。基於「兩件東西不能在同一時間占有同一空間」（Two objects cannot occupy the same place at the same time）的普遍不變的實體法則（Rule of Physical Law），主權問題乃成爲分裂國家分裂雙方關係正常推展與對外關係上最爲重要因素。

在傳統國際法中，主權意味著國家的自主或獨立。不言而喻，只有國家才能要求享有主權（不論是對內或對外），沒有比國家更高的機構[3]。傳統主權乃謂至高無上的權力，對內有超越一切的統治性，對外則有不受侵犯的絕對獨立性；其更具有永久性、普遍性、不可分割性、不可限制性及不可移轉性[4]。雖然近代若干國際法學者認爲，國際法的進步與國際和平的維持，必須要國家交出其一部分的主權[5]；在今日主權爲國家保有在國際法所規定範圍下之「剩餘權力」，因現在幾乎沒有一個國家不接受基於國際社會利益對其活動自由的限制[6]，而使主權觀念受到若干調整，惟一般咸認爲，主權既然爲國家之基本屬性，且爲對內、對外之最高權力，則每一個國家最多只能擁有一個完整主權。

事實上，在探討分裂國家時，我們除了應注意雙方在主權問題與法理問題爭辯不休外，更應注意的是相較於主權的抽象宣示，雙方在國際外交上以爲相互交流與協商時，究竟採取何種的立場與作爲，更殊值吾人探討。

---

2 趙國材，「從國際法觀點論分裂國家之承認」，《中國國際法與國際事務年報》，第三卷（臺北：商務印書館，民國77年），頁28～29。

3 參見1987年新編，《大不列顛百科全書中文版》，第十七冊，頁533。

4 鄒文海，《政治學》，第十九版（臺北：三民書局，民國77年），頁151～154。

5 H. Lauterpacht-Oppenheim, *International Law*, Vol.1, 8th ed. (London: Longmans, Green and Co., 1955), p.120～123.

6 J. G. Stark, *Introduction to International Law*, 10th ed. (Singapore：Butterworths, 1989), p.100.

分裂國家模式相關研究

　　由於兩德、兩韓與兩岸皆爲分裂國家，因此國內外有關於分裂國家的相關研究可謂汗牛充棟，雖然在1970年代以前，即有不少有關於德國、韓國與中國的文章與著作，然這些文章與著作大都側重在歷史觀點的探討與描述。分裂國家的概念與模式並未明確的提出與討論。迨1969年西德布蘭德（Willy Brandt）總理上台，大力推動「東進政策」，促成1972年兩德簽訂「基礎條約」，及1972年南、北韓亦開始進行紅十字會的會談及高層接觸，並於1972年7月4日，共同發表一項「聯合公報」，一般稱之爲「南北韓七四共同聲明」，根據此一「聲明」。雙方除了放棄武力實現統一外，爲增進雙方各項交流、防止軍事衝突意外，爲解決南北韓間各項問題，更成立了由南韓情報部長李厚洛與北韓組織部長金英柱爲共同主席的「南北韓調解委員會」（South-North Coordinating Committee; SNCC）推動之[7]。兩韓與兩德的問題方在1970年代之後在國際上備受學術界矚目與關切。

　　在分裂國家模式相關研究中，首次明確的界定與完整的論述分裂國家的概念與模式者厥爲韓德遜（Gregory Henderson）、李鮑（Richard Ned Lebow）及史多辛格（John G. Stoessinger）等三人，在1974年所共同編著的《分裂世界中的分裂國家》（*Divided Nations in a Divided World*）一書。韓氏等人並提出分裂雙方從初期分裂階段的高度敵意互不承認，動輒武力相向與意圖顚覆對方；到中期階段的默認或正式接受共存，降低意識形態對抗抑制軍事衝突，開始進行人員交流；進而到積極和平共存的和解階段，雙方經貿交流合作密切，政府間加強連繫及共同援外合作；最終達到鬆散政治整合（如邦聯）象徵性統一的階段[8]。事實上，在1973年，南韓的洪承勉教授即曾發表〈分斷國問題的再發現〉，收錄於安保統一問題

7　Kim Hak-Joon, *The Unification Policy of South and North Korea* (Seoul: Seoul National University Press, 1977), p.266〜271.

8　Gregory Henderson, Richard Ned Lebow & John G. Stoessinger, eds., *Divided Nations in a Divided World* (New York: David Mckay Company, Inc. 1974), p.438〜442.

研究所編，《東西德與南北韓》一書[9]，為早期將兩德與兩韓問題一同進行比較論述的著作。

　　相較於韓德遜等人分裂國家模式相關研究的提出，我國學者丘宏達教授與魏鏞教授也在1973年及1976年就相從國際法角度進行深度評述，並提出「多體制國家」的概念與理論，嘗試解決分裂雙方所面臨的主權爭議與管轄權的行使。例如，丘宏達在1973年即編著《中國與台灣問題的文件與解析》（*China and the Question of Taiwan: Documents and Analysis*）一書[10]。魏鏞教授在1976年瓊斯頓（Ray E. Johnston）所編著《政治的分裂、分割與統一》（*The Politics of Division, Partition, and Unification*）一書中，即發表了「多體制國家的分裂與統一：基本觀念、相關因素與演變途徑的比較分析」（Unification and Division of Multi-System Nations: A Comparative Analysis of Basic Concepts, Issues, and Approaches）一文。[11]丘宏達教授與道溫教授（Robert Downen）更在1981年共同編著《多體制國家與德、韓、中國際地位》（*Multi-System Nations and International Statusof Germany, Korea, and China*）一書，以國際法的角度分別探討並比較兩德、兩韓為兩岸的法律地位[12]，更使得兩岸問題與兩德及兩韓等分裂國家模式，備受國際學術界矚目與關切。

　　雖然早在1979年即有政治大學外交研究所研究生撰寫「分裂國家的法律地位」碩士論文，然國內學術界對於分裂國家模式研究之論述，大都

9　洪承勉，「分斷國問題的再發現」，安保統一問題研究所編，《東西德與南北韓》（漢城：東亞日報社，1973年）。

10　Hungdah Chiu, ed., *China and the Question of Taiwan: Documents and Analysis* (New York: Praeger, 1973).

11　Yung Wei, "Unification and Division of Multi-System Nations: A Comparative Analysis of Basic Concepts, Issues, and Approaches," in Ray E. Johnston ed., *The Politics of Division, Partition, and Unification* (New York: Pareger, 1976).

12　Hungdah Chiu and Robert Downen, eds., *Multi-System Nations and International Status of Germany, Korea, and China* (Baltimore: Occasional Pagers / Reprints Series in Contemporary Asian Studies, University. of Maryland School of Law, 1981).

在80年代以後至90年代初，特別是1987年政府開放台灣地區前往大陸探親，開啓兩岸之間各項交流，如何規範與開創兩岸關係，此時成爲學術界研究的熱門課題。而援引同爲分裂國家的兩德與兩韓互動模式，亦蔚爲風潮，特別是1990年10月3日來，西德的和平統一及南、北韓共同加入聯合國，以及台灣中止動員戡亂時期，亟需定位兩岸關係之際，分裂國家的模式自然備受學術界熱烈探討。

縱觀學術界對於分裂國家模式的相關探討，在早期大都集中在以國際法的角度解析分裂國家分裂雙方的法律地位。在台灣推動務實外交政策放棄「赫爾斯坦式」的零和競賽，與大陸展開接觸交流之後，則學術界對於分裂國家模式的探討，大都以分裂雙方的內在互動模式及分裂雙方在外交上作爲的法律定位爲研究標的。如趙國材教授「從國際法觀點論分裂國家之承認」一文[13]；韓籍申相振先生《分裂國家－交叉承認模式》一書[14]。韓籍研究生朴光得撰，「從德國模式看韓國統一問題之研究」[15]，梁錦文先生撰「自德國模式研究中國統一問題」[16]。政治大學國際關係研究中心所主辦的第九屆中韓學術會議更是以「分裂國家的互動關係」爲研討主題，邀請張玉法、吳安家、張榮豐與韓方陳德奎、李泰旭、具本泰等學界撰文探討[17]，90年代以後，如張麟徵教授的「務實外交－政策與理論之解析」、「從國際法中主權原則與實踐情況看兩岸關係之進展」[18]；

---

13 趙國材，「從國際法規觀點論分裂國家之承認」，載於《中國國際法與國際事務年報》，第三卷（臺北：商務印書館，1989年7月），頁27～54。

14 申相振，《分裂國家－交叉承認模式》（臺北：臺灣商務印書館，1987年8月）。

15 朴光得，「從德國模式看韓國統一問題之研究」（臺北：國立臺灣大學政治研究所碩士論文，1985年6月）。

16 梁錦文，「自德國模式研究中國統一問題」，（臺北：國立臺灣大學政治學研究所碩士論文，1988年5月）。

17 朱松柏主編，《分裂國家的互動關係－以中韓兩國爲例》（臺北：政治大學國際關係研究中心，1989年6月）。

18 張麟徵，「務實外交－政策與理論之解析」，《問題與研究》，第29卷，第12期（民國79年9月），頁62～77；「從國際法中主權原則與實踐情況看兩岸關係之進展」，《主權問題與兩岸關係論文集》，中國大陸研究學會編印，民國84年，頁1～18。

張五岳，《分裂國家互動模式與統一政策之比較研究》一書；張亞中教授，「兩岸主權論」[19]，許禎元教授的「分裂國家主權意識形成途徑之研究」[20]；石之瑜教授的「從分裂主權理論到實踐空間主義─對中國含義的批判性反思」[21]一文，均對分裂國家的理論省思與互動模式多有論述。

　　雖然兩岸與兩德及兩韓均被稱為分裂國家，惟在進行模式探討時，一般評述者經常以兩岸的分裂係內戰所致；而兩德與兩韓係為外力所致，而逕以認為兩岸與兩德及兩韓並不相同。此外，一般評述者更經常以兩岸在土地、人口的實力懸殊對比與兩德、兩韓勢均力敵不同。是以，相較於德、韓等分裂國家分裂雙方在對外關係與對內相互承認的適用性上，自然有不同。

　　事實上在探討或比較分裂國家的緣起（origin）與背景（background）時，一般研究者經常以「國際型分裂國家」（divided nations by outside victors in war）與「內戰型分裂國家」（divided nations through internal war）兩大類型作為分類標準，並以德國與中國為其典型代表。這種分類方法雖然簡易方便，但往往無法詮釋分裂國家緣起與形成（formation）的若干變數（如歷史淵源傳統、地緣政治與戰略、意識形態的對立……等）。對一個研究者而言，其所關切的不是探討這些國家步上分裂的直接原因與顯性因素，其同時必須兼顧促成分裂國家走向分裂道路的間接原因與潛在因素，以及加深分裂雙方定型化的若干變數。這些因素與變數基本上可歸類為外在因素（external factors）與內在因素（internal factors）兩大類。

　　所謂外在因素，乃意指促使分裂國家走向分裂的外在因素，其中包括國際政治體系結構與變遷、地緣政治與戰略利益考量、國際強權對分裂雙

---

[19] 張亞中，《兩岸主權論》（臺北：生智文化，民國87年3月）。

[20] 許禎元，《分裂國家主權意識形成途徑之研究》，（台北：時英出版社，民國87年2月）

[21] 石之瑜，「從分裂主權理論到實踐空間主義─對中國含義的批判性反思」，《共黨問題研究》，第18卷，第10期（台北：民國81年10月），頁36～42。

方或一方的干預……等因素；所謂內在因素，乃意指分裂國家內部或因歷史淵源，或因地緣差異，或因意識形態的歧異與對立，或因權力的爭奪，而導致國家走向分裂。[22]

筆者認為外在因素與內在因素並非二項互無關連的獨立因素（independent factor），相反的，這二項因素經常存有高度互動關係，彼此互相影響。事實證明，不論是兩德、兩韓抑或兩岸國家的分裂都同時面臨到內、外在諸多因素的規範與制約，以內戰與外力分裂為分類論述，顯然是失之過簡。[23]而以實力對比及中共能否接受作為質疑模式適用性，更是容易淪於政治現實的片面考量，絲毫無視於模式的理論探討，例如，雖然分裂國家分裂雙方彼此對立之兩政治實體在外交上與政治上互動、運作之最大困難在於：雙方各自聲稱（或不聲稱）其係為該國之唯一合法政府，並於法理上涵蓋其實際上未能有效控制之另一法律與政治實體管轄下之領域；亦即分裂雙方（或一方）對其從未行使有效管轄權之區域仍然堅稱擁有主權。

事實上，不論從兩德、兩韓所創造的具體實例，或從國際法上最重要的主體──國家所具備的四大要件（固定居民、一定界線領土、政府及與它國交往的能力）；甚至從國際法上適用極為廣泛的重要原則──有效原則（Principle of Effectiveness）；及美、日、英……等未承認中華民國政府之國家的法律（如美國的台灣關係法）或司法判例（如日本光華寮案），……等各項加以檢視，吾人認為「分裂國家模式」無論是在國際法上或理論的適用上，並無可議之處。

分裂國家模式成功與否，最大的考量變數的確為北京當局的態度，吾人了解現階段，除非台灣接受其「一國兩制」，否則任何做法均非北京

---

[22] 張五岳，《分裂國家互動模式與統一政策之比較研究》，頁9～91。

[23] F. W. Oppenheimer, "Governments and Authorities in Exile", American Journal of International Law, (1942)，p.568；張麟徵：「務實外交─政策與理論之解析」，《問題與研究》，頁62～77；丘宏達主編，陳治世、陳長文、俞寬賜、王人傑等合著，《現代國際法》（臺北：三民書局，1973年11月初版），頁171～250。

當局所能容忍與樂見。連台灣在不挑戰「一個中國」的原則下，爲保障台灣人民在國際社會正當權益，所推動的「務實外交」都被中共抨擊爲在搞「一中一台」、「兩個中國」、「台獨」或「獨台」作法。如果一切以中共爲首要考量，除非台灣接受其「一國兩制」否則任何作法必然遭到抵制與抨擊，故台灣所欲尋求的並非一個讓中共滿意的定位，而是一個讓國際社會與台灣民衆可以了解與接受的定位。

由於在探討分裂國家模式大都離不開主權問題，是以，茲就德、韓對於主權之處理進行探討，並歸納出分裂國家模式之若干特徵以爲準，最後再提出模式適用兩岸之若干觀點以爲結語。

東、西德與南、北韓主權之處理

東西德主權處理

在二次大戰進行中，同盟國便開始思考戰後如何抑制德意志侵略再度崛起，盟國在數度協商後，決定以分裂德意志（Dismemership）、解除其武裝（Disarmament）、清除軍國主義（Demilitarization）爲策略，致使1949年德意志聯邦共和國（簡稱西德）與德意志民主共和國（簡稱東德）的成立。自1949年東、西德正式成立至1990年德國再統一，兩德在主權問題處理上迭有差異，茲分述如下：

西德之主權宣示與作爲

在論述西德之主權宣示與作爲時，可從其基本法、國際條約及兩德基礎條約，加以檢視。

基本法

西德在其基本法序言中宣示，「……各邦之德意志人民……決心維護其民族與國家統一，茲本其制憲權力，制定此德意志聯邦共和國基本法，

俾過渡時間之政治生活有一新秩序」、「我上述各邦之德意志人民於此，並爲其他未能參加之德意志人民制定此基本法」、「務望我全體德意志人民依其自由自決，完成德國之統一與自由」[24]。除序言外，其在第23條亦規定，「本基本法暫時適用於巴登、巴伐利亞⋯⋯德國其他部分加入聯邦時，亦應適用之」；第116條亦強調，「除法律另有規定外，本基本法所稱之人民，係指具有德意志國籍，或以具有德意志人民血統之難民或被迫驅逐，或其配偶、後裔之資格，准許進入以1937年12月31日爲疆界之德意志帝國領土之人」；第146條更規定，「本基本法於德意志人民依其自由決定制定之憲法生效時失效」[25]。

　　從西德基本法之規範可知，雖然西德在行使有效管轄權僅及於基本法效力所及之領土部分，但其仍宣示其主權仍爲1937年德意志之延續繼承，並未放棄對其未能行使有效管轄權之東德領土宣稱擁有主權，以追求德國的再統一。從基本法的序言及第146條所強調的過渡性質，或第23條所強調的「德國其他部分加入聯邦時應適用之」，及第116條明示，只有一個統一德意志國籍的立場，均可檢視出西德並未放棄對東德地區主權之訴求。

國際條約協議

　　1970年代西德在國際政治的現實考量下，與蘇聯、波蘭、捷克⋯⋯等國，簽訂有關領土疆界之條約，如1970年8月12日在莫斯科簽署「德蘇條約」（通稱莫斯科條約）；12月7日與波蘭簽署「德波條約」（通稱華沙條約）；1973年12月21日與捷克簽署「德捷條約」。

　　在與蘇聯談判時，蘇聯要求西德承認歐洲各國疆界的不可變更，以及給予東德法律上的承認，但西德則堅持以「尊重」代替「承認」，以「不可侵犯的」（Inviolable）取代蘇聯所主張的「不可變更的」

---

[24] 張亞中，「德國問題—法律之爭議」，（臺北：國立政治大學政治研究所博士論文，民國80年），頁34。

[25] 同上註，頁34～35。

（Unchangeable）立場，堅持不給予東德國際法上承認[26]。並在條約簽署前半小時，以附帶文件方式，用西德外長謝爾（Walter Scheel）名義，發出「德國統一信函」予蘇聯外長葛羅米柯，並為蘇聯正式接受，在「統一信函」中，西德重申，西德政府與人民對國家再統一的責任與願望，而德蘇條約與西德塑造一個使德國民族能自由自決下恢復統一的目標之間，並不牴觸[27]。同樣的，西德在與波蘭進行談判時，對於波蘭所一貫堅持西德必須無條件以「奧得河－奈塞河」界線作為波蘭西疆國界的主張，西德仍只願給予「尊重」及重申彼此疆界的不可侵犯性。此外，在四強「柏林協定」的內容及附件中，列強們本著「同意歧見」（agree to disagree）的彈性妥協原則，技巧性採用「相關領域」（relevant area）、「過境交通」（transit traffic）、「宣告」（declarement）、「聯繫」（ties）……等辭句，作為意義指涉，儘量避免使用主權、分裂、承認等強烈明確字句陳述。

是以，從西德與蘇聯、波蘭、捷克等所簽署的有關領土疆界的條約協議中，西德雖然在國際政治現實的考量下與其簽訂，但其都小心審慎地不用「承認」、「確定」、「不得變更」等確切概念字句，在法理上與主權宣示上，亦極力避免給予德國人民自身或外界認為其有放棄主權的訴求與再統一的政策。

兩德基礎條約

影響兩德關係至鉅的基礎條約，除序言和十條主要條文外，亦包括多項與主要條文同樣重要的「議定書」、「聲明」及「德國統一信函」。在序言中指出，從歷史的事實出發，東西德雖然在基本問題上，包括國家問題，有不同的見解，但是基於兩德人民的利益與開創兩德間之合作願望，乃訂立此約，在條文中亦明白規定：兩德在平等的基礎上，發展正常友好

---

26 施啓揚，「在西德看德俄締約」，《問題與研究》，第10卷，第1期（臺北：政大國際關係研究中心，民國59年10月），頁17～18。
27 同上註。

關係（第1條）；兩德遵循聯合國憲章原則，尤其是國家主權平等，領土完整、尊重獨立等原則（第2條）；兩德完全以和平方法解決爭端，並重申現有疆界在現在及將來均不可侵犯（第3條）；兩德任何一方均不得在國際上代表他方，或以自己名義採取行動（第4條）；雙方尊重任何一國在其內政及外交事務方面的獨立與自主（第8條）；本條約不觸及雙方已簽訂或與其他有關之雙邊或多邊之國際條約與協議（第9條）[28]。此外，西德亦依照「德蘇條約」簽訂模式，另外附帶一封「德國統一信函」，在信函中，西德表示，在歐洲和平的架構下，以德意志民族自決方式，恢復德國統一的目標，和這部條約並不牴觸，而東德政府亦正式接受了這封統一信函。

雖然依據兩德基本條約規定，兩德同意彼此在國家民族問題的主權宣示上有不同的見解，且兩德亦尊重任何一國在其內政和外交上的獨立自主，且任何一方均不得在國際上代表對方，更遵循聯合國憲章所載之國家主權平等、尊重獨立自主、領土完整原則，實讓外界認為兩德各為主權獨立自主國家。但西德卻依據基礎條約第9條規定，「本條約不觸及雙方已簽訂或與其有關之雙邊或多邊之國際條約與協議」（按：最主要係指英法美蘇所簽訂之波茨坦議定書），認定德意志帝國並不因此條約而消亡，德意志帝國仍然具有權利能力，基礎條約並不是一分裂條約。西德聯邦憲法法院在1973年之判決中亦稱，基礎條約具有「雙重性質」，就形式而言，該條約屬國際法條約，但就其特殊內容而言，是屬一規範內部關係之條約。張亞中博士亦認為，沒有第9條之規定，基礎條約將是個不折不扣之國際條約與分裂條約，唯有依賴第9條之規定，基礎條約將是個不折不扣之德國內部條約[29]。此外，西德亦堅持附帶「德國統一信函」，堅持1913年之「國籍法」，將兩德關係予以「特殊化」，以有別於一般對外關係

---

[28] 施啓揚、李鍾桂著，《歐洲問題研究》，（臺北：自由青年社，1973年12月），頁260～263。

[29] 張亞中，「中國問題之法律定位」，分裂國家之統一研討會論文，旅德中華社會科學研究會和全德學聯合辦，1991年12月8日，頁16。

（如以常駐代表處而不稱大使館，東德代表及外長交涉的對象爲內德事務部部長，而非西德外長）。雖然東德在國際法上是否爲主權完整之國家，非賴西德之承認，但西德在形式上卻從未作過此種承認，相反的，卻是重覆明確的加以拒絕。同時，從兩德邊界並未加以精密確定，以及條約批准程序上之特別方式……等，亦可窺出西德在處理主權問題上的匠心獨具。

東德之主權宣示與作為

自從1949年東德成立至1990年德國統一，東德在主權宣示與作爲上，曾經二次截然不同宣示作爲，茲分別就其1949年憲法與1974年憲法加以檢視。

1949年憲法

東德於1949年成立，其在10月7日通過的憲法，亦經過大約二年的準備，並邀請來自西德占領區的代表參與，刻意強調其「制憲人代會（Deutscher Volksrat）爲德國民族唯一合法代表」，憲法內容有相當部分延續威瑪憲法精神及文字[30]。其在序言中宣示「……德意志人民制定本憲法」，第1條第1款揭示「德國是一個不能被分割的民主共和國」；第2款亦宣示「共和國決定所有德意志人民生存與發展之事務」；第5款稱「僅有一個德意志國籍」，第25條規定，「所有礦產……及所有具經濟價值之自然資源……有關整個德意志人民之利益者，均受共和國之監督」；第114條規定「整個德意志法律優於各邦之法律」；第118條更規定「德國爲一統一之關稅及貿易地區」[31]。凡此皆顯示出，東德認爲其爲整體德意志之唯一合法繼承，其主權之宣示包括其實際未能行使統治權之西德領土。

除了憲法規定外，東德總理格羅特爾（Otto Grotewohl）在其首度的施政報告中，更稱其所屬政府是德意志政府，而不稱東德政府，除了將

---

30 蘇永欽，「兩德統一的憲法問題」，兩德統一法制調整座談會，《政大法學評論》，第43期（臺北：政治大學，民國80年10月），頁74。

31 張亞中，「德國問題—法律之爭議」，頁41～42。

德國的分裂歸罪於西方三強外，更堅稱「德意志民族終將走向統一、民主與和平之路」[32]。此外，東德更提出「全德政府方案」（All-German Option）作為解決德國分裂問題的方案。於此可知，在東德成立之初，其非但沒有認為德國業已消亡，其更認為東德與德國法律關係具一致性。加上其憲法更未如同西德基本法第23條對本身領土限制的條文，更使部分學者認為此時東德所持者乃「完全相同理論」的立場[33]。

1951年6月18日史威恩（Schwerin）高等法院及同年10月31日東德最高法院的判決均稱，德意志帝國已經由所謂的征服，在1945年5月8日滅亡。在判決中確認東德為一完全新生的國家，與德意志帝國沒有關係，也不是他的繼承者或部分繼承者[34]。東德為由農工群眾所組成的全新國家，非但不同於資產階級組成的西德，亦與法西斯主義的德意志帝國不相同。此時，東德雖然與德意志帝國劃清界線，但亦未明白宣示放棄其主權求統一主張，誠如雪納（Vlrich Scheuner）教授所言，在東德立國初期，其自視為合法的德意志國家，其政策主要著眼於德意志的未來前途，其立場係認為在德國，社會主義制度沿著共產主義社會的方式進行革命下完成統一[35]。爾後，隨著東德政局的不穩（內有難民潮及工潮），為了鞏固自身政權，乃調整其與西德關係；強調其與西德為國際法上兩個主權國家關係，並不時要求西德予以國際法上承認，但其並未徹底放棄統一的長程目標。1965年2月，烏布列希特以東德國家元首身分訪問埃及，並與納塞（Nasser）總統發表「聯合聲明」表示，德國統一問題是德意志民族自己的事。1965年12月，東德設立「全德問題秘書處」（Staatssekretariat fur gesamtdeutsche Fragen），1965年設立「全德問題委員會」（Rates fur

---

32 同上註；另見吳東野，「東德對德意志民族問題之態度」，《問題與研究》，第26卷，第11期（臺北：政大國際關係研究中心，1987年8月），頁45。

33 張亞中，「德國問題—法律之爭議」，頁43。

34 同上註。

35 Ulrich Scheuner, "The Problem of the Nation and the GDR's Relationship with the FRG", in Eberhard Schulz, et al., *GDR Foreign Policy*, Trans. By Michel Vale (Armonk, New York: M. E. Sharpe, 1982), p.40: p.43-46.

gesamtdeutsche Fragen）。

由於東德建立之初其政權並不穩固，加上西德長期以來漠視東德所提有關德國問題與統一問題等方案，再加上西德在外交上的強勢作爲（堅持赫爾斯坦原則）及主權上的明確訴求，亦使東德統治者瞭解到，其內部人民與黨員幹部，不論在兩個德國關係或東德發展前途的認同上，經常產生混淆和錯覺，可能危及政權的穩定，自1967年起，德國政府即更弦易轍，改行「兩個德國」的分離主義政策。將凡是有關全德事務名稱與範圍的機構一律更改名稱，並於2月21日通過「德意志民主共和國國籍法」，正式廢止自1913年以來一直適用的德國國籍法，代之以「東德國民」（Begriff Staatsburger der DDR），使得居留在西德及西柏林的居民，不能享有東德國民的權利義務。連在東德內象徵著東、西德仍爲一體的最後一個機構「德意志基督教會」教會會議，自1967年4月起，必須分別在東、西柏林分別召開。1968年4月，東德放棄1949年以「全德人民」爲基礎制定的憲法，將其修訂爲以東德人民爲基礎的「德意志民主共和國社會主義憲法」。

1974年憲法

自1971年5月何內克上台後，更進一步放棄了以往以德意志民族社會主義國家的稱號，明白放棄了以往所堅持的「德意志民族」情結，採取了實質與形式合一的「劃界政策」（Policy of Delimitation：Abgrenzungspolitik）以強化兩德的分離，以徹底割裂東德與德意志民族的關連性，乃於1974年再次修憲，並於10月7日通過新憲法。1974年憲法與1968年憲法最大的差別於：1968年憲法中任何有關（或提及）「全體德意志民族」或「再統一」的辭句或用字全遭刪除；例如，1968年序言中，「全體德意志民族」爲新憲法的「德意志民主共和國」所替代；憲法第1條，原有「德意志民主共和國是一德意志民族的社會主義國家」，亦修改爲「德意志民主共和國是一工人與農人的社會主義國家」；憲法第2條，原來使用的「民主德國」，亦改成「德意志民主共和國」的正式國號，而與德國劃清界線。除了制定新憲法外，東德亦對德意志民族與歷史進行重

新的定位與詮釋，爲其「劃界政策」做合理化的理論基礎與依據。是以東德認爲其爲主權獨立的國家，視西德爲外國，主權非但不及於西德，亦與德意志素無瓜葛，東德政府這種明確的主權宣示是否意味著得到其人民的認同與支持，且兼具實質與形式效力（亦即主權是否可由政府宣示完全繼承或重新界定），吾人不得可知，但隨著1989年何內克的垮台，東德的劃界政策與主權主張終究無法貫徹。

南、北韓主權之處理

與德國、中國情況不同的是，二次大戰時，韓國既不是一個武力侵略國，更不具備有完整主權國家的地位。事實上，自1910年遭日本併吞後，韓國在國際上已是一個「被遺忘的國家」（forgotten nation）[36]。迨二次大戰中期，盟國在商討戰後國際局勢，有關戰後韓國是否獨立或託管問題方被討論，列強在戰時的協商與戰後的占領受降，可說是促成1948年南北韓分裂的重要原因。茲就南、北韓在主權問題處理上簡述如下：

南韓之主權宣示與作爲

在「聯合國韓國臨時委員會」（U. N. Temporary Commission on Korea: UNTCOK）決議並監督下，1948年5月10日韓國實施全面普選（因蘇聯反對，故普選僅限於北緯三十八度以南），8月15日「大韓民國」（R.O.K.）在漢城正式宣告成立。至1948年建立至今，南韓先後經歷了李承晚（第一共和）、張勉（第二共和）、朴正熙（第三、第四共和）、全斗煥（第五共和）、盧泰愚（第六共和）、金泳三、金大中等人執政。

在南韓宣告成立之際，李承晚政府明確宣示，大韓民國政府依據憲法規定係朝鮮半島唯一合法政府，南韓政府首要迫切任務在於完成國家統一。1950年的韓戰打破了南韓武力統一的美夢，但南韓始終並未放棄其主

---

[36] Robert T. Oliver, *Korea*: *Forgotten Nation* (Washington, D. C.: Public Affairs Press, 1944); Kim Se-Jin, ed., Korean Unification: Source Materials *with on Introduction* (Souel: Research for Peace and Unification of Korea, 1976), p.23.

權及於朝鮮半島與致力於國家統一的訴求。1971年南北韓開始進行紅十字會會談；1972年雙方更展開官方秘密接觸談判，並於1972年7月4日發表一項「聯合公報」，一般稱之為「南、北韓七四共同聲明」，「聲明」中指出，雙方同意統一應該不依賴外部勢力及不受干涉，作自主的解決；且應不行使武力，以和平方法實現；並應超越思想、理念及制度之差異，追求單一民族大團結；此外，為增進雙方各項交流，防止意外軍事衝突發生，解決各項問題，亦成立「南北韓調解委員會」[37]，為兩韓日後官方接觸談判奠定基礎。

1973年6月23日，朴正熙發表「大統領對和平統一外交政策之特別聲明」，明白宣示，和平統一為民族最高課題；南北韓雙方互不干涉內政、侵犯對方；不反對與北韓同時參與國際組織與進入聯合國[38]，政府放棄以往所堅持的「赫爾斯坦原則」。惟其仍未放棄其領土主權及於朝鮮半島之主張。1973年6月26日，南韓總理金鍾泌在答覆國會議員質詢，與德國模式區別時表示：「德國是一個民族、兩個國家、兩個政府」；而我們可以「一個民族、一個國家、兩個政府」來表示。[39]

南韓政府成立至今，雖先後經歷了「六個共和」、「九次修憲」、「二次軍事政變」和「十二次戒嚴法」[40]，但其始終並未放棄其領土主權（包括北韓領土）及國家統一的主張（雖然有不少人認為其做法與統一是背道而馳），雖經九次修憲，但其在憲法中，對此二項主張則未曾改變。以1987年修訂通過的憲法為例，其除了在「序言」中揭示，其為「繼承以三一運動而建立之大韓民國臨時政府之法統」，並「以祖國之民主改革與和平統一之使命為根基」；在其憲法條文第3條中規定「大韓民國之領

---

[37] Kim Hak-Joon, *The Unification Policy of South and North Korea* (Seoul: Seoul National University Press, 1977), p.266-271.

[38] "A White Paper on South-North Dialogue in Korea", (Seoul: National Unification Board R.O.K.,1982), p.315～320。

[39] 金雲泰等著，制順達譯，《韓國政治論》（臺北：國民大會憲政研討會，民國77年9月），頁289。

[40] 張五岳，《分裂國家互動模式與統一政策之比較研究》，頁387。

土及於朝鮮半島及其附屬島嶼」；第4條規定「國家應邁向統一，並爲樹立、實施和平性的，以自由民主之基本秩序爲基礎之統一政策而努力」；第66條第3項更規定「大統領對祖國之和平統一負有誠實之義務」[41]。南韓在明確的領土主權宣示強調國家統一的主張中，於1990年與北韓進展到總理級會談，1991年共同加入聯合國，並於1991年12月與北韓簽訂「南北韓和解互不侵犯合作交流協議」。在此協議前言中，首先揭示，「南北韓雙方爲了達成祖國的和平統一及七四南北共同聲明的精神，……解除軍事對立狀態，……促進繁榮民族之共同利益」；並強調「雙方認定目前之關係並非國與國之間的關係，而是爲了邁向統一所暫定的特殊關係」；此外，協議文中亦主張，「南北雙方將不干涉對方之內部問題」（第2條）；「遵守目前停戰狀態，並在雙方的努力下，共同實現朝鮮半島之永久和平」（第5條）；「雙方停止一切在國際舞台的對決局面，應爲民族利益及自尊而共同努力」（第6條）；「南北雙方放棄使用武力侵略對方」（第9條）；「南北互不侵犯之警戒線範圍，以1953年7月27日簽署的軍事停戰線之分界爲準」（第11條）；「本協議書對雙方與他國或多國間所簽署的條約或協定，並不具有任何的約束與影響」（第25條）。

由上可知，雖然南韓在領土主權宣示上及於朝鮮半島及其附屬島嶼（當然包括北韓），並未對兩韓領土分界加以明確劃分，但卻以1953年7月27日停戰線之分界爲準，兩韓之間關係並非國與國關係，雙方卻得以共同加入聯合國，並進行外交休兵，顯見南、北韓雙方在主權問題宣示上，雖然完全重疊難分，但絲毫並不影響雙方正常交往與共同參與國際組織。

北韓之主權宣示與作為

在金日成統治北韓長達四十餘年期間，曾經修訂兩部憲法。茲就其憲法條文及統一政策之更迭，檢視其主權之宣示與作爲。

1948年9月9日，北韓政府在平壤宣布成立，9月10日，金日成在北韓

---

[41] 同上註，頁386。

「最高人民會議」第一次會議中宣示，北韓政府是朝鮮半島唯一合法的中央政府。其除了在憲法中明訂領土主權及於朝鮮半島外，更在1948年的憲法中，將北韓的首都定爲首爾。

1950年北韓發動韓戰，意圖以武力實現統一，在韓戰結束後，除了不放棄武力南侵外，亦積極展開各項和平攻勢，同時不放棄主權之宣示，如1954年提出南北韓國會代表合組「全韓委員會」，草擬選舉辦法，在全韓實施普選以建立統一政府。1955年提出「五點計劃」；1960年提出「聯邦制」（Confederation Plan），作爲韓國統一方案，自此，「高麗民主聯邦共和國」（Democratic Confederal Republic of Koryo）方案，乃成爲北韓統一政策之主張。值得注意的是，北韓所謂「聯邦」，實質上應該是「邦聯」（因爲其爲兩個對等政府所組成，組織制度照舊且各自擁有完全管轄權……等）。其對外用語以英文的「邦聯」（Confederal），而非「聯邦」（Federal），主欲在國際上，爭取「和平共存」的形象；對內以韓文的「聯邦」字語，主欲用全韓人民所嚮往統一之「聯邦」字語，以爭取全韓人民的支持。

北韓在對主權的宣示作爲與統一政策的主張上，猶較南韓強烈堅持，例如其在1972年公布的憲法中強調，「北韓是代表全體朝鮮人民利益之自主性社會主義國家」（第1條）；「北韓，藉北半部達成社會主義的完全勢力，同時排除全國範圍內的外國勢力，在民主主義的基礎上，爲達成祖國的和平統一與民族的完全獨立而鬥爭」（第5條）；「北韓武裝力量的使命……保衛社會主義制度和革命的戰利品，取得祖國的自由、獨立和和平」（第14條）；「北韓擁護海外朝鮮同胞之民主主義民族權利與國際法公認之合法權」（第15條）；「北韓對外關係上行使完全之平等權與自主權」（第16條）；第149條將首都由漢城改爲平壤。北韓雖然亦與南韓一樣，一貫堅持「一個民族、一個國家、兩個政府」的立場，但其在80年代以前，卻堅持反對南韓以分裂國家的單獨名義或南、北韓以兩個席位加入聯合國，以防朝鮮半島的永久分裂。

分裂國家模式的特徵

從東、西德與南、北韓的長期互動過程，吾人可以歸納出所謂分裂國家模式乃具備下列特徵：

第一，正視國家分裂狀態。雖然西德與南韓在1950年代與1960年代都不願務實的面對國家分裂狀態，皆高舉漢賊不兩立的「赫爾斯坦原則」，亦即任何與東德或北韓建交的國家，都被西德與南韓視爲不友好，爲其所無法容忍而予以斷交。但自從1970年代開始，西德與南韓考量國際環境與國內環境的變化，分別先後實施「東進政策」與「北方政策」後，均能正視國家分裂之事實，透過制度化的溝通管道，並採取積極的因應措施，使得分裂雙方得以開始進行協商與交流。

第二，雙分遵守聯合國憲章所揭櫫的和平解決爭端的原則。東、西德在1972年所簽署的「基礎條約」，南、北韓在1972年7月4日所發表的「共同聲明」，及1991年所簽署的「和平互不侵犯合作交流協議」，都明白宣稱放棄武力之使用，並遵守聯合國憲章所揭櫫的和平解決爭端的原則，以和平手段解決爭端。南、北韓更同意「統一應不行使武力，並應以和平方法實現」，做爲祖國統一原則。

第三，雙方承認與尊重對方的對等地位。即分裂雙方關係之互動與發展，依循國際法之「有效原則」，在分裂的過渡期間，對於主權宣示與有效管轄權無法競合，則如果不是採取主權共有就是採取擱置主權爭議，相互承認各自擁有之有效管轄權。在雙方互動時，在實質與法律上必須立足於「平等」的基礎之上，雙方無「中央對地方」或行使「監管關係」之可能或給予國際社會不對等的認知，方有利於雙方正常化關係的推動，亦即雙方在政治上不論採「二國兩府」（如東、西德），或「一國兩府」（如南、北韓），分裂雙方在政治上、主要都基於對等的立場，並以政府官方正式名義進行協商。

第四，雙方在外交上接受雙重承認與雙重代表。西德在統一前與161個國家有邦交，東德則與132國家有外交關係。其中，122國係雙重承認，

即同時承認東、西德並與其維持正常邦交；同樣的，目前與南韓有邦交的國家有160餘國，與北韓建立外交關係亦有120餘國，其中，116國同時承認南、北韓，除了在外交上接受雙方承認外，在國際組織參與上，雙方亦相互容許「一國兩席」式的雙重代表權，共同加入國際組織。

第五，分裂雙方彼此之間的關係，係屬於一種「特殊性質的內部關係」（或準國際關係，亦即部分可準用國際法規範，惟東德則認爲兩德關係爲國際關係），使分裂雙方在政、經、社、文化等各項互動交流的推動上，不被視爲與一般外國之間的關係。

第六，在上述基礎上，雙方透過制度化的溝通協商管道，開啓並致力於「正常化」健全關係，即雙方在正常化的基礎上，建立起「制度化」、「法制化」關係，以規範雙方互動與交流，並致力於雙方的互利與共榮。

兩岸關係結構性之特質

相較於德、韓等分裂國家抑或國際關係史上敵對雙方之互動，我們可以發現，目前兩岸關係最大的癥結與結構乃在於：

第一，政治關係尖銳對抗敵對，民間交流卻是密切頻繁。就政治關係敵對而言，台灣雖然在1990年代即終止動員戡亂，但仍視中共爲主要威脅，中共至今仍不放棄對台動武、不給台灣應有的國際生存空間，不願正視兩岸分治現實平等對待台灣。兩岸雖然政治關係敵對，但民間交流卻是密切頻繁，每年超過百萬人次台灣民眾前往大陸，台商前往大陸投資占台灣對外投資的42%，雙邊貿易金額亦超過200億美元，雙方每日通信約5萬封，通電則超過30萬通以上。這種政治關係尖銳對立，而民間交流卻是熱絡異常的兩岸關係，可謂古今中外、古往今來所罕見。了解兩岸關係這種結構性的特質，自然可以明白何以單純的民間交流所衍生的問題，處理稍有不愼，都可能被雙方賦與高度政治性的考量而變得複雜。近年來，無論是大陸方面不諱言的以民逼官、以商圍政、以通促統，強調政治性談判的必要性；抑或台灣方面所主張的「戒急用忍」，乃至政治偵防，都是這種

兩岸關係結構下的自然產物。

第二，既欠缺官方直接對話管道，亦無法透過中介機構建立起制度化協商途徑。由於中共始終不願承認台灣爲與其對等之政治實體，更遑論政府與國家。是以兩岸不僅無法如兩德與兩韓般在官方對等的基礎上進行對話協商，也與一般國際慣例不論是國與國之敵對雙方抑或一個國家內部交戰雙方，大都經由官方對等協商的方式大異其趣。目前兩岸雖設有海基會與海協會作爲中介機構，但至今仍無法建立起制度化的溝通管道與協商途徑，更遑論能解決危機衝突或是因交流而衍生的諸多問題。兩岸目前欠缺制度化的溝通對話管道與健全協商機制，相較於國際慣例，不論是在敵對雙方意圖以談判代替對抗（除了透過制度化溝通管道進行對話協商外，亦經常透過熱線的設置以避免誤判與衝突），或是因互動頻繁必須透過協商解決交流所衍生的問題，尤其是非一己之力所能解決的問題，更是必須透過健全的管道與良好機制運作爲之。兩岸目前在政治敵對，民間交流熱絡的情況下，卻欠缺制度化的對話協商管道，也爲古今中外所罕見。

第三，主權的宣示與管轄權的行使長期無法競合。在國際間一般國家其由國家與人民所行使的主權與政府所行使的統治權或有效管轄權，應該是合而爲一的，雖然兩者或許存有落差（通常是因戰爭或內亂狀態所致），但以目前兩岸雙方對於其長達近半世紀從未與無法行使統治權與有效管轄權的地區，仍然堅持擁有主權，並在國際上一再宣稱代表其無法行使有效管轄權之政府與人民，實爲舉世罕見。此外，除了主權問題爭論不休外，對於法律管轄權，雙方亦欠缺共識，更遑論相互承認與協助。面對兩岸交流中所衍生的諸多問題，不論這些問題是屬於自身法律管轄權所不及之事項，抑或非賴一己之力所能片面解決之問題。兩岸大都透過單邊立法或片面宣示爲之，鮮有透過協商或互惠協助方式爲之，法律管轄權或司法管轄權並非主權，但卻是經常被視爲國家主權的延伸，而兩岸主權與管轄權糾結不清且長達半世紀，實乃國際間所罕見。

國際的潮流趨勢與台灣的因應

在探索兩岸關係的各種互動模式中，雖說中共的態度爲重要變數，但吾人亦了解，現階段除非台灣接受中共所主張的「一個中國」原則的前提與其進行政治談判，並以「一國兩制」作爲統一的模式，否則兩岸難以開啓制度化的協商管道與開展正常的互動關係。是以，現階段台灣方面無論是在協商問題上，抑或互動模式中所亟應重視者，殆非中共能否接受，而是台灣內部是否具有高度共識，在國際上是否具有正當、合理及有利的訴求。亦即台灣在建構與推展兩岸關係時，雖然應當重視自身的主體性與本位性，但更應與國際的潮流及各國的利益相結合，相較於現階段中共對台政策上所採取先國際後兩岸。將兩岸關係從屬於大國外交下之關係，刻意凸顯台灣問題作爲中共與美、日等大國進行正常友好關係的主要障礙，以逐步緊縮步步進逼的方式迫使台灣就範。台灣方面更應掌握國際潮流價值的脈動與趨勢，縱使無法經由第一軌道的外交途徑與中共相抗，亦應善用第二軌道等各種形式以求突破及爭取國際的各種奧援。這些國際潮流趨勢的發展包括：

第一，傳統的主權觀已迭遭修正。傳統的主權觀源起於十六世紀的歐洲大陸，最初係用於中古世紀對抗宗教的神權統治，在法國布丹、英國霍布斯及德國黑格爾等人鼓吹下，主權被視爲是絕對的、不可侵犯的、不可分割及不受限制的。然而，隨著現代國家間互動發展的頻繁，傳統的主權觀所強調至高無上的權力，顯然無法適用於目前的國際社會，因爲沒有一個國家的權力可以凌駕他國之上，而國家之間的關係乃建築在平等與互賴的基礎之上。在環保、人權、保育…………等超乎國界的發展中，傳統的主權觀更是迭遭衝擊與挑戰。傳統的主權觀啓蒙發展於歐陸，如今隨著歐洲整合腳步的加速，歐洲的整合與歐盟統合的發展，卻對傳統的主權觀作了最大的修正。對於中共在高等學校法學試用教材國際法一書中，認爲「主權是一個國家獨立自主的處理對內對外事務的最高權力」，及在中國大百科全書法學中說主權是「在國際法上指國家獨立自主地處理自己對內對外事務的最高權力」。在堅持傳統的主權觀下，中共不僅宣稱對其從未

行使有效管轄權台灣擁有主權，並在國際上代表台灣，封殺台灣外交空間，不放棄以武力犯台。這種傳統僵化的主權觀並不符合國際的發展與潮流的演進。

第二，主權與管轄權非以他國或他方的承認與默認為要件。作為一個主權國家，非以他國在外交上的正式承認為前提。對於中共至今仍然在外交上仍堅持「赫爾斯坦原則」的「零和」作法，的確無法為台灣所接受，如果實踐是檢驗真理的唯一標準，以東、西德為例，在兩德統一前有122個國家採雙重承認（中共即為其中），雖然1968年後的東德改採獨立的劃界政策，但亦無害於德國最終的統一。目前也有116國同時承認南、北韓（中共亦為其中），亦絲毫無損於兩韓對於韓國統一目標的堅持。如果說兩岸採取雙重承認將是外力介入使中國永久分裂，則中共當年既承認東、西德，目前又承認南、北韓，豈不干預兩德與兩韓內部事務，意欲使德、韓永久分裂嗎？事實上從兩德及兩韓分別在1973年及1990年共同加入聯合國，且與百餘國維持雙重承認，可清楚看出，外交關係的拓展（包括參加聯合國）與分裂雙方的主權是否清楚界定，並無因果必然關係。以兩德為例，雖然西德主張統一而東德主張獨立，絲毫無害於雙方在外交上相互包容與各自發展。反觀南、北韓，南韓在其憲法中明訂「大韓民國之領土及於朝鮮半島及其附屬島嶼」，主權宣示顯然及於北韓，北韓在其憲法中亦明訂領土主權及於朝鮮半島，兩韓在主權宣示上可謂完全重疊，但絲毫無害於雙方共同加入聯合國及與百餘國進行雙重承認。足見不論是來自中共堅持僵化的主權觀，抑或台灣內部有人要求基於主權確立的釐清，其除了作為自身政策合理化與合法化的主要訴求外，與其能否正常開拓國際空間，顯然並非必要與前提要件。以兩德及兩韓雙方雖在土地、人口上迭有差距，惟綜合國力則屬勢均力敵，其雙方在勢均力敵的情況下，都不擔心因共存於國際空間而使其永久分裂。對於兩岸在土地、人口、邦交國數對比懸殊，我們實在難以想像中共有何理由？有什麼好擔心？因為讓台灣有國際生存空間會讓兩岸因外力介入而永久分裂？

第三，堅持和平解決爭端的必要性，與捍衛自由、民主、人權、法治的決心。兩岸關係的和平與穩定不僅涉及到兩岸人民的福祉安全，更涉

及到區域的和平與穩定。是以，雙方縱使不能如兩德簽署「基礎條約」或兩韓簽署「和平互不侵犯合作交流協議」，雙方亦應遵守聯合國憲章所揭櫫的和平解決爭端的原則，放棄武力之使用。以、巴間的千年世仇與北愛爾蘭半個世紀的流血衝突，都能宣示和平相處放棄暴力使用。兩岸何以不能？江八點與李六條共同的主張為結束敵對狀態，如何結束兩岸敵對，其內涵為何？檢諸東西德、南北韓等分裂國家或一般國際上敵對國家，無論簽署結束敵對狀態停戰協定，抑或簽署和平協定，其內容與要件不外乎下列諸項：一、雙方正式宣布放棄以武力解決一切爭端；二、雙方互不干預對方內部事務，並停止一破壞顛覆的不友善行為；三、雙方在平等的基礎上開展正常關係，且不得在國際上孤立對方；四、雙方架設熱線並互派代表，以確保溝通管道暢通；五、雙方軍事演習與軍事建置調動應事先告知對方，並不得採取任何威脅對方安全之行為（如封鎖）；六、雙方設立監督委員會進行查證工作。當然大多數的國家亦體認到，終止敵對狀態、停戰協定或和平協定，雖有助於和平，但不能確保和平，台灣的安全最重要繫乎於自身的實力。除了愛好和平外，台灣更應與國際社會的主流價值相契合，堅持捍衛自由、民主、人權、法治，用以作為反對「一國兩制」的主要訴求。

第四，主張以談判代替對抗，建立起制度化的溝通管道與協商途徑，以解決雙方因交流所衍生的問題。兩岸協商不應附加不必要的前提要件，任何的協商談判都應是無條件的進行協商，而有條件的達成協議。是以，兩岸協商應針對結構性問題及因交流所衍生的問題進行協商，根本不需也不能在政治性或事務性議題上作文章。面對國際壓力及中共的強力訴求，面對兩岸協商，台灣方面所應強調的並非攸關人民切身利益事務性議題的重要性，而是堅持制度化協商管道途徑的重要性與反對大陸方面堅持「一個中國」，前提的不合理性，及主張政治性談判的偏頗性。對於中共方面以其所主張的「一個中國」為前提，且從不諱言之所以極力推動兩岸政治談判，誠如新華社在8月25日所發表的文章中所言：「為了促進統一，中國共產黨和中國政府一貫主張進行兩岸和平統一的政治談判」。中共學者王在希亦指出：「進行政治談判、結束兩岸敵對，其根本目的還是為了促

進統一、實現統一」，「如果不堅持一個中國的原則和中國統一之目標，舉行兩岸政治談判就失去意義」。這種以先設定前提要件，與預設結論，要求台灣在其預設的前提與目標下進行政治性談判，顯然是不合理的。

結　論

綜合上述，東、西德及南、北韓在處理主權問題的個案上，可以看出東、西德在主權問題的宣示作爲與處理上，可謂截然不同；南、北韓在主權問題的宣示作爲與處理上，則未存重大歧見。唯兩者不同個案皆使分裂雙方皆能放棄武力使用，展開高層政治性談判，乃至共同參與國際組織，僅就個人若干心得分述如下：

第一，從西德在主權的理論建構與匠心獨具的宣示作爲上，可以印證出，誠如蘇永欽教授所言，現實需要是理論創造之母，西德憲法學者在無前例可援的情況下，創造了一整套的分裂國家憲法理論（如屋頂理論、同一理論，既非國際法，亦非國內法的區際關係或實存體關係理論……等），甚至大量借用了民法概念來輔助說明（比如帝國未死亡，僅僅因機關不存在而失去行爲能力），乃至以憲法「要約」的理論來合理化東德地區的德國人仍可進入基本有效範圍，而當然成爲西德國民，是以德國經驗的啓示是：憲法理論建議，政治現實決定[42]。而主權理論的建議又豈非完全爲政治現實需要決定呢？

第二，西德在處理主權問題上能獲致成效，主要原因在於，其一方面既不公然違反一般主權理論觀念，使其能同時處理對外關係與對東德關係；更重要的是，另一方面，其又能同時兼顧到國際與東德的實質利益，故能爲雙方所接受（至少不強烈反對）。事實上，西德在處理主權問題的做法上，其首要考量應在於維持自身政策主張的合理化、合法化，而非欲以東德及國際社會之反應爲其主要考量。而東德於1950年代後，在主權

---

[42] 蘇永欽，「兩德統一的憲法問題」，頁86。

上重新宣示與作爲，亦在追求其自身政策的合理化與合法化，以求進一步穩定其政權，而這種經由政府主觀認知與需要對主權作重新重大宣示與作爲，在得不到其人民支持下，亦使1990年10月3日德國再趨於統一。

第三，相較於兩德主權宣示與作爲上的匠心獨具與明確分離個案，南、北韓可謂大異其趣，南、北韓在主權處理上，雖然部分援引西德及東德（如西德所主張雙方非爲國與國關係，及互不干涉內政、放棄武力使用、共同參與國際組織、不可侵犯界線），但兩韓在主權的宣示及領土主張，可謂完全一致（除了領土主權完全重疊外，兩韓亦未如兩德般在主權宣示作爲上迥異），這種主權一致卻各自擁有不同管轄權的個案，亦同樣開展上百次的談判，且與近百個國家維持雙重承認，並共同加入聯合國，絲毫並不因其皆主張「一個民族、一個國家、兩個政府」，且雙方領土主權重疊而遭國際社會摒棄。

第四，從兩德與兩韓的不同個案，卻皆能開展分裂雙方互動，且共同參與重要國際組織，是否亦意涵，在分裂國家中，主權問題之釐清雖屬必要，然分裂雙方在主權問題處理上，除非能先行獲取共識或諒解，至少一方不憑藉其實力積極反對，否則主權的宣示與作爲上，除了作爲自身政策合理化與合法化的主要依據外，與其能否正常開拓國際空間，並非屬必要前提要件。

兩岸分隔近五十年，在經過長期的隔閡對立中，雙方彼此內缺互信而慣以顯微鏡看問題，使得問題愈看愈大，雖然亦可以理解。惟雙方若不能本著「求同存異」或「同意歧見」（Agree to Disagree）的精神，達成「雙贏」的談判，則雙方關係勢將永遠陷於僵局乃至惡化。所謂「求同存異」或「同意歧見」乃指，將兩岸雙方一時無法妥協的歧見在協議中加以保留，對於對方無法接受的條件，則捨協議之堅持，以單方聲明表達其立場，亦即對雙方無法達成協議且各自堅持的立場，大都採行「同意歧見」的方式，加以擱置或保留，使其不致「因噎廢食」全面影響到雙方在其他方面可能獲致的成果與協議。換言之，兩岸在面對重大歧見，無法獲致共識時，可將雙方各自堅持不同立場在協議文字中明訂，或以創造性模糊

方式替代或迴避，並輔以各自片面聲明以不失其各自立場，這種既能維持共識，又能各自對內有所交待方式，應爲解決之道，在一個中國及其相關議題上，亦可採此方式爲之。例如，兩德在基礎條約的「序」中就開宗明義表明：「從歷史的事實出發，東、西德雖然在基本問題上，包括國家問題，有不同的見解，但是基於兩德人民的利益與開創兩德間之合作願望，乃訂立此約」。此最足以提供現階段兩岸當局者思考。

參考書目

中文書目

大不列顛百科全書中文版，1987，臺北：丹青，第17冊。

石之瑜，1992，「從分裂主權理論到實踐空間主義－對中國含意的批判性反思」，《共黨問題研究》，18(10): 36-42。

丘宏達主編，陳治世、陳長文、俞寬賜、王人傑等合著，1973，《現代國際法》初版，臺北：三民。

申相振，1987，《分裂國家－交叉承認模式》，臺北：臺灣商務印書館。

朴光得，1985，《從德國模式看韓國統一問題之研究》，臺北：國立台灣大學政治研究所碩士論文。

朱松柏主編，1989，《分裂國家的互動關係－以中韓兩國為例》，臺北：政治大學國際關係研究中心。

吳東野，1987，「東德對德意志民族問題之態度」，《問題與研究》，26(11): 43-53。

金雲泰等著，制順達譯，1988，《韓國政治論》，臺北：國民大會憲政研討會。

洪承勉，1973，「分斷國問題的再發現」，載於安保統一問題研究所編，《東西德與南北韓》，漢城：東亞日報社。

施啓揚，1970，「在西德看德俄締約」，《問題與研究》，10(1): 17-20。

施啓揚、李鍾桂合著，1973，《歐洲問題研究》，臺北：自由青年社。

張五岳，1992，《分裂國家互動模式與統一政策之比較研究》，臺北：業強出版社。

張亞中，1991，「德國問題－法律之爭議」，國立政治大學政治研究所博士論文，臺北。

張亞中，1991，「中國問題之法律定位」，分裂國家之統一研討會，旅德中華社會科學研究會和全德學聯。

張亞中，1998，《兩岸主權論》，臺北：生智文化。

許禎元，1998，《分裂國家主權意識形成途徑之研究》，台北：時英出版

社。

梁錦文，1988，「自德國模式研究中國統一問題」，國立臺灣大學政治學研究所碩士論文，臺北。

張麟徵，1990，「務實外交－政策與理論之解析」，《問題與研究》，29(12): 62-77。

張麟徵，1995，「從國際法中主權原則與實踐情況看兩岸關係之發展」，載於《主權問題與兩岸關係論文集》，中國大陸研究學會。

鄒文海，1988，《政治學》第十九版，台北：三民書局。

趙國材，1988，「從國際法觀點論分裂國家之承認」，《中國國際法與國際事務年報》，第三卷，臺北：商務印書館。

蘇永欽，1991，「兩德統一的憲法問題」，兩德統一法制調整座談會，《政大法學評論》，第43期，臺北：國立政治大學。

外文書目

A White Paper on South-North Dialogue in Korea. 1982. Seoul：National Unification Board, R.O.K..

Chiu, Hungdah, and Robert Downen, eds. 1981. *Multi-System Nations and International Status of Germany, Korea, and China*. Baltimore: University of Maryland School of Law.

Chiu, Hungdah, ed.. 1973. *China and the Question of Taiwan: Documents and Analysis*. New York: Praeger.

Henderson, Gregory, Richard Ned Lebow, and John G. Stoessinger, eds. 1974. *Divided Nations in a Divided World*. New York：David Mckay.

Kim, Hak-Joon, 1977. *The Unification Policy of South and North Korea*. Seoul: Seoul National University Press.

Kim, Se-Jin, ed. 1976. *Korean Unification: Source Materials with an Introduction*. Seoul: Research Center for Peace and Unification of Korea.

Oliver, Robert T. 1944. *Korea: Forgotten Nation*. Washington D. C.: Public Affairs Press.

Oppenheim, H. Lauterpacht. 1955. *International Law*. Vol.1, 8th ed. London:

Longmans, Green and Co.

Oppenheimer, F.W. 1942. "Governments and Authorities in Exile." *American Journal of International Law* 36(4): 568-595.

Scheuner, Ulrich. 1982. "The Problem of the Nation and the GDR's Relationship with the FRG." In Eberhard Schulz, et al., *GDR Foreign Policy*, trans. Michel Vale. Armonk, New York: M. E. Sharpe.

Stark, J. G. 1989. *Introduction to International Law.* Singapore: Butterworths.

Yung, Wei. 1976. "Unification and Division of Multi-System Nations: A Comparative Analysis of Basic Concepts, Issues, and Approaches." In Ray E. Johnston ed., *The Politics of Division, Partition, and Unification.* New York: Pareger.

第四章

兩岸談判之結構分析：由博奕理論出發

吳秀光

小　引

　　第二次辜汪會談終於在萬眾矚目中結束。在會議期間，我們看到了雙方主角——代表台灣的辜振甫先生與代表中國大陸的汪道涵先生及其他團員間精彩的交手過程。會議結束時，雙方達成了部分的共識，其中包括：（1）兩會加強對話；（2）兩會加強交流；（3）涉及兩岸同胞人身安全問題，兩會積極處理；（4）海協會長汪道涵允諾將於適當時機訪台。但顯然仍留下了更多的空間，有待未來談判的解決。

　　兩岸談判之所以引人注目，不只是因為其關係著兩岸人民福祉、區域安全與世界和平，同時亦因其對談判學者提供了極為有趣的研究對象與題材。兩岸談判是兩個不同制度社會之間的談判；是兩個力量與資源極為不均衡社會之間的談判；是兩個認知極為不同國體間的談判；其中談判者無法自由退出而必須在相當公開並受限於各自社會內部壓力的情境之下展開對談。此談判中的議題牽連甚廣，在可預見的未來會以多回合的方式一再發生。這些結構有何特性？吾人對於兩岸談判因為這些結構因素應有何期待？

　　近年來，有許多國內學者開始試圖以博奕理論作為探討兩岸關係的架構，例如王玉玲的《由兩岸關係探討台灣的統獨問題——以博奕理論分析

之》[1]羅致政的「美國在台海兩岸互動所扮演的角色─結構平衡者」[2]吳秀光的《政府談判之博奕理論分析》[3]等，成爲學界研究努力的方向之一。

　　不過，由於博奕理論學者習慣使用符號言語，形成與非博奕理論學者之間溝通的障礙。而許多學者亦批評博奕理論的抽樣模型與現實世界的眞實個案往往有相當的距離。其實，正如著名的博奕理論談判學者Raiffa[4]所言，博奕理論適用於實際特殊個案是困難度很高的工作。原因是吾人很難在個案中找到完全符合博奕模型條件的案例，然而博奕理論作爲思考架構的提供者卻有其一定的功效與幫助。其中諸如「零和競局」、「非零和競局」、「囚犯困境」……等概念已成爲耳熟能詳的分析工具。在本文中，筆者謹試由博奕理論途徑（game theoretic approach）所提供的分類學標準出發，避開博奕理論研究者慣用的符號語言，試圖以文字說明博奕理論在此方面之討論所可能提供的思考線索。

談判類型之結構分析

　　就影響談判的結構而言，由博奕理論之思考可將探討焦點集中在下列幾個方向：（1）談判者理想點相對位置、數目及授權形式；（2）議題數目、關聯性及議程；（3）時間因素，如重複性、成本及期限；（4）權力與協議的強制性；以及（5）主觀情報認知……等。吾人可依之作爲談判情境分類之標準，並依類別之認定以爲吾人思考談判過程與結果的依據。

1　王玉玲，《由兩岸關係探討台灣的統獨問題─以博奕理論分析之》（台北：桂冠，民國85年）。
2　羅致政，「美國在台海兩岸互動所扮演的角色─結構平衡者」，《美歐月刊》，第10卷，第1期（民國84年1月）。
3　吳秀光，《政府談判之博奕理論分析》（台北：時英，民國87年）
4　Howard Raiffa, *The Art and Science of Negotiation* (Cambridge: Harvard University Press, 1996).

談判當事者相對位置、數目及授權形式

談判當事者是指談判中有權釋出情報提出利益交換的行為者，是整個結構考慮的重心所在。面對任何談判，吾人必須確定有哪些「個人」是談判中有權作決定的人。縱使是兩個團體之間的談判，其過程亦是由許多個人決定所串聯起來。此處相關的問題有：談判者是誰？其在爭議議題上的期望或理想點（ideal point）為何？對各種可能結果的偏好為何？此外，在談判結構中是否有兩造以上的參與者？第三者（以上）的介入是否可能？談判各造究竟是代表其本人抑或代表著某一團體？以及談判代表達成協議是否需要經過「認可」的程序？皆為與「談判者的特性」有關的重要結構變數。

談判當事者的數目與理想點

所謂談判當事者的理想點是指談判者在某項談判中最想達成的目標。當此目標達成時，會帶給談判者最高的效用（utility），而談判結果離此點愈遠，則對其效用愈低。談判過程中參與者理想點的分布（相對位置）會對於各參與者的相對優勢產生影響。

假設在某單一議題面向上有甲、乙、丙三行為者，必須依多數決在某議題上做出集體抉擇，因而相互間展開結盟的談判。若此三行為者對應此議題面向之效用函數符合：（一）單峰（single-peak）；（二）由理想點之峰頂逐漸下降（monotonicity）；以及（三）外凸（convex）之條件，則此三者中提出中位數之議案者，能在任何與其他議案競爭過程（parewise comparison）中出線，成為多數決的最後贏家[5]。不過，提出中位數之議案者的這種優勢，在談判者只有兩人或議程改變後（例如，議題數目增加）即不復存在。

其實行為者的數目一向是博奕理論中重要的分類標準，而將競局分為

5　Anthony Downs, *An Economic Theory of Democracy* (New York: Harper & Row, 1957).

兩人競局（two-persons games），以及多人競局（n-persons games）。其中多人競局係指三人以上（含三人）的競局形式[6]。「多人談判競局」和「兩人談判競局」最大的不同點在於「多人競局」中產生了「結盟」的可能性。通常談判者會透過結盟來增進己方談判籌碼和勝算，而使得談判的複雜性大增。

談判競局中有時會出現「非當事人之第n介入者」（簡稱『第三者』；n≧3）。其雖非談判中情報與利益交換的當事者，但由於談判結果對其可能有重大影響，故主動或被動地以各種不同的方式介入談判。有哪些第三者可能介入？介入者的動機何在？形式為何？並將造成何種影響？

通常，可能介入談判的行為者應符合下列兩個條件：第一，介入者必須認為介入會對其利益產生影響；其二，介入者必須認知其介入之行動有改變原有談判結果之可能。例如：冷戰時期，美蘇核子限武談判的結果對台灣的利益有重大的影響，但其實台灣加入美方或加入蘇方，對於兩強相爭的結果起不了太大的決定性作用，故台灣不會有很強的動機主動涉入這個紛爭。反過來說，國際體系中某兩小國之間紛爭談判的結果可能對美國的影響不大，但美國的參與卻會對其結果發生決定性的影響，此時美國參與的動機會較大。

兩階段談判競局及其意涵

當談判之一方為團體（collective）而非個人（monolithic）時，談判通常由「談判代表」以談判之「代理人」（agent）的角色進行。例如辜振甫先生（海基會董事長）代表台灣和中共之代表唐樹備先生進行兩岸事務談判。當代理人和對方達成初步協議時，該協議通常不是談判協議的最後內容，而必須經由有權機構之認可（ratification）方可成立。

6　見David M. Kreps, *Game Theory and Economic Modelling* (New York: Oxford University Press, 1990); Roger B. Myerson, Game Theory: Analysis of Conflict (Cambridge: Harvard University Press, 1991); Peter C. Ordeshook, *Game Theory and Political Theory* (Cambridge: Cambridge University Press, 1986).

Putnam稱此種談判為「兩階段競局[7]」（two-level negotiation game），在雙方俱為團體的情況下，則其間關係可由圖4-1表示之：

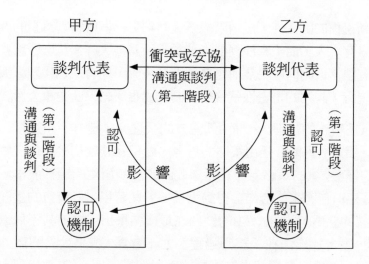

圖4-1　兩階段談判

資料來源：吳秀光　政府談判之博奕理論分析（1998: 67）

Putnam由1978年在德國召開的十二國波昂高峰會議之個案研究，發現了一個有趣的現象。在會前，由於與會各國內部對於該會議之焦點議題迭有爭議，因而在會前大部分人皆不看好，不認為該會議能產生任何有意義的重大結論。然而最後事實卻與此預料相反，波昂會議在諸多事項上都達成了重要的協議。分析協議達成之因，即是因為各國代表在會前都已明白對手在其國內可能遭受之壓力，知道過分施壓於對手將徒勞無功，就算議場上通過協議，亦過不了國內認可這一關。而在「十二國代表聚集開會總得有些成果」期待的壓力下，相互之間都作了較多的忍讓，形成良性互

7　Robert D. Putnam, "Diplomacy and Domestic Politics: The Logical of Two-Level Game," *International Organization*, vol. 42(1988), pp.427-460.

動，最後反而使會議成功，達成協議[8]。

隱密性在兩階段多人談判中的影響

談判過程的隱密性，是兩階段多人談判另一個應特別重視的問題。當談判者只有二人，而不牽涉到他人利益，而其他人亦無法影響談判者時，談判沒有隱密性的問題。然而當談判涉及多人，而有上述代理人與委託人關係出現時，談判的隱密性就會對談判的過程與結果產生重大影響。

設A為甲方的代理人，而B為乙方的代理人，雙方必須進行一序列式的談判。此時A可能會經由策略的思考，希望在談判初始時作一些讓步以爭取B的好感。A的策略目標是希望此時的讓步所生的額外成本，能因得到B的好感而在將來的合作上得到彌補。若此時甲、乙雙方的委託人之間並無太深的惡感，或是A與B的談判在最後結果出現之前其序列過程是隱密性的，則上述作法在「談判過程」並不會為A帶來太大的額外壓力。反之若甲、乙雙方在感情上有相當的敵對意識，而A、B兩代理人的談判序列過程又完全公開，則代理人很難實施上述以小幅度讓步建立互信的策略。因為當A對B作了上述讓步之後，可能馬上激怒了其團體內的委託人，而遭到被替換的下場，此時縱使其原意是為了達成協議，避免雙方衝突之團體利益，卻很可能永遠肩負「對團體不忠」之罪名而不得洗脫。

諷刺的是，若不顧與對方可能達成妥協後所帶來的團體利益，甚或激怒對方造成重大對立僵局，此時，其個人可能因「在談判中堅持」而在團體中贏得英雄的美名。若其因此升任團體中其他更高或更重要職位，則僵局只得留由下任談判代表來負責解決。因之，在兩個深具敵意團體之間，若要進行談判，都應允許負責談判者擁有一些隱密的空間，否則妥協的結果難以出現。這亦是為何「以、阿和談」，以及英國與北愛爾蘭共和軍之間的談判，都必須在相當隱密的情況下進行的重要道理。

論者或曰：「如此秘密談判掩人耳目，期以為不可。」個人認為「秘

8　Robert D. Putnam, "Diplomacy and Domestic Politics: The Logical of Two-Level Game."

密外交」與「秘密協定」是兩回事。前者意指交涉過程的隱密性，一旦達成妥協，則應將此結果公諸於世，並經由一定認可過程方為成立。後者則指談判者私下達成某種諒解，但卻因某種原因相約不公諸於世，這當然為民主社會所不容許。因此，是否給予交涉過程一定的隱密性的確是此類型談判值得深思的事。

議題數目、關聯性及議程

在談判的過程中，有許多議程因素會影響談判之進行以及結果。諸如：談判議題數目及其關聯性、談判議程的安排……等，本節將針對上述幾點一一探究。

議程談判議題的數目及關聯性

Bazerman與Neale合著之《樂在談判》（*Negotiating Rationally*）一書中曾就談判議題、對象及環境對於（商業）談判的影響，作了下列一段話的說明[9]：

「在談判中，一名企業主管能直接控制的層次，就是他（她）自己的決策過程。談判對象、談判議題、談判環境則在控制範圍之外。因此，與其白費力氣企圖改變這三項不可控制因素，還不如努力改進自己的能力，作出有效、理性的決定。」

這段話頂多對了一半，甚至有相當的誤導作用。其實，吾人在談判中能努力改進自己的認知及判斷力以作出理性決定。此外，更可以透過對議題的選擇及操作，來改變談判對象（參與者）對談判競局的認知，最後透過談判「贏的環境」的塑造，在談判中取得優勢。

9　賓靜蓀譯，Max H. Bazerman, and Margaret A. Neale著，《樂在談判》（台北：天下，民國82年），頁xv。

事實上，Mckelvey即曾以嚴謹之推理證明：

在任何N維的多數決空間中，若行爲者偏好效用函數爲外凸的，同時，若類似「中位數原理」中的均衡解不存在，則在此空間的任何兩點X與Y，吾人一定能找到有限多次的修議程序（amendment agenda）使多數協議的結果由X改變至Y，然後再回到X[10]。

Riker認爲這個理論在政治談判上有重大的意義，它表示多數決政治體系中，一旦均衡不存在，則除非有制度或其他外力的介入，否則什麼事都可能發生。在聯盟政治系統中，政治上的輸家永遠有靠新議題的出現以及新聯盟的組成，而有翻本的機會。同時，多數決可能造成極爲不理性的集體抉擇。要以多數決的形式，來保障集體的理性抉擇是很危險的，它表示了談判者在面對集體談判，在最終結果必須得到集體認可時，會面對一個複雜，但充滿機會的談判空間，其中的關鍵在於「如何介紹新議題面向進入談判來重新定義議題空間，而重新劃分舊世界。」（To redefine the issues space, and to cut the world in a new way.）[11]。至於何類議題應被包括在討論之中，則決定於議程安排的談判。

一般較爲重大的談判都可以大略分成兩個部分，首先是談判關係者必須先就「談判如何進行」作過程的規劃與協調。其中項目包括有，談判參與者、場合、時間、程序、議題、結果確認方式……等重要事項。當雙方就這些問題都討論並取得共同同意，然後，正式問題的談判才會開始。然而在許多事例中，吾人發現談判的結果很可能在議程談判完成後就已見分曉，而不必等到實質談判的結束。以拜耳公司在台中設廠，卻因台中縣舉行公投而決定撤資一案而言，該公投的範圍若設定在設廠附近幾個鄉鎮的投票，其結果會迴異於由全省居民投票的決定。

以一假設事例作一說明。假設某100人的團體中有甲、乙、丙、丁四

---

[10] Peter C. Ordeshook, *Game Theory and Political Theory* (Cambridge: Cambridge University Press, 1986), p.77.

[11] W. H. Riker, *Liberalism Against Populism* (San Francisco: W.H. Freeman, 1982).

個次級團體必須就A、B、C三議案作集體抉擇。此四個次級團體的人數分布次數以及其對A、B、C三議案的偏好順序如表4-1：

表4-1 四團體三議案偏好分布

次級團體	偏好	人數
甲	$A > B > C$	45
乙	$C > B > A$	36
丙	$B > C > A$	16
丁	$B > A > C$	3

資料來源：吳秀光 政府談判之博奕理論分析（1998: 76）

首先，四個次級團體須先就如何產生集體決策之方式作一選擇，此亦即議程之選擇。若他們決定用「民主」的方式產生集體決策，則他們必須在眾多不同的投票加總計算方式中選擇其一執行之。此處僅就三種較為一般人所熟知並廣泛使用之投票加總方式作一分析：

a單一選票簡單相對多數決

若此團體決定採用此一方式則表示團體中每位成員可以就A、B、C三選項中擇其所好各投一票，而三選項中任何一項所得票數超過其他兩項，則以該項為集體之抉擇。依此方法，顯然將由甲次級團體所最喜歡的A議案獲得45之最高票而成立。45票雖然沒有超過半數但卻是三議案中得到相對多數支持的議案。

b單一選票、複式投票、絕對多數決

若採用此一方式則表示團體中每位成員在每次投票中只可投一票，若在第一輪投票中，就已有某選項得到過半數（絕對多數）的支持，則該議案得予成立。不過，若第一輪投票中未能產生絕對多數支持的議案，則由得票高於某一基準或由得票最多的兩項作為第二輪投票的競爭，直至絕對多數支持的議案產生為止。依此方法則在第一次投票後會將選項B淘

汰，而由A項及C項作爲第二輪的競爭。此時丙、丁兩次級團體已無法選擇其最喜歡的選項，而各自會在第二輪投票支持其第二偏好。就丙團體而言，其將把選票轉而支持C選項；就丁團體而言，其將把選票轉而支持A選項。如此一來，選項A將於第二輪票選中得到48票，而選項C將得到52票，成爲其集體之抉擇。

c加權投票計分法

若採用此一方式，則由團體中每位成員就其偏好順序給予三選項權重分布。例如給自己最喜歡的選項2分，次選項者1分，而最不喜歡之選項0分。如此一來，三選項之得分如下：

A：甲45×2 + 乙36×0 + 丙16×0 + 丁3×1 = 93

B：甲45×1 + 乙36×1 + 丙16×2 + 丁3×2 = 119

C：甲45×0 + 乙36×2 + 丙16×1 + 丁3×0 = 88

故由B選項得勝

議程的情報

因此，若此四次級團體中有某團體擁有上述議程操作的知識及情報，並有權決定整個團體應適用何種議程，則該團體事實上已擁有了最終議案的選擇權。當其偏好A項時，其可選擇第一種投票及票數加總方式，即保證A案出線。同理，B案及C案亦都有出線的可能，議程操作控制最後結果的可能性可見一般。無怪乎在一團體中控制議程的人有比別的成員更佳的機會成爲這團體的領導者。而通常對議程的挑戰亦都被視爲對該團體領導者的直接挑戰。

識者或問，此一有關此議程之知識與情報能否被某一團體所獨享？若所有團體都了解此種可能性，則議程之操作是否仍有可能？顯然若所有參與者都享有上述相關知識與情報，則議程之操作會變得更爲困難，並且會使談判的戰火提前引爆。近年來，國內政治上各政黨在選舉罷免法上的爭

論，即為最佳之寫照。若眾人知此而唯獨某行為者不知，則對該談判行為者自是非常不利之局面。

時間因素

時間是談判中的重要因素，通常談判過程對愈急著要得到結果的人愈不利，曠日費時的談判對於談判中的不同參與者會有不同的成本。因之「拖延時間」可以成為某些談判者贏得談判的利器。某些談判中若一方能無限期地讓談判延續下去，往往就已算是贏得了談判。例如我國核四建廠案中環保地方人士即成功地延遲了台電多年前早已通過的建廠計畫。在本節中，將特別就「決策之時間序列」、「談判的重複性」、「時間成本」以及「最後期限的壓力」四項和時間有密切關係的結構因素作較深入的探討。

決策之時間序列與重覆性

博奕理論模型中，最有名而常被引用者莫過於「囚犯困境」（prisoner's dilemma）。在此困境下，甲、乙兩人都同時會有「攻擊」與「防禦」的動機，而傾向招供。所謂「攻擊」的動機是指囚犯甲若確知其同伴不會將其供出，則其會有出賣同伴的動機；所謂「防禦」的動機是指，當囚犯甲了解上述「對方攻擊的可能性」，會被迫作出自保的行為[12]。

「囚犯困境」的基本假設之一是「決策的同時性」（simultaneous decision）意指競局中的一方在作決定時，並不知道對方已作了何種決定（或回應）。當此一假設限制條件被放寬時，即可能對決策者產生重大影響。前例中的甲、乙兩人若決策順序不同，則後作決定的人顯然占有優勢。Powell曾在其著名的「古巴危機不完全資訊之展開式模型」中，對此

---

[12] Robert Axelrod, *The Evolution of Cooperation* (New York: Basic Books, 1984).

作了深入的分析，說明決策次序先後可能發生的「卡位」作用[13]。

　　此外，Axelrod曾對囚犯困境重複發生之影響作了有趣的研究，其結論顯示決策者會以未來合作可能性之評估作為目前是否與對方合作決定的基礎。相較於單回談判，複式談判顯得更有達成協議的可能性，只要談判者認為其在此次談判中讓步之所失可以被「因讓步改善之談判環境產生之良性累積結果」所彌補，則其在此次作出讓步的可能性即大為增加。所以複式談判會比單回談判更有未來合作的空間。

時間成本

　　所謂談判中的「時間成本」意指：談判之某方或各方會隨著談判時間之延長而增加的損失。例如，勞資談判中因勞工罷工，而對雙方帶來與日俱增的經濟損失。就資方而言，其因此受到的可能損失，包括有每日因停產而喪失的利潤、因停產而喪失的市場占有率、應收或應支之累積利息……等；就勞方而言，其亦必須承受每日喪失工資損失，以及公司與日俱增因罷工而破產停工的風險……等。故罷工時間愈長，對於勞資雙方都會愈不利，亦因此，使得大部分的勞資糾紛並未都走上罷工之路。不過，「正是因為罷工可能性的存在，而使得罷工之前的妥協得以出現」。此外，罷工亦會造成損失。在初始的幾天中，罷工的損失較輕微，但隨著罷工時間的增長，罷工損失增加的速率亦迅速增加。

　　Raiffa在罷工過程中還觀察到了一個有趣的現象：懲罰對方的行為會伴隨著罷工時間的延長而出現。Raiffa在其談判實驗中發現若有某方在一開始時就提出了一個較為嚴酷的要求，並且堅持了一段時間；則很快地，其對手就被激怒而使得這場談判變成「相互比較懲罰」的戰爭。談判者甚至會忽視本身所得的改變，而覺得只要「對方比我更悽慘」即為談判勝利。此外，在原本仍有時間的情況下，若雙方都認為對方「應該」同時也

---

[13] R. Powell, *Nuclear Deterrence Theory: The Search for Credibility* (New York: Cambridge University Press, 1990).

「將會」作更多的讓步而相互等待時，則最後可能對雙方都造成損害[14]。

　　對那些早在最後期限之前就達成協議的談判者而言，最後期限的意義似乎不大。不過對於那些「已經陷入相互懲罰的惡性循環中」的談判而言，最後期限就較有意義了。最後期限強迫一個結果的出現，制止了雙方繼續相互傷害。

權力與協議的強制性

　　Bacharach及Lawler認爲：「權力根本就是談判的本質，是談判的全部」[15]。劉必榮則認爲：「將權力結構簡單視爲一切靜態資源的總和，而將一切非靜態資源的變數視爲戰術」[16]。在此，吾人關於權力將探討的問題爲：（1）權力會對談判者的行爲產生何種影響？（2）權力對稱（或不對稱）時的談判，其衝突性爲何？當己方在權力不對稱談判中處於弱勢之一方，將如何與強方談判？（3）談判之協議達成之後，協議的執行是否具有強制力？

權力對談判者行為的影響

　　資源與權力的增加是否一定對談判者達成其目標有利？在大部分的情況下的確如此。西諺有云：「上帝總是站在強者這一邊。」（God is always on the stronger's side.）即意指在衝突及談判中，強者（或資源較多者）通常較占優勢，而勝的機率亦較大。不過，資源權力或強制力的增加，有時反而會對衝突的和平解決有害。

---

[14] Howard Raiffa, *The Art and Science of Negotiation* (Cambridge: Harvard University Press, 1996).

[15] Samuel B. Bacharach and Edward J. Lawler, Bargaining: *Power, Tactics and Outcome* (San Francisco: Jossey-Bass, 1984), pp.43-47.

[16] 劉必榮，「不對等結構下的談判行爲分析」，《東吳政治學報》，第2期（民國82年），頁219-267。

　　權力變數會對不同類別的談判者產生不同的影響力。Karrass認爲：愈生澀的談判對手，在談判過程突然獲得權力增加時，愈有傾向濫用權力的可能性。許多人之所以沒有濫用權力，只是因爲他們仍沒有機會如此作，一旦情勢改變，主客異位，其對權力濫用之可能性可能更高[17]。

　　於此，吾人亦應對「攻擊」能力、「防禦」能力以及「遏阻」能力予以區分。所謂「攻擊」能力是指：行爲者能依其主觀意願選擇特定目標人（或團體），透過強制力的手段，自該目標人（或團體）取得目標物。所謂「防禦」能力意指：抗拒他人強制力，免除或降低我方受傷害程度的能力[18]。而「遏阻」能力則指：某行爲者以他人（或團體）無法接受的報復行動爲要脅，使他人（或團體）在成本效益的考量之下，放棄原有之攻擊或侵犯意圖的能力[19]。

　　1989年北京發生震驚世界的六四天安門事件。當時由北京傳出的消息與照片，件件觸動人心，但其中一幅在十年之後仍讓舉世之人都難以忘懷的照片，是一名手無寸鐵剛從鄉下來到城市的年輕工人（林維揚）提著簡單的手提包，矗立於一列坦克車之前的畫面。這位年輕的工人顯然沒有能力「防禦」自己不受坦克的傷害，然而當坦克駕駛思及在千萬人以及國際媒體之前將手無寸鐵之人壓死，所可能帶來自身可能的良知譴責以及國際宣傳負面效果，也就暫時停了下來。

權力對稱或不對稱談判

　　劉必榮認爲：「當談判兩造擁有的資源不一樣多時，當一邊比另一邊有更大的威脅時，當談判一邊在某一特定時間點上，發現自己對對方過

---

[17] Chester L. Karrass, *The Negotiation Game* (Toronto: Crowell, 1970).

[18] Samuel S. G. Wu, "To Attack or Not to Attack: A Theory and Empirical Assessment of Extended Immediate Deterrence," *Journal of Conflict Resolution* vol. 34(1990), pp.531-552.

[19] Samuel S. G. Wu, "To Attack or Not to Attack: A Theory and Empirical Assessment of Extended Immediate Deterrence," pp.531-552.

於依賴時（不論這導源於選項不足或對衝突風險的承受力較低或主觀的認定），談判結構乃出現不對稱的現象。」[20]。不過權力有四個特性：1.它是個比較的概念；2.它是個動態的概念；3.它是個主觀的概念；4.它有強烈的地域或領域意涵。在談判中己方的權力必須和對手相比較才有意義。己方權力及資源再多，對手比我更多，我仍處於弱勢；己方權力再少，但對手比我們更少，則我仍處於權力之優勢。權力會隨著時間的變動而變化。在談判初始時的一個弱勢者（例如中共與國民政府在1949年以前的談判），在談判結束時可能已成了旗鼓相當的對手。要想使權力能在談判中產生作用，必須透過談判雙方（或各方）的主觀認知而起，擁有強大權力的一方若在主觀上怯於使用或誤認對方權力更大時，亦無法發揮其應有的影響力，如越戰時的美國；三國時代中了諸葛亮空城計的司馬懿皆爲典型的例子。另外，權力的優勢亦常和地域及領域有關。在某一地域或領域擁有權力優勢者，不見得到了另一個地域或領域仍能保有相關的優勢。一個學富五車的教授下田不如老農，而美國在美墨邊界所能投射的權力亦遠比美國在越南叢林之中所能投射的權力影響來得大。

協議的強制性

博奕理論將競局分類爲「合作競局」（cooperative game）與「非合作競局」（non-cooperative game）兩類別。其間最大的差別即在於合作競局假設協議執行的強制性（agreement as binding）；而非合作競局則進一步放寬了這個假設。所謂「強制性的協定」意指談判協議產生後，因爲某種原因（例如政府的強制力）使得協議的內容一定會爲協議者所執行，違反協議內容的行爲會受到懲罰。至於「非強制性的協定」則指協議之執行與否仍有待協議者在執行階段是否有足夠的執行動機。

例如國會制國家中聯合政府的組成。當數黨間協議達成時，必定在協議中要求結盟各黨在首相之信任投票上支持某一共同同意之人選，然後

---

[20] 劉必榮，「不對等結構下的談判行爲分析」，《東吳政治學報》，頁226。

在該首相通過國會票決後出面組成政府時，才依協議內容將閣員席位分配給結盟各黨。但因首相同意之投票在前，閣員席位之分配在後，是否有可能某首相在當選後食言，不依先前協定分配閣員席位呢？或例如一群強盜相約共同搶銀行並協議分贓辦法，是否有其中成員在搶劫成功後背叛原先約定，企圖獨享搶劫成果呢？顯然前者的可能性遠小於後者，因而當吾人用合作競局研究國會聯盟組成行為，則尚屬合理，但用之研究搶匪之結盟行為可能就要更小心了。就後者情形而言，計畫搶錢之時為了增加成功機率，故成員會希望結盟的參與者愈多愈好，然而搶到錢要分贓時，就希望人愈少愈好。這亦即Riker在引申其「聯盟大小理論」（The Size Principle）時所一再強調者[21]。

在國際（商務）談判領域中有句名言：「真正的談判往往始於協議簽約之後」。其意指在國際談判領域中，由於缺乏中央權威（central authority），故許多協約的執行均有待當事者之良知與業界之默契，而當其被違反時，少有強制力能強迫違反協定者回歸協定之規定。同時，在協約簽訂前由於不必擔心執行問題，因此，不必太在意許多執行細節的問題，反而是在協約簽訂之後，為了澄清協約中的許多執行細節，而成為一連串談判的真正開始。

結構的主觀情報認知及其影響

上述客觀結構因素要透過行為者主觀的認知才會對行為者產生影響，進而影響談判競局的過程與結果。換句話說，談判者對上述結構因素的情報認知是我們收集及判斷資料的重點。

其實，情報之不周全為談判之必要條件。當資訊情報不周全時才有「虛張聲勢」的可能，並才有討價還價的餘地。當情報愈趨周全，談判者

---

[21] W. H. Riker, *The Theory of Political Coalitions* (New Haven: Yale University Press, 1962).

因情報不對等而來的優勢即逐漸消失。而通常談判時間愈長，擁有私有情報者的情報優勢愈小。同時，情報不周全亦是情緒反應的重要原因，主張立場太過偏頗者，所提出之要求就易被他人視爲不合理，成爲不利之原因。

通常，在談判中要說服己方（尤其是團體成員）爲了避免未來更糟之結果，目前必須接受比現狀更差的協議是非常困難的事。若談判者之一方原有之私有情報對其非常有利，則此時應設想如何在最短的時間內來達成協議，善用情報優勢還存在時，盡量利用此一優勢。若要在短時間內達成優勢，似乎以誠實的方式才能將時間縮至最短。簡言之，以誠實、較短的時間達成協議應是較爲可取的策略。

兩岸談判的結構特性

兩岸的談判就上述的分類而言，在結構當中具有哪些特質？是吾人研究兩岸談判的重要課題。誠如小引所言，兩岸談判具有「兩造」、「不均衡」、「認知差異」、「無法自由進出」、「兩階段」、「多議題」、「重複」及「無強制性協議」等特性。

兩岸談判爲兩造談判

直至目前爲止，兩岸的談判主體一直是台灣與中國大陸兩造，中國大陸一直對於外國政府的參與採取了強烈排斥的態度，換句話說，外國政府不是談判的主體之一。美國和日本對兩岸的談判，都有參與的動機及力量來關切、了解，甚至干涉兩岸談判的內容與過程，但他們卻非談判的主體。因爲他們不是利益交換的主體。由於兩造談判中沒有連盟的對象，這就使得台灣很難依賴合縱連橫，在短時間內改變雙方力量資源的對比。而台灣一直希望將兩岸談判擴大爲包括美國的區域安全對話，其目的即在將談判結構由兩造改變爲多造談判的較有利結構。

兩岸談判中兩造核心價值相當不同

在這兩造的談判當中，雙方都有一些敏感性的團體禁忌，例如：中國大陸對於「拒絕外國政府的介入」、「一個中國」……等等，將之視爲核心價值之一；在台灣，則把「民主程序」及「台灣人民的自主權」視爲核心的價值之一。雙方都因此各有不同的理想點及認知圖，如果雙方都對於彼此的集體核心價值不夠了解，則容易滋生誤解影響談判的進行，然而談判競局當中的行爲者都有隱藏本身立場或虛張聲勢的傾向，同時高估對方對於其立場的理解能力。如此一來，就使得錯估及誤解導致的衝突機率大爲增加。

兩岸談判的主體爲集合體而非個人

台灣與中國大陸皆爲兩個集合體（collective）而非個人（monolithic）。如前段所述，集體對集體的談判，比個人對個人的談判更複雜一些，通常會由「談判代表」進行談判，而且在程序上會有一定的需求。此處最值得注意者，爲「談判代表利益」與「團體利益」之間的差異性。如果兩岸對於談判代表的獎懲機制有所偏差，則極可能造成談判代表基於個人利害考量導致偏差行爲的產生，例如兩岸若對於妥協性較強的談判代表者予以懲罰，則兩岸代表在談判場上都必須以「強硬態度」來自保，而造成不必要的僵局。

兩岸談判無法阻擋第三者的介入

談判是否允許第三者的介入或者是無法阻擋第三者的介入？在兩岸談判當中，顯然雙方都沒有足夠的力量去避免第三者的介入。以台灣而言，台灣一向非常希望美國的介入。中國大陸雖然不希望如此，但也理解這樣的可能性，因此，在各種宣傳當中，把「排除第三者介入」當作是談判重要的要件。

兩岸談判的認可機制

　　兩個集體的談判代表所達成初步協議，是否需要集體的某一種認可機制，才會使得協議生效？如果這種認可機制是必須的，也會對談判造成重大的影響。在兩岸談判中，很顯然地是雙方都必須把他們所達成的協議內容，各自帶回各邊，透過特定的機制來使合約生效；以台灣爲例，台灣必須通過立法院的認可，最後由總統來公布，才能正式生效。雖然在中國大陸並非有以一個民主的認可程序，但是他們的協議內容仍然是需要被如政治局或是人民代表大會等的認可，才能生效。

兩岸談判爲複式議題

　　兩岸的談判是只有單一議題，還是複式議題？顯然兩岸之間有許多相關的事務要談判，因此將不會是單一議題，而是將進行複式議題的談判。由於牽涉到許多不同面向的議題，這些議題涵蓋著不同的領域，例如：打擊犯罪、經濟氣象觀察、天災防禦、軍事安全……等等，皆將爲兩岸談判的重要議題。這些議題之間也有所相互關連，因此，任何一個面向的結果，都會影響到其他面向談判結果的達成。

兩岸談判爲多回合談判

　　兩岸的談判會是單回合式的談判，還是不斷重複式的談判？顯然兩岸的談判將會是重複式的談判。以辜汪會談爲例，此次已是第二回合，我們也期待明後年會有更多次相關的談判。

　　而且兩岸之間的談判很顯然會跟台灣所涉入的其他談判發生關連。目前最明顯的就是台灣進入世界貿易組織（WTO）的問題。如果中國大陸在台灣加入WTO的問題上，能夠對台灣較友善，很可能會造成中國大陸和台灣在雙邊的談判上重大的正面效果。

兩岸談判的時間限制

　　接下來可以思考的問題是：兩岸之間的談判，尤其是這次的辜汪會

談，是否必需在一定的時間內產生協議？有些談判不必要達成協議。以房屋市場為例，當買主與賣主雙方在價格上不能達成協議時，兩人就可以終止此項談判，並且永遠不再相見。但是，兩岸的談判卻必須要談出一個結果。由於中共在民族主義上以及對過去歷史的認定和台灣有所不同，而且在主觀意識上，將「一個中國」視為兩岸關係的最高指導原則，不會允許長期沒有結果的狀況，而台灣也無法自由地退出這場談判之外。此外，若雙方及外界對於談判寄予高度的期望時，會使得主導談判的政府都無法面對談判的失敗，這就使得談判破裂的成本增加，迫使雙方必須要達成某種結論。

兩岸之間的時間成本

談判者之間有無與時間相關連的成本呢？在兩岸談判之中顯然也有，舉例來說，中國大陸非常擔心的是：隨著時間的遷移，台灣的自主及自我意識會愈來愈強，同時中國大陸內部的民主思潮也會愈來愈強，這兩者都會對大陸決策者或主談者造成一些不利的影響。台灣方面也有時間上相對的成本，隨著時間的推移，台商及台資在中國大陸的投資可能會愈來愈多，同時和中國大陸在經濟上的糾葛與關係會愈來愈深，這就會使台灣在談判上的主導權愈來愈小。

兩岸的權力分佈狀況

就權力的分布來說，台海兩岸的談判顯然是一個權力分布不均的談判。中國大陸軍力及威脅力量都比台灣來得強大，有可能透過威脅的方式來遂行談判的目標。而台灣面對強敵中共的威脅，以及先天資源之不足，如何在談判中「以小搏大」？

許多關於談判研究的文章，亦皆以「不對稱結構」作為研究焦點，例如，裴兆琳[22]就國際談判中強弱勢雙方在談判時，弱方究竟有哪些資源可

---

22 裴兆琳，「弱勢者如何和強方談判」，《美國月刊》，第11期（民國80年），頁 99-104。

運用出發，論述了弱方雖然資源有限，但不見得會在談判中失利。弱勢者可運用資源諸如：（1）可以全心全力專心一事，以勤補拙；（2）以堅強的意志及決心，求取最後的勝利；（3）可以先聲奪人，在談判議程採取主動；（4）可以採取不合作的態度，來增加談判籌碼；（5）若能迫使強方無法使用其最有利的資源，則可相對增加其談判籌碼；（6）若擁有重要的戰略價值或資源，在談判時將可獲得強方較多的讓步；（7）可運用國際輿論的壓力來抵制強者之不當做法。

　　而林文程與蔡昌言在論述中共對台談判策略時，將中共的談判策略與風格分成以下幾點：（1）先確立原則；（2）爭取主場優勢；（3）製造有利的談判氣氛；（4）高度的耐心；（5）設定一有利於中共的議程；（6）利用對手內部之矛盾；（7）高唱民族主義及爭取民意。並提出以下的因應之道[23]：

（一）進入談判前階段

1. 拖延戰術。
2. 提出中共難以接受的原則。

（二）進入談判階段

1. 尋求準同盟關係。
2. 威脅的手段。
3. 利用對方之矛盾。
4. 將本身內部矛盾轉爲談判籌碼。
5. 攻擊中共之弱點。

---

[23] 林文程、蔡昌言，「台海兩岸政治性談判」，台北：台灣政治學會第三屆年會論文，民國85年。

兩岸談判結果的形式

　　兩岸談判出的結果，是以何種形式被執行？其是否有執行的強制性？由於談判的兩造是在國際的環境當中談判，並沒有一個中央威權政府來對於不遵守協議的一方加以懲罰。台灣與中國大陸雙方的協議，不管雙方在談判過程中如何協議，內容的執行最後仍然有賴雙方的誠意，而非依賴第三者所能夠提供的獎懲機制。因此，除非我們有理由相信談判兩造都有確實執行協議內容的原始動機，否則我們無法期待協議的實行。

兩岸談判過程的公眾性及隱密性

　　就談判進行過程的隱密性或公眾性來說，顯然到目前為止，台灣由於民主化的發展，人民強烈要求談判過程透明化，也就使得談判在大部分的時候要以較為透明的方式來進行，不能夠隱密進行。那麼這種在公眾目光焦點下的談判，會使得雙方若要做出任何讓步，都會感受到內部強大的壓力，這種壓力可能使談判代表做出不必要的堅持，使得談判雙方的僵局更容易發生。以此次辜汪會談為例，雙方代表都曾明白地在媒體之間發表極為強硬的聲明，此種聲明往往具有高度的「對內說明」的作用。

表4-2　兩岸談判類別歸屬表

面向	變數	選項	兩岸談判性質
談判當事者相對位置、數目及授權形式	談判當事者的數目	兩造	√
		多人	
	兩階段談判競局	是	√
		否	
	隱密性與否	是	
		否	√
議題數目、關聯性及議程	談判議題的數目	單一議題	
		複式議題	√
	議程的可操作性大小	大	√
		小	

表4-2　兩岸談判類別歸屬表（續）

面向	變數	選項	兩岸談判性質
時間因素	決策之時間	同時決定	
		依序決定	√
	時間成本	有	√
		無	
權力與協議的強制性	權力對談判者行為的影響	有	√
		無	
	權力形式	對稱	
		不對稱	√
	協議的強制性	有	
		無	√

資料來源：本研究

小　結

　　若由博奕理論，對談判情境做分類，並依之思考兩岸談判之特性，作為未來擬定對策之參考，則兩岸之間的談判顯然具有「兩造」、「資源不均衡」、「認知差異」、「無法自由退出」、「兩階段」、「多議題」、「重複」「公開」及「協議無強制性」等重要特性。由於其為「不均衡之兩造」間的談判，故我們很難在談判中透過聯盟的方式，在短期內改變我方在力量與資源的劣勢。若能將其導向多方談判的方向，對吾人較為有利。由於其為「兩階段」談判，故內部政治會影響談判代表在談判桌上的作為，亦因如此，雙方都會透過間接壓力的方式來逐行其影響；有時己方內部略有不和反而有利於對外之談判。由於其為兩「認知差異」極大團體間「多議題」的談判，故因誤解及錯估而產生衝突的可能性高，但可透過議題操作的空間亦大。由於其為「重複性」的談判，故各回談判的過程及結果都會對未來的談判形成訊號作用（signaling effect）。吾人不但應就

各回談判的對策作思考，更應將各次談判連爲一氣，作相互關聯的長期策略性思考，才能充分運用及發揮此類談判的特性。最後，由於這是一個「無法自由退出」同時是「協議無強制性」的談判，故其成功與否代價高昂，而成功與否的評判決不能以協議之達成爲標準，而應以協議能被忠實的執行才竟全功。這些特性使得兩岸之間的談判難度高，失敗代價大、複雜，但可操作性強。換言之，吾人應投入更多的人力與資源繼續此方面之研究，方能回應內外壓力日增的兩岸談判要求。

參考書目

中文書目

王玉玲，1996，《由兩岸關係探討台灣的統獨問題—以博奕理論分析之》，台北：桂冠。

吳秀光，1998，《政府談判之博奕理論分析》，台北：時英。

林文程、蔡昌言，1996，「台海兩岸政治性談判」，台北：台灣政治學會第三屆年會論文。

裘兆琳，1991，「弱勢者如何和強方談判」，《美國月刊》11: 99-104。

賓靜蓀譯，Bazerman, Max H. and Margaret A. Neale著，1993，《樂在談判》，台北：天下。

劉必榮，1993，「不對等結構下的談判行為分析」，《東吳政治學報》2: 219-267。

羅致政，1995，「美國在台海兩岸互動所扮演的角色—結構平衡者」，《美歐月刊》10(1): 37-54。

外文書目

Axelrod, Robert. 1984. *The Evolution of Cooperation*. New York: Basic Books.

Bacharach, Samuel B., and Edward J. Lawler. 1984. *Bargaining: Power, Tactics and Outcome*. San Francisco: Jossey-Bass.

Downs, Anthony. 1957. *An Economic Theory of Democracy*. New York: Harper & Row.

Karrass, Chester L. 1970. *The Negotiation Game*. Toronto: Crowell.

Kreps, David M. 1990. *Game Theory and Economic Modelling*. New York: Oxford University Press.

Myerson, Roger B. 1991. *Game Theory: Analysis of Conflict*. Cambridge: Harvard University Press.

Ordeshook, Peter. C. 1986. *Game Theory and Political Theory*. Cambridge: Cambridge University Press.

Powell, R. 1990. *Nuclear Deterrence Theory: The Search for Credibility*. New York: Cambridge University Press.

Putnam, Robert D. 1988. "Diplomacy and Domestic Politics: The Logical of Two-Level Game." *International Organization* 42(3): 427-60.

Raiffa, Howard. 1996. *The Art and Science of Negoation*. Cambridge: Harvard University Press.

Riker, W. H. 1982. *Liberalism Against Populism*. San Francisco: W.H. Freeman.

Riker, W. H. 1962. *The Theory of Political Coalitions*. New Haven: Yale University Press.

Wu, Samuel S. G. 1990. "To Attack or Not to Attack: A Theory and Empirical Assessment of Extended Immediate Deterrence." *Journal of Conflict Resolution* 34(3): 531-552.

第五章

台灣的大陸政策：結構與理性

吳玉山

　　「台灣的大陸政策是如何決定的？」對於這個問題可以有三個層面的解答。[1]第一個層面是國際環境，也就是外部因素對於台灣內部決策的影響。第二個層面是國內政治經濟等因素對於大陸政策的影響。第三個層面是決策過程，包括決策者與決策者之間的互動，對於大陸政策所造成的影響。這樣三個層面的分析是依據國際關係理論當中三種主要的研究途徑。[2]由於中國大陸對於台灣而言是一個外在的政治實體，因此運用國際關係理論當中國際、國內和決策等三個層面的分析來研究台灣的大陸政策應該是合理的。

　　然而在國際、國內和決策等三個層面當中包含了非常多的因素。哪些是重要的，哪些又不是那麼具有關鍵性？在重要的影響因素當中，相互關聯的機制又是如何？這些都是非常重要的問題。在本文當中，我們將檢視兩個變項：一個是台灣和大陸的權力不對等關係以及由此衍生而來的外在環境對台灣大陸政策的制約；一個是台灣的民主選舉制度以及趨中的民意對於各黨大陸政策的制約。前者基本上是一個類推模式，它的根源是將兩岸關係和國際上其他權力不對等關係加以類比，並將在類似關係下所建立的通則運用到兩岸關係上來。這是一個國際環境所提供的系統制約。後者是假設每一個政黨都會採取選票極大化的策略，因此在民意趨中的情況之下，會將其大陸政策向統一與獨立和安全與經濟兩條軸線的中位導引。

2　參見Kenneth N. Waltz, Man, the State, and War (New York: Columbia University Press, 1959)。此處的三個層面和華爾茲的三個意象（image）稍有不同。

這是一個國內政治環境對於大陸政策的制度性制約。在前一個模式當中，兩岸經濟發展程度的差距和西方的支持是決定小國對於大國政策的主要變項。然而此一模式並不能夠提供國際因素如何影響大陸政策的機制。於是在第二個模式當中，我們檢視了在民主制度下政黨選票極大化的策略，並以此作爲將國際環境因素轉化爲特定大陸政策的機制。透過這樣子的機制，我們將兩個模式聯繫到一起。

簡而言之，我們在第一個層面（國際環境）和第二個層面（國內因素）當中選擇了兩種特定的因素來構造解析台灣大陸政策的模式。如果只是強調國際環境的結構性因素，便是將國內的因素黑箱化，認爲不論國內的制度因素如何改變，都不會影響到台灣大陸政策的制定，這是不合理的。另一方面，如果認爲台灣的國內因素就可以單方面地決定了台北的大陸政策，而不需要考慮外在因素的制約，則顯然也是同樣地不合理的。然而，在國際環境和國內環境兩個層面當中究竟是哪些因素最爲重要，卻是可辯論的。本文所挑選的兩種因素是否最爲合適，仍須透過實證的檢驗。

在本文當中，我們將權力不對等所造成的外在環境制約稱爲「大小政治實體模式」，而將選舉競爭所造成的內在環境制約稱爲「選票極大化策略模式」。前者是一個類比模式，後者是一個理性抉擇模式。要探討這兩種模式是否適用於兩岸關係的研究，基本上就是要探討特定的類比模式和理性抉擇模式是否合適運用到兩岸關係的研討上來。在以下的討論當中，我們將先討論「大小政治實體模式」，然後再討論「選票極大化策略模式」。

大小政治實體模式

大小政治實體模式認爲在權力高度不對等的國家之間，如果產生巨大爭議，則雙方的權力對比會對於小國的政策選項產生重大的制約作用，並且對於雙方的互動結局造成顯著的影響。大小政治實體模式認爲兩岸關係有兩個最大的特性，就是權力不對等和大國對於小國的主權要求。台灣在

軍事力量和經濟力量上明顯地落後於中國大陸，這是權力的不對等。大陸一直視台灣為「中華人民共和國」不可分割的一部分，這是大陸對於台灣的主權要求。由於這兩個特性的同時存在，使得兩岸關係符合大小政治實體模式的前提要求，就是權力關係的高度不對等和兩個政治實體間的巨大衝突。這個認定使得大小政治實體模式可以從結構相同的國際經驗當中為兩岸關係尋覓可資比較的事例，而後嘗試將這些事例當中所抽繹出來的概念和通則運用到兩岸關係上來，希望因此獲得更深入的理解。

　　在歷史上大小政治實體模式可以適用的例子很多。大凡帝國周圍的國家和帝國的關係幾乎都是權力不對等和一定程度的主權衝突。在下面的表5-1當中，我們看到中國、德國、俄國等經常構成權力不對等關係當中大國的一方。在現代國際關係當中，諸如美國和古巴的關係、越南和高棉的關係、1992年前蘇聯和芬蘭的關係等都是權力不對等和一定程度主權衝突的好例。因此在分析兩岸關係時，如果我們能夠利用歷史上和國際現存的實例加以比較，從類似的結構當中找出可以廣泛適用的概念和通則，那麼應該可以豐富我們對於兩岸關係本身的理解。

表5-1　大小政治實體的歷史實例*

時間	小國	大國	其他強權	結局
859BC～722BC	以色列	亞述	埃及	大國宰制
859BC～612BC	猶太	亞述	埃及、新巴比倫	小國獨立
605BC～586BC	猶太	新巴比倫	埃及	大國宰制
658BC～546BC	鄭國	楚國	齊國、晉國	平衡
639BC～546BC	宋國	楚國	晉國	平衡
340BC～225BC	魏國	秦國	趙、楚、齊、燕	大國宰制
335BC～230BC	韓國	秦國	趙、楚、齊、燕	大國宰制
187BC～111BC	南越	中國（西漢）		大國宰制
119BC～71BC	烏孫	中國（西漢）	匈奴	平衡
265～280	吳國	晉		大國宰制
581～589	陳	隋		大國宰制
627～668	高句麗	中國（唐）	日本	大國宰制

表5-1　大小政治實體的歷史實例*（續）

時間	小國	大國	其他強權	結局
960～979	北漢	中國（北宋）	遼國	大國宰制
1001～1126	西夏	中國（北宋）	遼國	衝突
1234～1279	中國（南宋）	蒙古		大國宰制
1278～1707	蘇格蘭	英格蘭	法國	大國宰制
1565～1648	尼德蘭	西班牙	法國、英國	小國獨立
1592～1598	朝鮮	日本	中國（明）	小國獨立
1662～1683	台灣（明鄭）	中國（清）		大國宰制
1769～1917	土耳其	俄國	英國	衝突
1775～1783	美國（13州）	英國	法、西班牙、荷	小國獨立
1821～1830	希臘	土耳其	俄、英、法	小國獨立
1835～1848	德克薩斯	墨西哥	美國	小國獨立
1858～1871	巴伐利亞	普魯士	奧國、法國	大國宰制
1861～1865	南方邦聯	北方聯幫	英國、法國	大國宰制
1864～1877	新疆	中國（清）	俄、英、土耳其	大國宰制
1919～1991	芬蘭	俄國		平衡
1932～1938	奧地利	德國		大國宰制
1932～1939	捷克斯拉夫	德國	法國	大國宰制
1932～1940	波蘭	德國	英國、法國	大國宰制
1949～1990	東德	西德	蘇聯	大國宰制
1959～	古巴	美國	蘇聯	衝突
1961～1991	科威特	伊拉克	波灣諸國、西方	小國獨立
1970～1991	柬埔寨	越南	中共	小國獨立
1991～1996	車臣	俄羅斯		平衡

*說明：

1. 以色列對亞述：自859BC亞述王撒縵以色三世即位起，至722BC亞述滅以色列止。
2. 猶太對亞述：自859BC亞述王撒縵以色三世即位起，至612BC亞述被新巴比倫所滅為止。
3. 猶太對新巴比倫：自605BC新巴比倫打敗埃及起，至586BC猶太被新巴比倫所滅為止。
4. 鄭國對楚國：自658BC楚成王伐鄭起至546BC弭兵之會止。
5. 宋國對楚國：自639BC盂邑之盟（次年楚於泓水敗宋襄公）起，至546BC弭兵之會止。
6. 魏國對秦國：自340BC商鞅擒魏公子卬起，至225BC秦滅魏止。
7. 國對秦國：自335BC秦伐韓取宜陽起，至230BC秦滅韓止。

8. 南越對西漢：自187BC南越趙佗稱帝起，至111BC漢滅南越止。

9. 烏孫對西漢：自119BC漢軍於漠北破匈奴起，至71BC聯烏孫破匈奴止。

10. 吳國對晉國：自265年晉國建立起，至280年晉滅吳止。

11. 陳對隋：自581年隋立國起，至589年隋滅陳止。

12. 高句麗對唐：自627年唐太宗即位起，至668年唐滅高句麗止。

13. 北漢對北宋：自960年北宋立國起，至979年北宋滅北漢止。

14. 西夏對北宋：自1001年趙保吉作亂起，至1126年金軍破汴京止。

15. 南宋對蒙古：自1234年兩國聯軍破金起，至1279年元軍滅南宋止。

16. 蘇格蘭對英格蘭：自1278年蘇格蘭王亞歷山大三世宣布其王國不對英王效忠起，至1707年兩國合併止。

17. 尼德蘭對西班牙：自1566年尼德蘭脫離西班牙起，至1648年西發里亞和約承認其獨立止。

18. 朝鮮對日本：自1592年豐臣秀吉征韓起，至1598年日軍敗退止。

19. 明鄭對清：自1662年鄭成功逐退在台荷蘭人起，至1683年施琅在澎湖擊敗鄭軍，鄭克塽降清止。

20. 土耳其對俄國：自1769年凱薩林二世派軍攻土起，至1917年帝俄崩潰止。

21. 北美十三州對英國：自1775年英國駐軍與反英民兵衝突起，至1783年英國承認美國獨立止。

22. 希臘對土耳其：自1821年希臘宣布獨立，反抗土耳其起，至1830年倫敦會議英法俄承認希臘獨立為止。

23. 德克薩斯對墨西哥：自1835年德克薩斯建立臨時政府起，至1848年美國擊敗墨西哥止。

24. 巴伐利亞對普魯士：自1858年威廉攝政起至1871年德意志統一止。

25. 南方邦聯對北方聯邦：自1861年美洲邦聯成立起至1865年南軍投降為止。

26. 新疆對清：自1864年新疆回變起，至1877年左宗棠平定新疆止。

27. 芬蘭對俄國：自1919年一次大戰後芬蘭獨立起至1991年蘇聯瓦解止。

28. 奧地利對德國：自1932年希特勒上台起至1938年兩國合併止。

29. 捷克斯拉夫對德國：自1932年希特勒上台起至1939年德國併吞捷克斯拉夫止。

30. 波蘭對德國：自1932年希特勒上台起至1940年波蘭被德蘇瓜分為止。

31. 東德對西德：自1949年德意志聯邦共和國與德意志民主共和國分別成立起，至1990年兩德統一止。

32. 古巴對美國：自1959年卡斯楚革命成功起迄今。

33. 科威特對伊拉克：自1961年英國承認科威特獨立起，至1991年伊拉克被聯軍擊敗止。

34. 高棉對越南：自1970年龍諾政權成立起，至1991年巴黎和約結束內戰止。

35. 車臣對俄羅斯：自1991年杜達耶夫宣布車臣獨立起，至1996年雙方簽訂停火協議止。

**本表由台大政研所碩士班學生唐欣偉整理。

作者本人曾經嘗試將兩岸關係和俄羅斯與其他前蘇聯共和國之間的關係作比較，並且將前蘇聯的經驗適用到兩岸關係上來。這個嘗試可能是大

小政治實體模式第一次進入兩岸關係研究的領域。以下是作者在《抗衡或扈從—兩岸關係新詮：從前蘇聯看台灣與大陸間的關係》所發展出來的大小政治實體模式以及對於兩岸關係的適用。[3]

　　在權力不對等和大國對小國有主權要求的情形之下，大國的政策是確定的，就是意圖屈服小國的意志，而小國對於大國卻可能採取「抗衡」（balancing）或「扈從」（bandwagoning）兩種不同的策略。「抗衡」和「扈從」這一套概念是 Stephen M. Walt 在研究聯盟起源時提出來的。[4]抗衡是指小國藉著增強本身的實力或是透過聯盟運用外力來抗拒大國要求小國屈服的壓力。[5]而扈從則是小國單方面地限制本身的行為以避免和大國的核心利益相衝突，從而保持和大國之間的和緩關係。由於大國是採取高姿態來壓迫小國，所以小國基本上要在抗拒和屈服之間做一個抉擇，而不可能和大國之間發展出真正平等的關係。對小國的執政者而言，或許並沒有抗衡的意圖，而只是尋求對等，但是由於大國的優勢地位和威權心態，拒絕從屬就必須抗拒大國的壓力，結果還是落入抗衡的選擇。直言之，在權力不對等和大國的主權要求之下，小國對於大國的政策選項是被侷限在抗衡和扈從兩者之間。在討論兩國關係的時候，由於大國的基本態度是一個常數項，所以決定大國和小國關係的主要變項就是小國在抗衡和扈從之間的抉擇。

　　抗衡和扈從是小國面對強鄰時自然會考慮的政策選項。舉例而言，東周的戰國時期是中國古代典型的國際關係時期，也就是各國擁有至高主權，在無政府的環境當中，為了求取生存和發展而使用各種策略，非常類似西方在西發利亞和約（Peace of Westphalia, 1648）後所形成的列國制度

3　以下的討論參見吳玉山，《抗衡或扈從—兩岸關係新詮：從前蘇聯看台灣與大陸間的關係》（台北：正中，民國86年）。

4　參見Stephen M. Walt, *The Origins of Alliances* (Ithaca: Cornell University Press, 1987).

5　關於抗衡的手段，參見Cheng-yi Lin, "Taiwan's Security Strategies in the Post-Cold War Era," *Issues and Studies*, vol. 31, no. 4(April 1995), pp. 78-97.

（modern state system）。[6]在戰國時期，當秦國的勢力逐漸強大之時，各國對秦的政策不外是「合縱」（聯合各國之力以共同拒秦）和「連橫」（各國分別與秦親善），而這兩個策略就是我們所說的抗衡和扈從。當時秦對六國所處的地位就是權力不對等和提出侵犯性的主權要求，而各國便以合縱和連橫相對。可見在結構相類似的情形之下，小國的策略選擇其實是有限的。

抗衡可以維護國家主權尊嚴，但是會帶來巨大的軍費開銷、沈重的聯盟負擔、強鄰的敵視態度以及對於盟友的過度依賴。另一方面，扈從會改善小國和強鄰的關係，減少直接受到攻擊的可能，但是卻會喪失本國外交的主權，成為大國的附庸。[7]在扈從當中有一種「狼狽為奸」型（jackal bandwagoning），其中小國參與大國對於第三國的掠奪和侵略，雖然可以獲得若干實質利益，但是扈從的代價仍然存在。[8]

既然抗衡和扈從都各有利弊，究竟當一個小國在面對可能會兼併它的強鄰之時，會採取哪一種策略呢？大小政治實體模式希望從雙方關係的結構當中尋求答案。在《抗衡或扈從—兩岸關係新詮：從前蘇聯看台灣與大陸間的關係》一書當中，作者以俄羅斯和其他前蘇聯共和國之間的關係做為基礎，來發展出小國在面對可能併吞它的強鄰時，會採取抗衡或扈從策略的解釋架構。採取這樣一個分析架構的原因是第一，俄羅斯和周邊其他的前蘇聯共和國之間的關係與兩岸關係有相似的結構。俄羅斯與其鄰國是大小懸殊、國力差距極大的，而大陸和台灣也是。俄羅斯對於其周邊國家

6　Rene Albrecht-Carrie, *A Diplomatic History of Europe since the Congress of Vienna* (New York: Harper & Row, 1973), p.4.

7　參見James M. Goldgeier, "Balancing vs. Bandwagoning in the Former Soviet Union," paper presented at the 1992 annual meeting of the American Political Science Association, Chicago, September 3-6, 1992.

8　關於「狼狽為奸」型的扈從，參見Randall L. Schweller, "Bandwagoning for Profit: Bringing the Revisionist State Back In," *International Security*, vol. 19, no. 1 (Summer 1994), pp.99-104.

提出了侵犯性的主權要求，大陸對台灣也是。[9]這表示從前者當中所獲得的觀察與結論是我們理解後者很好的參考。第二，前蘇聯是一個很好的實驗場，因爲環繞俄羅斯的十四個前加盟共和國有極其相似的初始條件，然而又有很多明顯的差距，而它們在面對莫斯科時又表現出了幾個不同的模式。這使得我們在探討小國應對強鄰的策略選擇時，可以提出許多有意義的假設，同時又可以用實際的資料加以檢驗。

我們現在可以檢視一下在分析了前蘇聯十四個共和國和俄羅斯聯邦之間的關係後所獲得的結論。我們發現各國對莫斯科的態度基本上受到兩個條件的左右。第一個是各國和俄羅斯比較的相對經濟發展程度，第二個是各國在西方所獲得的支持。一般而言，經濟發展程度相較俄羅斯爲高的國家以及比較受到西方重視的國家從一開始就採取抗衡的政策，而且能夠持續，例如波羅的海三國（愛沙尼亞、拉脫維亞、立陶宛）。另一方面，經濟發展程度相對俄國爲低以及較不受西方重視的國家或是自始就採取扈從的態度（例如中亞五國的哈薩克、烏茲別克、土庫曼、吉爾吉斯與塔吉克），或是不能堅持抗衡，而逐漸轉爲扈從（例如西部三國的烏克蘭、白俄羅斯與摩多瓦與外高加索的喬治亞、亞賽拜然與亞美尼亞）。除了經濟發展和西方支持這兩個基本條件之外，國家的大小、俄裔在總人口當中所占的比例、文化差異和歷史經驗等都相當程度地影響了各國的對俄政策，但是經驗研究發現這些因素都沒有經濟發展和西方支持這兩個基本條件來得重要。因此當國家大小等因素和兩項基本條件衝突的時候，後者終會決定各國的對俄政策。

基於這樣的理解，《抗衡或扈從》展開了對於兩岸經濟發展程度差距和西方（主要是美國）對於台灣支持程度的討論，並且驗證了這兩個因素也是決定台灣對大陸政策的主要條件。《抗衡或扈從》運用大小政治實體

9　關於俄羅斯如何對於其「近鄰」提出侵犯性的主權要求，參見Yu-Shan Wu, "Theorizing on the Political Economy of Cross-Strait Relations: An Analogy with Russia and Its Neighbors," *Issues and Studies*, vol. 31, no. 9 (September 1995), pp. 1-18；與吳玉山，《抗衡或扈從》，頁24。

模式提出了四個結論。第一，對兩岸關係而言，台灣對於中國大陸只有抗衡和扈從兩種選擇，這是在權力不對等和大陸對台灣提出主權要求的情況下所必然產生的結果；第二，在兩岸經濟發展程度仍大的情形之下，台灣傾向於抗衡；第三，如果美國也支持台北對抗北京的壓力，則抗衡的選擇更為明確；第四，在台灣內部有不同的政治團體和政治勢力，分別主張不同的大陸政策，有些偏向抗衡，有些偏向扈從。這些政治團體和政治勢力的相對力量反映了台灣社會受到經濟和國際因素影響後所呈現的狀態。

我們現在可以將大小實體模式和其他的理論加以比較。首先大小政治實體模式是權力不對等理論中的一種。各種權力不對等理論所關切的對象並不相同，例如「霸權穩定理論」（hegemonic stability theory）強調的是在有霸主存在的場合才可能產生和平和穩定，而傳統的權力均衡（balance of power）卻是戰爭的淵藪。[10]在這裡理論所關切的對象是國際體系的穩定與和平，而不是特定國家的政策。[11]大國常被視為較為主動、積極、具有侵略性、甚至不惜引發武裝衝突。此處重點是大國對外政策的一般性特質。[12]當討論到兩岸關係時，權力不對等被認為會對於北京的對臺政策產

---

[10] 關於「霸權穩定理論」，參見Robert O. Keohane, "The Theory of Hegemonic Stability and Changes in International Economic Regimes, 1967-1977," in Ole Holsti, et al., *Change in the International System* (Boulder, Colorado: Westview, 1980); Robert O. Keohane, "Hegemonic Leadership and U.S. Foreign Economic Policy in the 'Long Decade' of the 1950s," in William P. Avery and David P. Rapkin, eds., *America in a Changing World Political Economy* (New York: Longman, 1982);與Robert O. Keohane, *After Hegemony: Cooperation and Discord in the World Political Economy* (Princeton, New Jersey: Princeton University Press, 1984)。

[11] 參見A.F.K. Organski and Jacek Kugler, *The War Ledger* (Chicago: University of Chicago Press, 1980) and J. Stoessinger, *The Might of Nations: World Politics in Our Time* (New York: St. Martin's, 1973)。另外傳統的權力均衡理論卻認為只有在均勢獲得維繫的場合，國際和平才有希望，參見Hans Morgenthau, *Politics Among Nations* (New York: Knopf, 1967)及Martin Wright, "The Balance of Power and International Order," in Alan James, ed., *The Bases of International Order* (New York: Oxford University Press, 1973)。

[12] 參見James N. Rosenau, "Pre-theories and Theories of Foreign Policy," in R. Garry

生特定的影響，這就將討論的焦點集中到大國對小國的政策。[13]此外台灣和大陸的大小差距也被認為對兩岸的經貿互動產生了衝擊，使得台灣擔心大陸會藉由巨大的經濟力量將台灣吞沒。[14]這裡討論的核心是權力失衡對於小國的政治影響，而不直接是小國對於強鄰的政策。[15]像上述這些類型的討論都是以權力失衡作為主要的環境條件，但是都不是以在權力失衡的情況下小國對於大國的政策作為關切對象。在這一點上，大小政治實體模式和它們都不一樣。

　　大小政治實體模式又是一種類推模式，因此可以和其他曾經被運用到兩岸關係研究上的類推模式加以比較。這些理論架構主要有兩種：「分裂國家模式」（divided-nation model）和「整合理論」（integration theory）。[16]「分裂國家模式」淵源於二次大戰後因為東西集團的政治軍事衝突所產生的一群分裂國家。最顯著的例子是東、西德，南、北韓，南、北越，以及台灣和中國大陸。[17]「整合理論」的主要根源是歐洲國家在二次大戰後的整合經驗，若干戰前歐洲的歷史經驗也與其相關。至於大小政治實體模式則是權力不對等理論的一支，它的主要指涉是前蘇聯共和

Farrel, ed., *Approaches to Comparative and International Politics* (Evanston, Illinois: Northwestern University Press, 1966).

[13] An-chia Wu, "Mainland China's Bargaining Tactics: Future Negotiations with Taipei," in Tun-jen Cheng, Chi Huang, and Samuel S.G. Wu, eds., *Inherited Rivalry: Conflict Across the Taiwan Straits* (Boulder, Colorado: Lynne Rienner, 1995).

[14] Yu-Shan Wu, "Economic Reform, Cross-Straits Relations, and the Politics of Issue Linkage," in Tun-jen Cheng, Chi Huang, and Samuel S.G. Wu, eds., *Inherited Rivalry: Conflict Across the Taiwan Straits* (Boulder, Colorado: Lynne Rienner, 1995).

[15] 當然這兩個議題是密切相關的，也就是台灣對於大陸威脅的評估和台灣的大陸政策息息相關。

[16] 關於這兩種模式的比較，參見Chien-min Chao, "Paradigm-building in the Study of Cross-strait Relations," paper presented at the 1998 APSA Annual Meeting, Boston, September 2-6, 1998.

[17] 參見Yung Wei, "The Unification and Division of Multi-System Nations: A Comparative Analysis of Basic Concepts, Issues, and Approaches," *Occasional Papers/Reprints Series in Contemporary Asian Studies*, no. 8 (Maryland: University of Maryland, 1981).

國間的關係。[18]這三種類推模式都被用來作爲分析兩岸關係的架構，也就是藉著分析其他分裂國家、整合經驗和大小政治實體間的關係，我們可以得出若干有用的概念和通則，而由於兩岸關係在結構上被認爲和其他的分裂國家、整合經驗或是大小政治實體相同，因此這些概念和通則就被運用到兩岸關係上面來。[19]一方面這些類推理論被認爲可以加深我們對於兩岸關係此一特定事例的了解，另一方面兩岸關係的發展可以驗證、豐富或是修正理論。

我們可以透過幾個重要的範疇來比較分裂國家模式、整合理論和大小政治實體這三種分析架構。分裂國家模式的定義性特徵（defining feature）是一個先前存在的統一國家，這個國家後來分裂成不相統屬的政治體。[20]在實例上分裂國家都是由於二次大戰後的冷戰所造成的。在分裂國家模式當中國家統一被懸爲理想，不過並不附帶時間表，至於當前的分裂現狀則被視爲一種非常態的現象。[21]

分裂國家模式並沒有特別認定何者是達成統一最有效的機制，不過它假設分裂的雙方都想要恢復一個統一的國家，並且都認同雙方所共有的歷史和文化。分裂國家模式自然是希望促進國家的和平統一，但是從歷史

---

18 關於這一部份的討論，參見Yu-Shan Wu, "Theories and Analogies in the Study of Cross-Straits Relations," paper delivered at the International Political Science Association XVII World Congress, Seoul, Korea, 17-21 August 1997。

19 參見本書第二章與第三章。

20 「分裂國家」曾被學者定義爲一個國家具有種族同質性、相同歷史與成功統一經驗的政治實體，參見Gregory Henderson, Richard N. Lebow and John G. Stoessinger, eds., *Divided Nations in a Divided World* (N.Y.: David MaKay, 1974)，轉引自包宗和，「國家整合：中、韓、德模式之比較」，《社會科學論叢》，第40輯（民國81年6月），頁93。

21 關於此一模式的討論，參見Tung-jen Cheng, "The Mainland China-Taiwan Dyad as a Research Program," in Tun-jen Cheng, Chi Huang, and Samuel S.G. Wu, eds., *Inherited Rivalry: Conflict Across the Taiwan Straits* (Boulder, Colorado: Lynne Rienner, 1995), p.6；關於各種分裂國家的實例，參見朱松柏，《分裂國家的統一歷程》（台北：國際關係研究中心，民國80年）。

的實例來看，分裂國家的統一或是通過武力的征服（1975年北越征服南
越），或是經由一方政權的崩潰（1989年東德共黨政權在蘇東民主浪潮下
崩潰，第二年東德便加入聯邦德國），這和分裂國家模式所擬想的和平統
一都有很大的區別。

　　另外一種類推模式是整合理論。整合理論的定義性特徵是相關各國
具有共同的文化歷史淵源，同時體認到彼此經濟整合的利益。在整合理論
當中，經濟具有關鍵性的意義，它不僅是整合的原動力，也是整合最重要
的機制。[22]由於整合理論有很強的政策背景，它是在二次大戰後由歐洲的
政治家和學者所提出，用在消弭未來歐洲所可能產生的戰禍，因此從一開
始整合理論的政策和理論就有很緊密的聯結，經濟的重要性就是這樣產生
的。整合理論家們認為經濟的交往互利是各國所樂於從事的，因為這一類
型的活動帶來繁榮，同時又不會直接侵擾到各國的主權。然而經濟的整合
會產生「外溢」（spillover）的效果，於是在經濟上密切互動、相互依存
的國家會逐漸調整彼此的政策，建立共同的政治架構，最後達到歐洲統合
的結果。整合論者主張從對於整合抗拒最小的經濟領域下手，先建立經濟
聯盟，再逐漸擴展到敏感的政治領域和國家主權，這無疑是一種策略的考
慮。以經濟做基礎可以提供政治整合的潤滑劑，加大衝突分裂的成本，逐
漸改變人們的觀念，為政治統合創造有利的前提條件。從整體來看，整合
理論的基本假設是馬克思「經濟決定政治」的命題，也就是經濟的統合會
帶來政治的統合。

　　整合理論無疑具有很強的規範性，它是以國家的統合作為終極價值，
在這一點上整合理論和分裂國家模式有很大的相似性。整合論認為主權國
家各自為政、相互逐利，而不能夠建立統一的制度，形成巨大的市場和單
一的政治體，以創造整體更大的福利是非常可惜的。因此整合論者念茲在
茲，期望發展出最有效的推動整合的機制。這樣子的價值觀和使命感貫穿
了整合理論的全部。

---

22 關於整合理論，參見吳新興，《整合理論與兩岸關係之研究》（台北：五南，民國
　84年）。

雖然整合理論的主要指涉對象是二次大戰後的歐洲，但是透過經濟統合來達到政治統合的例子顯然不僅於此，有時候這一類型的統合並不是自發及和諧的。例如1871年德意志帝國的統一在相當程度上就是基於普魯士和德意志各邦所締結的關稅同盟，而希特勒在戰間期壟斷了東歐國家的市場，為大戰期間這些國家落入德國的勢力範圍提供了條件。正是由於有這種考量，台北對於兩岸的經濟交往一直有很大的顧忌，深恐大陸「以商圍官」、「以經濟促政治」、甚至於害怕「第五縱隊」的產生。[23]

分裂國家模式和整合理論都蘊含了很強的價值觀念，在這一點上大小政治實體模式和它們都不同。大小政治實體模式的定義性特徵是權力的不對等和衝突的主權要求，它的主要指涉對象是前蘇聯各國的相互關係，更具體的說是環俄羅斯各國對於莫斯科的態度。這個模式對於大小政治實體間的關係究竟應該如何發展並沒有預先的期盼，不像分裂國家模式偏好統一，而整合理論偏好政治統合。在大小政治實體模式當中主要的因變項是小國對於大國的態度。在這裡有兩種選項：抗衡或扈從，二者各有利弊，已如上述。由於無論採取抗衡或扈從這兩個政策當中的任何一個都必須承擔相當大的成本，因此大小政治實體模式並不預期或主張採用抗衡或扈從作為特定小國對於大國的政策。[24]在這一點上，大小政治實體模式是價值中性的。

從以下的表5-2當中，我們可以清楚地看出分裂國家模式、整合理論和大小政治實體模式這三種類推理論的區別。

很明顯地，分裂國家模式、整合理論和大小政治實體模式在定義性特徵、主要因變項、變遷機制、價值取向和指涉對象上都有所區別。如果要將此種類推模式運用到兩岸關係之上，必須考慮到哪一種理論最能夠掌握

---

[23] 參見Cheng-Tian Kuo, "Economic Statescraft Across the Taiwan Strait," *Issues and Studies*, vol. 29, no. 10 (October 1993), pp.19-37；與陳德昇，《中南海政經動向》（台北：永業，民國81年），頁267-272。

[24] Yu-Shan Wu, "Theorizing on the Political Economy of Cross-Strait Relations: An Analogy with Russia and Its Neighbors."

表5-2　分裂國家模式、整合理論與大小政治實體模式

	分裂國家模式	整合理論	大小政治實體模式
定義性特徵	先前存在的統一國家	各國具有共同的文化歷史根源，並希望透過經濟整合來促進成長	權力不對等與大國對於小國的（準）主權要求
因變項	統一或分離	不同程度的整合；政治統合比經濟聯盟視爲更高程度的整合	抗衡或扈從
變遷機制	武力，文化交流，經濟互動等	主要爲經濟統合	武力，文化交流，經濟互動等
價值取向	偏好統一	偏好整合	沒有價值偏好
指涉對象	南、北韓，南、北越，東、西德	二次戰後的歐洲整合；戰間期納粹德國統合東歐	後蘇聯各國關係

住兩岸關係的結構性特徵。分裂國家模式可以掌握住兩岸關係產生僵局的原因，但是對於兩岸關係今後的發展則較爲欠缺分析的能力。整合理論準確地抓住了當今兩岸關係的核心——經貿交流，並且提出了許多政治經濟互動的假設，但是對於各種政經勢力運動的方向和互動所造成的結果難以評估，因爲它對於各方的力量對比不夠敏感。至於大小政治實體模式雖然無法說明兩岸對立的根源，也無法專注討論政治與經濟的關連，但是卻掌握了大陸和台灣大小懸殊的特色，對於台灣的大陸政策較有解釋力。它最大的問題是對於國內的政治過程缺乏分析，只是從兩個結構性的因素（雙方經濟發展程度的差距和西方支持台灣的程度）來推論台灣對於大陸所會採取的政策。因此大小政治實體模式應該和一個第二層次（國內制度）的理論相結合。這就是我們接下來要討論的「選票極大化策略模式」。

選票極大化策略模式

　　在大小政治實體的分析當中，並沒有討論到台灣的政治制度或是政治過程。台灣對於中國大陸的政策被認爲是受到兩岸經濟對比和美國對台

北支持程度的影響。這樣的解釋途徑即使在實證上被認爲有效，還是欠缺了對於結構性因素如何轉化成爲政策的分析。究竟外在的環境是透過什麼樣的機制來轉化成爲政策產出？大小政治實體模式對此並沒有提供任何解答。如果要回答這個問題，就必須進入台灣的政治系統，做出一個第二（國內）層次的解釋。

議題空間模式（issue space model）在這裡提供了很好的起始點。議題空間指的是以議題爲軸所展開的座標圖，在上面可以標誌各種不同的政策選擇點。要展開台灣大陸政策的座標圖，第一步就是要決定在大陸政策中顯著的議題（salient issues）是什麼。謝復生在分析台灣的大陸政策時，提出了兩條政策的軸線，一條是「統一對獨立」（unification—independence），一條是「安全考慮對實質利益」（security concerns—substantive interests）。議題空間展開了之後，我們可以將不同行爲者的大陸政策偏好在這個兩維的議題空間（two-dimensional issue space）上標誌出來。在這裡有兩種方法，第一種是先確定決策者的身分，然後確定他們的大陸政策偏好。例如我們可以依據Graham Allison的概念，將參與台灣大陸政策的行爲者區分爲「首領」（chiefs）、「參謀」（staffers）、「徒衆」（Indians）和「非固定參與者」（ad hoc players）。[25]首領是指總統、行政院長、副院長、陸委會主任委員、經濟部長、安全局長、國民黨秘書長等；參謀是這些首長的直接幕僚；徒衆是各相關部會的其他官員；至於立法委員、國民黨的其他領袖、民進黨的領袖、大衆傳播媒體、企業界相關人士、學者和退除役官兵等則是非固定的參與者。這種做法由於忽略了在同一組織架構下領導人的意志可以代表其下屬的意見，所以容易造成重複。因爲這個原因，謝復生採用了第二種的定位法，將同一組織架構中的首領、參謀、徒衆和非正式的參與者視爲一個行爲者，然後再和其他的行爲者加以比較。他所舉出的大陸政策行爲者是國民黨主流派、國民黨非主流派、民進黨美麗島系、民進黨新潮流系、企業界、情治機關、急統派、陸委會、經濟部和中國大陸。這些行爲者的偏好分布在由「統

---

25 參見Graham T. Allison, *Essence of Decision: Explaining the Cuban Missile Crisis* (Boston, MA: Little, Brown, 1971), pp.164-165.

──獨立」軸線和「安全──實利」軸線所交織而成大陸政策平面上。[26]

在圖5-1當中我們可以很清楚地看出絕大多數的行為者是集中在第一象限，這包括國民黨的主流派、企業界、急統派、陸委會、經濟部和中共。這裡的政策偏好是主張統一和現實利益。主張統一和安全利益的是國民黨的非主流派和情治機關，他們是在第四象限。在獨派的一邊，民進黨美麗島系被認為主張台灣獨立和現實利益（第二象限），而新潮流系是主張台灣獨立和安全利益（第三象限）。

如果我們更貼近地來看第一象限，就會發現中共是最主張統一和現實利益的。與其相對的是國民黨的主流派和陸委會，他們統一的色彩和現實

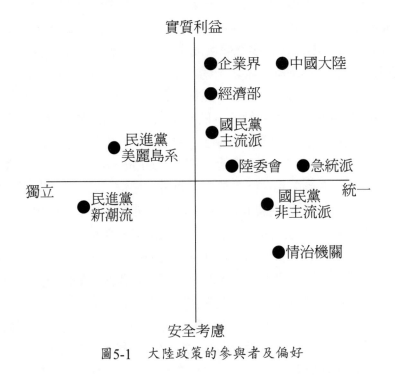

圖5-1　大陸政策的參與者及偏好

[26] John Fuh-sheng Hsieh, "Chiefs, Staffers, Indians, and Others: How Was Taiwan's Mainland China Policy Made?" in Tun-jen Cheng, Chi Huang, and Samuel S.G. Wu, eds., *Inherited Rivalry: Conflict Across the Taiwan Straits* (Boulder, Colorado: Lynne Rienner, 1995), p.147.

利益的考慮都較弱。另一方面，急統派對於現實利益顯示相當低的興趣，但卻非常堅持統一的立場；而企業界對於統一沒有很大的認同，卻對於現實利益最為重視。

　　在標誌了十個主要行為者的政策偏好之後，謝復生將每一個偏好位置用不同大小的圓點表示出來。圓點的大小是表示行為者在大陸政策的決策過程當中影響力的大小，也就是它們的權重。由於中共並不參與大陸政策，但是可以透過對於企業界和急統派的支持來影響大陸政策，因此在圖5-2中中共作為一個行為者消失不見，但是企業界和急統派的權重卻增加，也就是此二者吸收了中共的影響力。[27]在圖形當中，謝復生用「⊙」來表示企業界和急統派因為中國大陸支持他們的立場而增加了權重（⊙中的小黑點代表原始權重，外圈的○代表加權後的重量）。

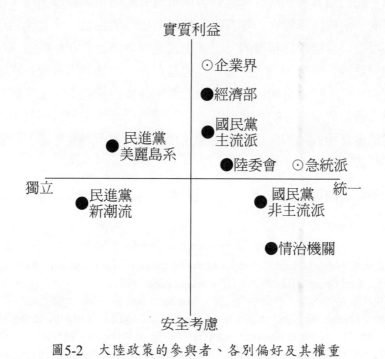

圖5-2　大陸政策的參與者、各別偏好及其權重

---

[27] John Fuh-sheng Hsieh, "Chiefs, Staffers, Indians, and Others," p.148.

　　在分配了個別權重之後，謝復生開始尋找這場政策賽局的均衡點。他所用的方法是將政策偏好完全相反的各個行為者兩兩配對，然後找出它們在政策平面圖上的中間位置。[28]用這種方法找出來的配對有四組：民進黨的新潮流系和急統派、企業界和情治機關、陸委會和經濟部，以及民進黨的美麗島系和國民黨的非主流派，而每一組配對的中間位置都落在國民黨主流派的政策偏好附近。[29]謝復生因此得出結論認為李登輝總統和國民黨主流派能夠主導大陸政策是因為他們的政策偏好正好是整個賽局的中間位置。各個其他的行為者對於這樣一個的位置都不是完全滿意，但是在另有對手主張完全相反的政策偏好的情形下（例如急統派不滿意國民黨主流派的大陸政策，但是必須考慮民進黨新潮流系和本身完全對立的態度），也都能夠接受國民黨主流派的中位立場。

　　以上的討論其實並沒有考慮到各個行為者的權重。但是謝復生在檢視了各組的情況後認為對立的雙方大致都保有相等的份量，因此他們所主張位置的權重可以被視為相等的，也就是民進黨新潮流系和急統派（在加上大陸的權重後）份量相符，企業界（也是在加上大陸的權重後）和情治機關影響力接近，陸委會和經濟部勢均力敵，而國民黨非主流派在行政院長郝柏村去職後與民進黨的美麗島系也達到權力均衡。由於四組當中兩個行為者的權重都相近，因此在計算中間政策位置時並不需要考慮不同權重所帶來的影響。[30]

　　如果順著謝復生的推理，由於國民黨主流派本身權重在各個行為者當

---

[28] 參見John Fuh-sheng Hsieh, "Comparing the Making of Taiwan's Mainland China Policy and Mainland China's Taiwan Policy," working paper, 1998.

[29] 謝復生所要尋找的是「選民中間位置」(median voter position)，關於此一位置的計算，參見Charles R. Plott, "A Notion of Equilibrium and Its Possibility Under Majority Rule," *The American Economic Review*, 57(1967), pp.787-806；關於此一位置有時並不存在，參見Richard D. McKelvey, "Intransitivities in Multidimensional Voting Models and Some Implications for Agenda Control," *Journal of Economic Theory*, 12 (1976), pp.472-482.

[30] John Fuh-sheng Hsieh, "Chiefs, Staffers, Indians, and Others," p.150.

中是最大的，同時又沒有和相對立的權重對消，因此也就更能夠鞏固本身的中間地位。也就是說，均衡的作用和權重的作用都使得國民黨主流派的大陸政策占據了主導的地位。

謝復生的討論一方面利用議題空間來描繪出各個行為者的大陸政策偏好，一方面透過權重和均衡來尋找中間位置，對於台灣大陸政策的制定提供解釋，具有相當的理論闡發價值。不過在此一模式當中，並沒有對於各個行為者的位置或是位置移動的軌跡提供解釋。在本文作者的「選民偏好的常態分配和選票極大化策略」模式當中，就試圖填補此一理論空檔。

謝復生的模式主要是探討在給定的行為者的偏好之下，台灣官方的大陸政策如何決定。他的主要發現是國民黨主流派的位置正巧是在各行為者加權地位的中間點，因此很自然成為台灣大陸政策的基調。作者所提的「選票極大化策略模式」則是主要在探討台灣各主要政黨的大陸政策如何因應選民的偏好而形成。其主要發現是由於選民偏好的常態性分配，以及各政黨的選票極大化策略，各黨的大陸政策位置都逐漸向中間位置移動。謝復生著重探討的是在行為者偏好已經決定的情形之下，政府的大陸政策將是如何；作者著重探討的則是行為者（各政黨）的大陸政策偏好如何決定。

選票極大化策略模式也是從建立議題空間開始。台灣的大陸政策被認為有兩個最主要的面向：一個是統獨爭議（認同面向），一個是經濟與安全的衝突（利益面向）。[31]這個兩維的議題空間和謝復生的模式基本上是相同的（雖然後者的實質利益除了經濟利益之外還含括了人道考慮）。[32]在這兩者當中，統獨爭議得到國內外的矚目，但是經濟和安全的衝突也隨著時局的發展而變得愈來愈重要。特別是台灣各政黨和政治勢力對於中國大陸的政策必須靠這兩個面向所交織而成的政策平面才能夠加以精確地定

---

[31] 參見Yu-Shan Wu, "Moving towards the Center: Taiwan's Public Opinion and Mainland Policy in Shift," paper presented at the Workshop on Cross-Strait Relations, the University of British Columbia, Vancouver, August 21-22, 1998.

[32] John Fuh-sheng Hsieh, "Chiefs, Staffers, Indians, and Others," p.146.

位。因此在探討台灣大陸政策的時候，對於這兩個面向必須一起加以討論。[33]

　　選票極大化策略模式也和謝復生的議題空間模式一樣為各個重要行為者的大陸政策偏好定位。不過現在我們所關切的不是一般的在制定大陸政策上有影響力的行為者，而是台灣的各個主要政黨，包括國民黨、民進黨、新黨和建國黨，以及各黨內的主要派系。由於這些政黨都必須在選舉中競爭，因此它們的大陸政策就必然會受到勝選考慮的影響。這個共通的因素讓我們可以進一步探究各黨決定其大陸政策的模式。

　　唐斯（Anthony Downs）在1957年提出在選民偏好常態分配的情形下，政黨的政策有向中央峰點移動的傾向，產生這種現象的原因是政黨希望將其選票極大化。[34]明居正便採用了唐斯的理論來討論台灣政黨由於選民偏好趨於中央因而向中間地帶移動的現象。[35]在大陸政策的領域內，不論是在認同面向，或是在利益面向，選民偏好常態分配的情況都很清楚。這種狀況可以透過圖5-3來表示出來。

　　在大陸政策的領域當中，選民的偏好表現出常態分配。大陸政策平面是由「認同」和「利益」兩條軸線所構成的（參見圖5-3）。在認同軸線（x軸）上，右端是統一，左端是獨立。從右到左的政策立場是盡快統一、維持現狀以後統一、永遠維持現狀、維持現狀以後再決定、維持現狀以後獨立、與盡快宣布獨立。在政治大學選舉研究中心、柏克市場研究中心、中華徵信所和中山大學民意調查研究中心所做的跨年度民意調查當中，統獨立場居中（永遠維持現狀和維持現狀以後再決定）的民眾恆占最大的比例。在民國84年9月到87年5月之間的11次抽樣調查當中，這個比例

33　參見李怡，「台灣的兩岸政策『三黨趨一』」，《九十年代》，第339期（1998年4月），頁35-36。

34　參見Anthony Downs, *An Economic Theory of Democracy* (New York: Harper & Row, 1957).

35　參見明居正，「向心競爭與中華民國政黨政治之發展」，《理論與政策》，第12卷，第2期（民國87年5月），頁142-156。

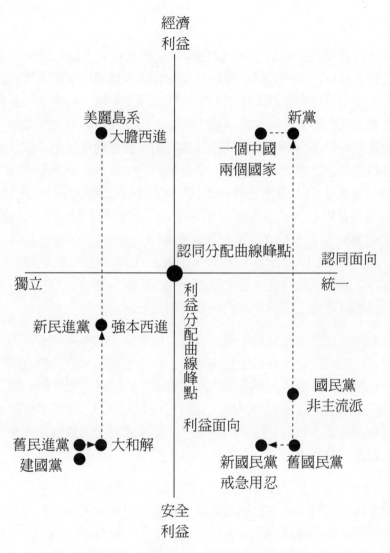

圖5-3　大陸政策平面上的各黨位置

有8次超過50%。至於主張急統的只有1.5%到5%，主張急獨的也只有3.4%到10%。主張緩統的有13.9%到24.2%，主張緩獨的是6.7%到13%。從這些比例來看，在統獨的認同議題上民眾的意向很明顯地展現了中間大、兩頭

小的常態分配。[36]

在大陸政策的平面圖上，我們用y軸代表利益：上端是經濟利益，而下端是安全利益。我們認爲主張經濟利益者會認爲兩岸交流開放的速度太慢，主張安全利益者會認爲兩岸的交流開放速度太快，而主張經濟和安全並重者會認爲兩岸交流開放的速度剛剛好。因此民衆對於兩岸交流開放速度的看法就可以作爲民衆主張經濟利益爲先、安全利益爲先、或經濟利益與安全利益並重的指標。在政治大學選舉研究中心、柏克市場研究中心、中華徵信所和中山大學民意調查研究中心從民國84年2月到87年5月所做的民意調查當中，我們發現認爲兩岸交流開放速度剛好的比例始終最高（35.8%到55.2%），超過任何一次認爲兩岸交流開放速度太慢（12.4%到23.5%）或太快（12.5%到30.1%）的比例。[37]因此在利益的軸線上我們也可以看出常態分配的情況，也就是認爲經濟和安全應該並重的民衆比認爲經濟利益爲重或安全利益爲重的民衆要超過很多。

由於民衆在認同和利益的軸線上都以居中間立場者爲最多，因此站在爭取最多選票的立場，各黨便有向原點（兩條軸線的中位）趨近的結構性壓力，也就是原來處於第一象限的政黨有向下或／且向左移動的壓力，原來處於第二象限的政黨有向下或／且向右移動的壓力，原來處於第三象限的政黨有向上或／且向右移動的壓力，而原來處於第四象限的政黨有向上或／且向左移動的壓力。

我們現在可以將經驗資料引入選票極大化策略模式當中。舊國民黨在蔣中正總統的時代是處於第四象限，因爲當時同時強調「統一」和「安全」的價值。在蔣經國總統時有些微的本土化，但是變動幅度不大。到了李登輝總統掌權，特別是到了民國80年以後，新國民黨的政策開始偏向統獨的中間地帶，也就是向左移動，提出了「中華民國在台灣」與「台灣優

---

36 參見行政院大陸委員會，「中華民國台灣地區民衆對兩岸關係的看法—(1)」，民國87年六月。

37 參見行政院大陸委員會，「中華民國台灣地區民衆對兩岸關係的看法—(2)」，民國87年六月。

先」。[38]這個動作是體認到民意的歸趨，以及在多黨競爭的時代爭取多數選票的必要。另一方面在縱軸（利益軸線）上國民黨卻始終堅持「戒急用忍」的政策[39]，因此並沒有脫離舊國民黨的立場而向上移動。[40]這個堅持已經造成了國民黨政府和企業界的爭執，使得政府承受到很大的壓力。[41]對於國民黨中的非主流派而言，他們不能認同統一立場的鬆動，因此在橫軸（認同軸線）上堅持了舊國民黨的位置，但是放鬆了不與中國大陸交往的堅持。

　　由於國民黨主流的向左移動，新黨從國民黨當中分離出來，一方面主張統一，一方面大幅地向上調整立場，主張和中國大陸建立密切的經貿接觸。於是新黨的立場向上進入了第一象限，也就是主張中國統一與兩岸交流。[42]因此在認同上新黨和舊國民黨一致，但是在利益上新黨卻明顯地逸離了舊國民黨對於安全的執著。[43]新黨的初期立場是由其意識形態和理想主義決定的，也有助於鞏固其基本票源，但是由於選民在統獨的議題上向中間地帶集中，因此有部分的新黨公職人員主張「一中兩國」，也就是向新國民黨的立場靠攏。[44]雖然此種壓力已經形成，但是由於憂慮喪失新黨

---

38 其他的考慮因素牽涉到國民黨內部的派系和李總統的個人偏好，但是在整體上都沒有「勝選」的因素重要。參見Yu-Shan Wu, "Nationalism, Democratization, and Economic Reform," paper presented at the annual meeting of the American Political Science Association, Washington, D.C., September 2-5, 1993；古森義久，《我的台灣，我的人生：李登輝總統訪談紀要》（台北：中央日報，民國87年），頁8-9；徐宗懋，《日本情結：從蔣介石到李登輝》（台北：天下文化，民國87年）。

39 參見吳玉山，「兩岸關係的變化與前景：經濟合作，政治疏離」，載於許慶復主編，《邁向21世紀的臺灣》（臺北：正中，民國83年）。

40 參見Yu-Shan Wu, "Taiwan's New Growth Pattern," in Claude E. Barfield, ed., *Expanding U.S.-Asian Trade and Investment: New Challenges and Policy Options* (Washington, D.C.: American Enterprise Institute Press, 1997).

41 參見李總統接受德國明鏡雜誌的專訪，《聯合報》，民國87年1月25日，第9版。

42 參見《新黨政策白皮書—新黨在外交政策上的主張》（www.np.org.tw）。

43 參見《新黨政策白皮書—兩岸關係及大陸政策》（www.np.org.tw）。

44 參見姚立民，「新黨大陸政策定位—『一中兩國』」；與姚立民，「一中兩國政策可望突破兩岸僵局」，《中國時報》，民國87年2月24日，第11版。

的道德訴求和基本支持，因此「一中兩國」並沒有成為新黨的新路線。

　　在大陸政策平面的左半部是獨派的領域。傳統的民進黨是位於第三象限，也就是主張台獨和安全[45]（雖然在早期台獨黨綱尚未通過的時候，民進黨有一段主張對中國大陸開放交流的時期）。然而在「大和解」之後，施明德和許信良兩位黨主席都主張維持現狀就是台獨，因此民進黨的基本定位就開始向統獨的中間地帶移動，並且因此引發了建國黨的成立和對民進黨的批判。[46]建國黨基本上就是採取了舊民進黨的路線，堅持台灣獨立和安全第一，反對與中國大陸接觸。到了民進黨中國政策辯論的時候，許信良正式提出「大膽西進」作為民進黨的新路線，而較為傳統的新潮流系則以「強本漸進」相對應。[47]大膽西進主張和中國大陸全面接觸，因此它

---

[45] 如果按照郭正亮的看法，民進黨台獨路線確立之前曾經有一段「正常化：早期的前瞻主張」時期。照此說法，則民進黨最早的位置應該在圖5-3所標示的舊民進黨位置的右上方。不過此一時期為期甚短，民進黨當時的立場又不明晰。在主張對中國大陸開放的同時，民進黨在民國77年的「四一七決議案」當中也表明：「如果國共片面和談，如果國民黨出賣台灣人民的利益，如果中共統一台灣，如果國民黨不實施真正的民主憲政，民進黨主張台灣應該獨立」，可以說是有條件的台獨說。到了民國80年10月，民進黨的第五屆黨代表大會通過了陳水扁提出的基本綱領修正案，主張「依照台灣主權現實獨立，建立台灣共和國及制定新憲法主張，應經由台灣全體住民以公民投票方式選擇決定」，就進一步發展成以公投建國的台獨說，而將「四一七決議案」當中的條件取消。「台獨黨綱」立刻引起了重大的爭議，在國民黨內部也因為如何處理的問題而造成了嚴重的爭執。關於民進黨大陸政策（後稱中國政策）的轉折可參見郭正亮，《民進黨轉型之痛》（台北：天下文化，民國87年），頁115；夏珍，《許信良的政治世界》（台北：天下文化，民國87年），頁176，181。在圖5-3當中，我們所參照的是台獨黨綱確立後民進黨的中國政策。

[46] 參見郭正亮，《民進黨轉型之痛》，頁30；夏珍，《許信良的政治世界》，頁177；與高永光，「政黨競爭與政黨聯合－議題取向的分析」，《理論與政策》，第12卷，第2期（民國87年5月），頁161。

[47] 「大膽西進」的根源是許信良在民國84年所出版的《新興民族》一書。書中主張建立「自信的、進取的、新型的台灣民族主義」，以共同利益摶聚成新興民族，超越族群矛盾和分歧的國家認同，積極經略中國市場。參見許信良，《新興民族》（台北：遠流，民國84年）。許信良又認為台灣是一個「危機社會」，人民普遍對於國家安全具有危機感，故而不會在選舉中支持無法妥善處理兩岸關係的反對黨，為了這個原因，民進黨必須沖淡它的台獨色彩，參見夏珍，《許信良的政治世界》，頁224-228。

的位置已經到了第二象限，後來在中國政策辯論的共識當中所採取的「強本西進」是美麗島系和其他民進黨內派系的妥協，其位置雖然不如大膽西進爲高，但是已經比民進黨傳統的位置向上移動。綜合而言，經過大和解、現狀就是台獨和強本西進的路線調整，民進黨將其大陸政策的定位由傳統在第三象限的位置向右和向上移動，也就是向原點移動。

整個地看起來，統獨和經濟與安全的兩條軸線相交的原點代表了民意的歸趨，是認同與利益兩條常態分配曲線的峰點重合之處，因而對於各個政黨產生了強大的吸引力。舊國民黨處於第四象限，因此會向左移動（台灣優先），同時感受到向上移動的壓力。民進黨處於第三象限，因此會向右（大和解）向上（各種西進說）移動。新黨位於第一象限，因此有向左移動的壓力（一中兩國），同時也受到各黨的批評，要求其更考慮國家安全（向下移動）。不過由於新黨是新興政黨，所以新黨改變路線的空間較小。建國黨最新最小，還完全停留在道德訴求和意識形態的階段，因此更不會改變。不過總體而言，民主政治和民意的常態分配對於各主要政黨都產生了趨同的壓力。各黨的共同壓力趨向是認同和利益的中間地帶。

除了解釋台灣各黨大陸政策的形成和演變之外，選票極大化策略模式認爲一定的大陸政策必然會以一定的方式影響到兩岸關係。在此我們假設愈強調統一和經濟利益，就愈能夠和中共建立良好的關係；而愈強調台獨和安全利益就愈和中共敵對。爲了顯示這個關係，我們可以在政策平面上通過原點畫一條45度的直線（兩岸關係線），而以其右上方的一端爲友善，以其左下方的一端爲敵對。然後將各黨的大陸政策在這條關係線上取得位置，從而比較出各黨大陸政策所帶來的兩岸關係是傾向於友善的一端，還是傾向於敵對的一端（參見圖5-4）。[48]

---

[48] 在此我們假設北京的對台態度不變，因此台灣的大陸政策就成爲決定兩岸關係的最重要變項。

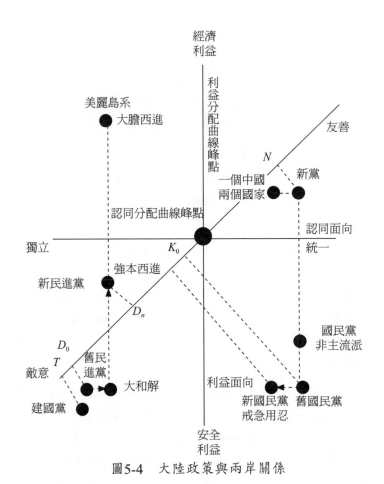

圖5-4　大陸政策與兩岸關係

　　現在令N點爲新黨的大陸政策在兩岸關係線上的位置，*Ko*點爲舊國
民黨的大陸政策在兩岸關係線上的位置，*Kn*點爲新國民黨的大陸政策在
兩岸關係線上的位置，*Dn*點爲新民進黨的大陸政策在兩岸關係線上的位
置，*Do*點爲舊民進黨的大陸政策在兩岸關係線上的位置，而T點爲建國黨
的大陸政策在兩岸關係線上的位置，則我們可以發現，以對於大陸的親善
度而言，各黨大陸政策在兩岸關係線上的排列是*N-Ko-Kn-Dn-Do-T*，其中
新黨可以和北京發展最親善的關係，而建國黨則和北京最爲敵對。民進黨
在向右向上移動了其大陸政策的位置之後，已經在關係線上大幅地向右

上角推進（從Do到Dn），這也就是北京對於民進黨比較過去為樂觀的原因。然而國民黨的方向卻是和北京愈行愈遠（從Ko到Kn），因此北京已經對於李總統失望，而稱其「鼓吹分裂」、「推行台獨」、是「破壞兩岸關係的罪人」。[49]值得注意的是，如果民進黨採行了許信良「大膽西進」的策略，則雖然在統獨立場上民進黨仍然較國民黨為左，但是由於民進黨主張西進，而國民黨卻是戒急用忍，因此民進黨和北京的關係有可能反而超過國民黨，只不過在民進黨仍然主張「強本西進」的情形下，民進黨和北京的關係仍然較國民黨和北京的關係為緊張（Dn比Kn偏左下方）。

各黨的大陸政策會帶來和北京一定的關係，而各黨的大陸政策和民主政治下各黨爭取多數選票與民意在認同和利益向度上的常態分配又是息息相關。然而，如果選舉制度改變，例如全部立法委員選舉改為英國式的單人選區制，則政黨大陸政策趨同的壓力必然增加，因為此時中間多數選民的影響力也會增加。另一方面，如果民意在認同或利益向度上的常態分配改變，成為中間小、兩頭大的兩極化情形，則各黨追求多數選票的結果會造成各黨的大陸政策分化，而非趨同。[50]在這篇論文當中，我們並不處理選舉制度和民意分配的樣態，而僅就已經發生的狀況，做一理論的詮釋，並預期在制度性因素和民意結構不變的情況下，各主要政黨大陸政策趨同的情況將會持續。

模式的綜合與討論

大小政治實體模式強調的是結構性的因素對於台灣大陸政策的影響，而選票極大化策略模式著重的則是政黨在理性抉擇的前提下會追求多數的中間選民，從而調整其大陸政策。這兩者之間究竟有什麼相關呢？

兩岸的經濟差距和西方對於台灣的支持是大小政治實體模式當中影

---

49 參見吳玉山，《抗衡或扈從—兩岸關係新詮》，頁201。
50 Anthony Downs, *An Economic Theory of Democracy*, pp.118-119.

響台灣在抗衡和扈從之間抉擇的關鍵因素，同時也是決定選民偏好在認同和利益兩條軸線上如何分配的重要原因。我們在此地的假設如下：如果兩岸經濟差距逐漸縮小，則台灣民眾將較傾向於統一，同時較為重視經濟利益；如果經濟差距逐漸擴大，則民眾將較傾向於獨立，而且較為重視安全利益。如果美國對於台灣的國防和外交支持逐漸減少，則台灣民眾將較傾向於統一，同時較為重視經濟利益。如果美國對於台灣的國防和外交的支持逐漸增加，則民眾將較為傾向獨立，而且較為重視安全利益。如果台灣的民眾傾向統一和經濟利益，則台灣對大陸會採取扈從的策略；如果台灣的民眾傾向於獨立和安全利益，則台灣對大陸會採取抗衡的策略。整個因果鏈的連結是由兩岸的經濟差距與美國支持台灣的程度這兩個自變項開始，經由在認同和利益軸線上選民偏好的相對應變化與各政黨的選票極大化策略（中介變項），從而形成台灣的大陸政策（抗衡或扈從，因變項）。

　　這樣子所構作的解釋模型是將大小政治實體模式和選票極大化策略模式冶於一爐，首尾相接，在提出結構性因素的同時，也將制度和理性抉擇的因素考慮在內。當然，此一模式必須經由實證加以檢定，但是它應該是台灣大陸政策研究中一個極有意義的解釋框架。

　　現在我們可以開始檢討大小政治實體模式和選票極大化策略模式，以及由這兩個模式所構成的綜合解釋框架。大小政治實體模式可以被質疑之處有以下各項：第一，抗衡和扈從是否真的可以完全含括小國在面對強鄰時的政策選項？（A-1）第二，環俄羅斯各國和俄羅斯之間的關係是否真的可以用雙方經濟發展程度的差距，和西方對各國支持的程度加以充分解釋？（A-2）第三，兩岸關係和前蘇聯各共和國之間的關係是否確實具有結構上的相似性，從而使得由前蘇聯所獲致的大小政治實體間相對應的模式可以被類推適用到兩岸關係上來？（A-3）第四，由於大小政治實體模式是一個透過經驗歸納的理論，我們永遠無法對其未來的適用性加以認定。（A-4）

　　將選票極大化策略模式引入討論基本上就是要解決上述第四個方法論

上的問題。在大小政治實體模式當中，國內的政治過程基本上是被「黑洞化」的。這就是說大小政治實體模式認定若干結構性的因素作用非常強，因此我們並不需要對於台灣內部的大陸政策形成和決策過程有所了解。只要掌握了結構性的因素，我們就可以充分地解釋和預測台灣未來大陸政策的走向。此種結構論的認定和國際關係理論當中華爾滋（Ken Waltz）的觀點是相同的。華爾滋認為在國際政治體系當中特定的結構性因素（主要行為者的數目和權力對比）可以決定體系成員的行為，因此並不需要進入個別的決策過程或是國內政治制度的討論。然而華爾滋所歸納出的體系成員行為模式並沒有一種內在的必然性。它雖然隱含著一個成員追求安全和權力的假設，但是這個假設對於整個模型並不是最重要的。在結構和行為之間存在著一個黑盒子，華爾滋認為不需要打開它，可是不打開它我們就永遠不能夠在模型中加入演繹的必然性。[51]

在選票極大化的策略模式當中，選民偏好的常態分配和民主制度下的競爭選舉被認為是決定各黨大陸政策的最主要因素。在大小政治實體模式當中的兩個結構性因素在此被化約為選民偏好在認同和利益兩個面向上的分配樣態，從而影響各黨大陸政策的制定，並因而與抗衡或扈從的政策產出直接相連。從政黨在競爭的選舉制度下希望將選票極大化的合理假設，加上選民偏好的常態分配，我們可以推論出各政黨將會在大陸政策上向中間地帶趨近。這個結論是演繹出來的，同時我們又用實際資料加以證明。這樣子的推論方式，可以使我們對於結論比大小政治實體更有把握。

不過我們仍然可以提出以下的問題。第一，將大陸政策分解為認同和利益兩個面向是否合理？（B-1）第二，在兩個面向當中，將統獨和經濟利益與安全利益加以對立起來是否合於事實？（B-2）第三，政黨爭逐選票的策略模式是否僅限於向中間靠攏？（B-3）第四，是否有其他的重要因素會繞過選民的偏好分配來影響各政黨的大陸政策，也就是選民偏好的分配真的是決定各黨大陸政策最重要的因素嗎？（B-4）

---

51 關於華爾滋的理論，參見Kenneth N. Waltz, *Theory of International Politics* (Reading, Massachusetts: Addison-Wesley, 1979).

　　在對於兩個理論的連結上我們也會遇到問題。首先,如何證明大小政治實體之間的經濟差距和西方對於小國的支持是影響選民偏好最重要的因素?(C-1)第二,如何能夠確定經濟差距和西方支持對選民偏好的決定方向,例如如何確定經濟發展程度的拉近會造成統獨軸線上的峰點向統一的方向移動?(C-2)

　　在提出這些問題之後,我們嘗試加以解答。首先,A-4是一個方法哲學上的問題,也就是透過經驗歸納而得的理論無法像演繹的理論一樣具有百分之百的有效性。因此大小政治實體模式就算正確地描述和解釋了相衝突大小國家之間的關係,但是對於將來的相同狀況,該歸納理論仍然無法提供必然有效的解釋。對於此一問題的回答是,這種必然的限制是所有歸納理論所通有,而選票極大化策略模式的提出,就是為了補單純歸納之不足。

　　A-1問到抗衡和扈從是否真的可以完全含括小國在面對強鄰時的政策選項,而這又是一個經驗的問題。在歸納了眾多歷史經驗(參見表5-1)之後,我們發現此一命題為真。同時透過合理的假設和演繹,我們確實可以認定相衝突大小國家之間的平等互動是不存在的,在這裡關鍵性因素是大國沒有平等對待小國的誘因,因此小國只有在抗拒大國和順服大國之間做選擇。當然,在特殊的情形之下,小國可能會籌謀經略大國的策略,而採取主動積極的態度。例如在中華民國政府撤退到台灣的早期,便曾經構思和準備過軍事與政治反攻中國大陸的政策。這種態度,自然並非抗衡或扈從所能含括。不過隨著時勢推移與領導階層的轉變,反攻大陸的心態和準備都已經逐漸淡化。

　　A-2問到環俄羅斯各國和俄羅斯之間的關係是否真的可以用雙方經濟發展程度的差距,和西方對各國支持的程度加以充分解釋。這是在觀察了十四個前蘇聯共和國和俄羅斯之間的關係後所歸納出來的結果。在歸納的過程當中,我們排除了國家大小與國力強弱、俄裔人口的比重以及文化差距和歷史仇恨等因素。排除的方法是提出了明顯的反例(諸如波海三國在前蘇聯各共和國當中國家最小,對莫斯科卻最為抗衡;就俄裔人口的比重

而言，同樣高比例的俄裔在哈薩克與拉脫維亞帶來了完全不同的對俄政策：哈薩克扈從而拉脫維亞強烈地抗衡；就文化差距而言，和俄羅斯差異極大的中亞各國反不如和俄羅斯文化較近的波海國家來得反俄；至於歷史仇恨的因素也無法解釋沙俄對於中亞在十九世紀的血腥征服爲何沒有激起在當地民眾強烈的分離意識）。[52]在檢查了十四對雙邊關係之後，我們發現經濟發展程度差距與西方支持的強弱這兩個因素對於環俄羅斯共和國的對俄政策而言確實有解釋力。

　　A-3問到兩岸關係和前蘇聯各共和國之間的關係是否確實具有結構上的相似性，從而使得由前蘇聯所獲致的大小政治實體間相對應的模式可以被類推適用到兩岸關係上來。這是大小政治實體模式最被批評之處。從一般的眼光來看，台灣和中國大陸之間的關係與環俄羅斯各共和國和俄國之間的關係似乎南轅北轍，無法比較。在這裡問題的核心除了文化的差異之外，最主要的就是中國大陸對於台灣提出了明確的主權要求[53]，而俄羅斯對於其他前蘇聯共和國卻沒有做出同樣的主張[54]（雖然葉爾欽在掌權之初就明白表示關心居住在周邊國家俄羅斯人的安全）。[55]但是重建蘇聯或是大俄羅斯以恢復傳統版圖正是俄國共產黨和許多民族主義政黨所共同主張的政策。[56]俄羅斯對於周邊國家視爲「近鄰」，派駐大量軍隊，建立各種

52　吳玉山，《抗衡或扈從—兩岸關係新詮》，頁29-35。
53　北京的官方看法就是「世界上只有一個中國、中華人民共和國是代表中國的唯一合法政府、台灣是中國不可分割的一部分」。
54　參見Karen Dawisha and Bruce Parrott, *Russia and the New States of Eurasia: The Politics of Upheaval* (Cambridge: Cambridge University Press, 1994), p. 200.
55　參見James M. Goldgeier, "Balancing vs. Bandwagoning."
56　例如在1993年12月杜馬國會大選中獲得最多選民支持的俄羅斯自由民主黨黨魁吉利諾夫斯基（Vladimir Zhirinovskii），和曾經擔任副總統的魯茨科伊（Aleksandr Rutskoi）就是激進的俄羅斯民族主義者。前者的擴張性政策可以在其傳記當中清楚地看出來。參見吉利諾夫斯基著，李惠生，盛世良等譯，《俄羅斯的命運》(O sud'bakh Rossii)（北京：新華出版社，1994）。在另一方面，1995年12月朱格諾夫（Gennadii Zyuganov）領導俄共產黨在杜馬國會改選中大勝，成爲國會中第一大黨。在1996年3月國會中的共黨和自民黨議員合作，通過決議認定葉爾欽在1991年解散蘇聯之舉是不合法的，而在當年3月17日蘇聯曾舉行公民投票，結果是大多數

政治、經濟和軍事的聯盟，同時施展極為強大的影響力。從這些政治動作看起來，俄羅斯對於周邊前蘇聯共和國實在具有準主權的要求（quasi sovereignty claim）。

和兩岸關係比較來看，北京對於台北固然有主權要求，但是自從1960年代以來，這個要求並沒有導致雙方的軍事衝突，它最大的表現是在外交的爭奪戰上，成為一個長期的議題。俄羅斯對於周邊國家雖然只有準主權的要求，但是由於大俄羅斯民族主義的昂揚和重建蘇聯運動的興起，這些國家所感受到從莫斯科傳來的壓力絕對不會小於台北所感受到從北京所傳來的壓力。尤其重要的是，在蘇聯時期環俄羅斯共和國都是控制在莫斯科手中，來自俄羅斯的各種政治、經濟、軍事、情治和文化的影響都是近乎絕對的。另一方面，中共政權從來沒有一天控制過台灣，也因此對於台灣的制度和文化沒有任何影響。這樣說起來，莫斯科對於環俄羅斯各國沒有提出正式的主權要求，不代表俄羅斯對於各國的主權威脅小於大陸對台灣的主權威脅。總括而言，俄羅斯和周邊國家是大小懸殊，國力差異極大的；大陸和台灣也是。俄羅斯對周邊國家提出了侵犯性的（準）主權要求，大陸對台灣也是。這代表前蘇聯共和國之間的國際關係和兩岸關係確實有結構上的相似性。

B-1是問到將大陸政策分解為認同和利益兩個面向是否合理。從圖5-3和圖5-4中我們可以很明顯地看出，認同和利益兩個面向的分析幫助我們區分了舊國民黨和新黨的不同，以及民進黨美麗島系和新潮流系的不同。如果只是緊守統獨的單一面向，許多的政治狀況將無法解釋，各黨分歧的大陸政策也就無法清楚地表現出來。至於B-2提到的將「統一－獨立」和「經濟－安全利益」對立起來，在前者顯然不會有很大的問題，而在後者則顯示接受了經濟利益和安全利益是互斥的假設。對於主張和中國大陸加強經濟交往的人們而言，此舉不惟不會損及台灣的利益，反而會增強台灣的安全。果如是，則將安全利益和經濟利益作為同一軸線對立的兩端將是

選民主張維持蘇聯。此一投票的結果是有效的。參見李玉珍，「俄羅斯對獨立國協政策的演變」，《問題與研究》，第35卷，第8期（民國85年8月），頁26-36。

錯誤的理解。另一方面，認爲與中國大陸進行經濟交往將會爲台灣帶來安全危害也是一種普遍流行的看法。根據這種看法，經濟利益和安全利益在兩岸關係上是不可得兼的。

在這裡困難之處是經濟利益與安全利益是否對立不是由邏輯所決定，而是必須徵諸經驗事實。統一和獨立在邏輯上是互斥的，因此它們可以作爲同一軸線對立的兩端。經濟利益和安全利益則是可以相容的，它們是否互斥是在特定狀況下由經驗決定的。如果我們將經濟利益和安全利益視爲互斥，就會使得我們的分析框架本身內含了一定的經驗假設，而此一未被檢證的假設有可能帶來一定的偏見（例如剔除了經濟利益和安全利益可以同時增進的狀況）。

這個問題由於必須訴諸經驗檢證，而此一檢證又沒有被包含在選票極大化策略模式當中，因此我們在此處無法斷言「經濟－安全軸線」是否可以作爲一個測量各黨大陸政策的合理尺度。目前我們的假設是，和中國大陸的經濟交往確實會帶來一定的安全風險，因此台灣的經濟利益和安全利益在面對中國大陸時是難以得兼的。至於就長遠而言，台灣的總體安全狀況會不會因爲和大陸的經貿交往，帶來了較好的經濟表現而獲得增進，則不在討論之列。在此我們所關切的是和大陸的交往所帶來的短期影響。

B-3問到政黨爭逐選票的策略模式是否僅限於向中間靠攏？這一部分主要是由兩個因素決定。第一個是選民偏好的分配樣式是否爲常態分配；第二個是選舉制度是否獎勵爭取中間選民。如果分配的模式不是常態的，而是兩極的，那麼選票極大化策略應該會促使各黨向兩個極端移動。如果選舉制度是大選區，因而使得候選人可以用激進的主張來爭取立場強硬選民的支持，則就算選民偏好不變，政黨也不一定會趨向中間地帶。關於這一部分，在模式中已有若干討論。

B-4問到理性的選票極大化考慮是否爲最主要的決定大陸政策的依據。在這裡我們主要考慮到各政黨的意識形態和政治領袖的個人偏好。此一問題其實不適合給予全是或全非的回答。在選票極大化模式當中，各個政黨並不會完全集中到同一立場。維持各黨的基本取向是爭取選票的必要

條件，因此所謂的趨向中間地帶是在維持本身基本立場的前提之下說的。
這樣說來，各黨的基本取向仍然清楚有別，雖然向中央靠攏，但是並沒有
抹殺了本身的意識形態。至於個別領袖的偏好可以被妥協的程度更大一
些，但也不需要完全趨向同一。因此，我們一方面可以強調爲了選票極大
化各黨會向中點靠攏，一方面承認各黨的意識形態和政治領袖的個人偏好
仍然繼續影響各黨的大陸政策。

更細膩地來說，各黨向中點移動的理性考慮是和選票的政策位置彈性
密切相關的。選票的位置彈性是當一黨將其政策位置移動一個百分點後，
相對應的選票變動百分點數。[57]可以想像在常態分配的情況之下，各黨向
中央移動則選票的政策位置彈性是大於1的。然而這是在不考慮其他黨派
的相對地位而言的。如果政黨A由中點的左方向右移動，但是在它的左方
出現了競爭性政黨B，則A因爲向右移動而增加的選票可能會被B從A所奪
走的選票所抵消。當然在常態分配的情況下，由於中間的選民多，對於A
而言向右移動的選票位置彈性還是大於1的。但是另外一個值得考慮的現
象是原來在A位置右方的政黨C。當A向右移動的時候，便是和C爭奪中間
的選票，也就是A並不能夠預期囊括所有在其右方的選票，這種情形在C
同時也在向左方移動的情況下更是如此。因此在B與C的競爭作用之下，
A向右移動所面對的選票位置彈性未必是大於1的。事實上越接近中點趨
中的效應就可能越小。這個因素制約了各黨趨中的傾向，也使得各黨的意
識形態和領袖的個人偏好得以保留更多的空間。

C-1和C-2是質疑連結大小政治實體模式和選票極大化策略模式的機
制是否有效，也就是質疑何以大小政治實體之間的經濟差距和西方對於小
國的支持是影響選民偏好最重要的因素，以及如何能夠確定經濟差距和西
方支持對選民偏好的決定方向。這兩個問題顯然必須要依靠實證研究來解
答。然而當我們確認大小政治實體模式和選票極大化策略模式的有效性之
時，其實就已經認定這兩個模式連結機制的有效性。很顯然地，如果經濟

---

[57] 這是借用經濟學上需求和供給的價格彈性概念。

差距和西方支持是決定台灣對大陸政策的主要因素，而在民主體制之下，各黨的大陸政策又是由追逐主流民意的選票極大化策略決定，則經濟差距和西方支持必然是透過對於主流民意的影響來決定各黨的大陸政策。這個現象在大陸和美國建立了戰略夥伴關係（1997年）並且對台灣展開和平攻勢之後看得相當清楚。國際局勢的轉變與美國政策的調整驅使台灣民意要求緩和兩岸關係，而民進黨也體認時勢相當程度地緩和了其台獨訴求。[58]當然在這一方面還需要有更多的證據支持。

　　在本文當中，我們討論了兩個臺灣大陸政策的研究途徑：大小政治實體模式和選票極大化策略模式，並將兩個模式嘗試加以組合。同時我們針對這兩個途徑提出了十個疑問，而後加以分別討論。我們發現，大小政治實體模式對於指出兩岸關係的結構性特徵、將兩岸關係置於一個一般性的框架當中討論、並且確定影響台北大陸政策的主要因素具有很大的效用。而選票極大化策略模式則闡釋了台灣大陸政策的微觀基礎、將理性抉擇途徑帶入討論，以及表明了台灣民主政黨競爭體制所產生的作用。當然，這兩個途經都有不少值得商榷之處，在二者的連結機制上也大可評論。但是本文的重點正是將此二途徑清晰地展現出來，並期望更進一步的理論檢討和經驗研究能夠對其加以充實或修正。由於這兩個途徑的直接對象是台灣的大陸政策，因此並不觀照兩岸關係的其他面向，包括大陸的對臺政策和兩岸政經互動等。這是我們在討論和運用這兩個途徑時所必須了解的。

58　參見民進黨對於柯江會和柯林頓總統在上海發表「新三不政策」的反應。《自由時報》，民國87年7月2日，第1版。

參考書目

中文書目

包宗和，1992，「國家整合：中、韓、德模式之比較」，《社會科學論叢》，第40輯，頁93-110。

古森義久，1998，《我的台灣，我的人生：李登輝總統訪談紀要》，台北：中央日報。

吉利諾夫斯基著，李惠生，盛世良等譯，1994，《俄羅斯的命運》（O sud'bakh Rossii），北京：新華出版社。

朱松柏，1991，《分裂國家的統一歷程》，台北：國際關係研究中心。

行政院大陸委員會，1998，「中華民國台灣地區民眾對兩岸關係的看法—(1)、(2)」（六月）。

吳玉山，1994，「兩岸關係的變化與前景：經濟合作，政治疏離」，載於許慶復主編，《邁向21世紀的臺灣》，台北：正中。

吳玉山，1997，《抗衡或扈從—兩岸關係新詮：從前蘇聯看台灣與大陸間的關係》，台北：正中。

吳新興，1995，《整合理論與兩岸關係之研究》，台北：五南。

李玉珍，1996，「俄羅斯對獨立國協政策的演變」，《問題與研究》，35(8): 26-36。

李怡，1998，「台灣的兩岸政策『三黨趨一』」，《九十年代》，339: 35-36。

明居正，1998，「向心競爭與中華民國政黨政治之發展」，《理論與政策》，12(2): 42-156。

姚立民，1998，「一中兩國政策可望突破兩岸僵局」，《中國時報》，2月24日，第11版。

夏珍，1998，《許信良的政治世界》，台北：天下文化。

徐宗懋，1998，《日本情結：從蔣介石到李登輝》，台北：天下文化。

高永光，1998，「政黨競爭與政黨聯合—議題取向的分析」，《理論與政策》，12(2): 157-173。

許信良，1995，《新興民族》，台北：遠流。

郭正亮，1998，《民進黨轉型之痛》，台北：天下文化。

陳德昇，1992，《中南海政經動向》，台北：永業

外文書目

Albrecht-Carrie, Rene. 1973. *A Diplomatic History of Europe since the Congress of Vienna*. New York: Harper & Row.

Allison, Graham T. 1971. *Essence of Decision: Explaining the Cuban Missile Crisis*. Boston, MA: Little, Brown.

Chao, Chien-min. 1998. "Paradigm-building in the Study of Cross-strait Relations." Paper presented at the 1998 APSA Annual Meeting, Boston, September 2-6.

Cheng, Tung-jen. 1995. "The Mainland China-Taiwan Dyad as a Research Program." In Tun-jen Cheng, Chi Huang, and Samuel S.G. Wu, eds., *Inherited Rivalry: Conflict Across the Taiwan Straits*. Boulder, Colorado: Lynne Rienner.

Dawisha, Karen and Bruce Parrott. 1994. *Russia and the New States of Eurasia: The Politics of Upheaval*. Cambridge: Cambridge University Press.

Downs, Anthony. 1957. *An Economic Theory of Democracy*. New York: Harper & Row.

Goldgeier, James M. 1992. "Balancing vs. Bandwagoning in the Former Soviet Union." Paper presented at the 1992 annual meeting of the American Political Science Association, Chicago.

Henderson, Gregory, Richard N. Lebow and John G. Stoessinger, eds. 1974. *Divided Nations in a Divided World*. New York: David MaKay.

Hsieh, John Fuh-sheng. 1995. "Chiefs, Staffers, Indians, and Others: How Was Taiwan's Mainland China Policy Made?" In Tun-jen Cheng, Chi Huang, and Samuel S.G. Wu, eds., *Inherited Rivalry: Conflict Across the Taiwan Straits*. Boulder, Colorado: Lynne Rienner.

Hsieh, John Fuh-sheng. 1998. "Comparing the Making of Taiwan's Mainland China Policy and Mainland China's Taiwan Policy." Working paper.

Keohane, Robert O. 1980. "The Theory of Hegemonic Stability and Changes in International Economic Regimes, 1967-1977." In Ole Holsti, et al., *Change in the International System*. Boulder, Colorado: Westview.

Keohane, Robert O. 1982. "Hegemonic Leadership and U.S. Foreign Economic Policy in the 'Long Decade' of the 1950s." In William P. Avery and David P. Rapkin, eds., *America in a Changing World Political Economy*. New York: Longman.

Keohane, Robert O. 1984. *After Hegemony: Cooperation and Discord in the World Political Economy*. Princeton, New Jersey: Princeton University Press.

Kuo, Cheng-Tian, "Economic Statescraft Across the Taiwan Strait." *Issues and Studies* 29(10): 19-37.

Lin, Cheng-yi. 1995. "Taiwan's Security Strategies in the Post-Cold War Era." *Issues and Studies* 31(4): 78-97.

McKelvey, Richard D. 1976. "Intransitivities in Multidimensional Voting Models and Some Implications for Agenda Control." *Journal of Economic Theory* 12: 472-482.

Morgenthau, Hans. 1967. *Politics Among Nations*. New York: Knopf.

Organski, A.F.K. and Jacek Kugler. 1980. *The War Ledger*. Chicago: University of Chicago Press.

Plott, Charles R. 1967. "A Notion of Equilibrium and Its Possibility Under Majority Rule." *The American Economic Review* 57: 787-806.

Rosenau, James N. 1966. "Pre-theories and Theories of Foreign Policy." In R. Garry Farrel, ed., *Approaches to Comparative and International Politics*. Evanston, Illinois: Northwestern University Press.

Schweller, Randall L. 1994. "Bandwagoning for Profit: Bringing the Revisionist State Back In." *International Security* 19(1): 99-104.

Stoessinger, J. 1973. *The Might of Nations: World Politics in Our Time*. New York: St. Martin's.

Walt, Stephen M. Walt. 1987. *The Origins of Alliances*. Ithaca: Cornell University Press.

Waltz, Kenneth N. 1959. *Man, the State, and War*. New York: Columbia University Press.

Waltz, Kenneth N. 1979. *Theory of International Politics*. Reading, Massachusetts: Addison-Wesley.

Wei, Yung. 1981. "The Unification and Division of Multi-System Nations: A Comparative Analysis of Basic Concepts, Issues, and Approaches." *Occasional Papers/Reprints Series in Contemporary Asian Studies 8*. Maryland: University of Maryland.

Wright, Martin. 1973. "The Balance of Power and International Order." In Alan James, ed., *The Bases of International Order*. New York: Oxford University Press.

Wu, An-chia. 1995. "Mainland China's Bargaining Tactics: Future Negotiations with Taipei." In Tun-jen Cheng, Chi Huang, and Samuel S.G. Wu, eds., *Inherited Rivalry: Conflict Across the Taiwan Straits*. Boulder, Colorado: Lynne Rienner.

Wu, Yu-Shan. 1993. "Nationalism, Democratization, and Economic Reform." Paper presented at the annual meeting of the American Political Science Association, Washington, D. C.

Wu, Yu-Shan. 1995. "Economic Reform, Cross-Straits Relations, and the Politics of Issue Linkage," In Tun-jen Cheng, Chi Huang, and Samuel S.G. Wu, eds., *Inherited Rivalry: Conflict Across the Taiwan Straits*. Boulder, Colorado: Lynne Rienner.

Wu, Yu-Shan. 1995. "Theorizing on the Political Economy of Cross-Strait Relations: An Analogy with Russia and Its Neighbors." *Issues and Studies* 31(9): 1-18.

Wu, Yu-Shan. 1997. "Taiwan's New Growth Pattern." In Claude E. Barfield, ed., *Expanding U.S.-Asian Trade and Investment: New Challenges and Policy Options*. Washington, D.C.: American Enterprise Institute Press.

Wu, Yu-Shan. 1997. "Theories and Analogies in the Study of Cross-Straits Relations." Paper delivered at the International Political Science Association XVII World Congress, Seoul.

Wu, Yu-Shan. 1998. "Moving towards the Center: Taiwan's Public Opinion and Mainland Policy in Shift." Paper presented at the Workshop on Cross-Strait Relations, the University of British Columbia, Vancouver.

第六章

大陸經貿政策的根源：國家與社會的互動

冷則剛

導論

　　台灣自1987年正式開放兩岸間接經貿交流以來，貿易及投資額度逐年增加，規模也日益擴大。此一攸關台灣經濟成長甚巨的特殊經貿關係有兩大特色：第一，民間與政府步調不一致，實際經貿投資往來數字高於官方公布的統計資料；第二，此一經貿往來被賦予極高的政治意涵，甚至與台灣的國家安全息息相關。因此，要探討台灣對大陸經貿政策的動力、根源與矛盾，不能僅從經濟因素著眼，必須從內政與對外經貿政策的連鎖加以分析。台灣對大陸經貿政策的開放與台灣的民主化同步發展，國家與社會關係的轉變與民主化的開展與鞏固緊緊相扣，而民主化後社會力量的興起又對大陸經貿政策造成衝擊。由此可見，民主化浪潮之下的國家與社會互動，決定了大陸經貿政策的走向。

　　本文從比較分析的觀點，由1980年代以來政治經濟學中「國家理論」及分析東亞出口導向發展的「發展性國家理論」出發，以大陸經貿政策為主要課題，探討1990年代以來台灣國家與社會關係的持續與轉變。本文除了比較台灣在民主時代與威權時代國家與社會關係的不同外，還企望以大陸經貿政策為案例，探討用來分析東亞國家發展模式的「強國家理論」或是「發展性國家理論」在1990年代以後的適用性，以期抽繹出分析台灣對大陸經貿政策的原則。

政治經濟學國家理論的背景與源流

有關國家在政治生活中所扮演的角色之討論，在近半世紀以來經過了各種不同的曲折發展歷程。二次大戰之後的行爲科學革命以「政治體系」（political system）來代替國家的概念，並以個體政治行爲作基本的分析單元，企圖建立理論性的通則。在體系理論與結構功能分析的架構中，政治體系的功能主要是如何將投入轉換爲輸出，並維持體系的穩定。政治體系扮演一個被動消極的角色，本身並不具有任何主觀意圖。易言之，政治體系討論的重點在於各種政治角色如何透過國家機構來達成體系維持的功能，而並非國家機構影響個別政治角色的政治行爲的過程。國家機構只是提供了一個各種利益團體及政治權力互相合縱連橫的競技場而已。

行爲主義有關政治體制及個別政治行爲的論述到了1970年代開始受到質疑。除了有關價值中立的辯論以外，「找回國家機構」（bringing the state back in）的呼聲也在政治學、社會學及歷史社會學界出現[1]。雖然1980年代有關重新重視國家機構的學者有馬克思或新馬克思主義的學術背景，但1970年代以降的新國家機構主義的重點仍和新馬有所不同。80年代的國家研究途徑強調第一，國家的自主性與能力；第二，國家本身具有特定的目標，並成爲公共政策制定的一個要角；第三，透過國家意志及目標的實現，國家可以改變政治生活的本質。國家不僅僅是各種政治利益的角力場。從新國家主義研究途徑的學者角度來看，重新重視國家的重要性並非排拒原有多元主義傳統以及針對階級、團體等分析單元的研究。他們的目的是將國家重新拉回研究的舞台，從歷史長期流變的觀點來分析國家與社會互動關係的轉變，從而掌握住政治生活及政策制定的原動力。因此，新國家主義除了不具有排他性以外，還重視長期歷史的分析，並著重國家

---

[1] Peter Evans, Dietrich Rueschemeyer and Theda Skocpol, *Bringing the State Back in* (Cambridge, Cambridge University Press, 1985); Thelen Steinmo and F. Longstreth, eds., *Structuring Politics: Historical Institutionalism in Comparative Analys* (Cambriidge: Cambridge University Press, 1992).

相對於社會的能力及自主性的互動過程[2]。

　　有關於何謂「國家」（State），則各種解釋面向均不盡相同。在政治經濟學解釋分析的架構上，「國家」應不僅僅止於「政府」的研究範疇[3]。國家係指由行政權威所協調組織成的一個整體。此一整體應包括有延續性的管理、法規、官僚體制，以及如警察、軍隊等的強制力量[4]。尤有進者，國家研究途徑除了研究國家內部組織行政過程，以及此一整體與社會勢力的相對關係以外，還著重研究國家如何透過各種政策工具影響到社會內部運作以及價值形成的過程。這些工具最主要的是法律體系以及法律權威的行使[5]。也就是說，法律體系是連結國家與社會互動關係，以及影響社會內部運作的一個重要紐帶。若忽視了此一法律紐帶社會功能的重要性，則國家研究途徑將僅止於對公部門單方面的研究，或是法規制度的靜態研究。

　　另一方面，所謂「新制度主義」（neo-institutionalism）也強調政策制定並不是個人利益及偏好的集合，而是組織本身的利益、意識形態及價值取向的互動過程。再者，機構組織本身也可以影響甚至改變個別行為者行動偏好的形式、本質及表現的方式。新制度主義者指出傳統團體研究法（group analysis）及理性抉擇分析法（rational choice）有所不足。新制度主義者強調公共政策研究的課題應包括機構及制度本身如何影響政治行

---

[2]　Dietrich Rueschemeyer, Stephens Huber Evelyne and John Stephens, *Capitalist Development and Democracy* (Chicago: University of Chicago Press, 1992).

[3]　Peter Gourevitch, "Democracy and Economic Policy: Elective Affinities and Circumstantial Conjunctures," *World Development*, vol. 21, no. 8 (1993), p. 1279.

[4]　Theda Skocpol, *States and Social Revolution* (Cambridge: Cambridge University Press, 1979), p. 29.

[5]　Guillermo O'Donnell, "On the State, Democratization and Some Conceptual Problems," *World Development*, vol. 21, no. 8 (1993), pp. 1356-7; Alfred Stepan, *The State and Society: Peru in Comparative Perspective* (Princeton: Princeton University Press, 1978); Alfred Stepan, *Rethinking Military Politics* (Princeton: Princeton University Press, 1988); Bert Rockman, "Minding the State-or A State of Mind? Issues in the Comparative Conceptualization of the State," *Comparative Political Studies*, vol. 23, no. 1 (1990).

動，以及政治行動如何影響機構組織及價值體系的重組。[6]

　　以國家爲中心的研究途徑著重國家能力（state capacity）以及國家自主性（state autonomy）的研究。如前所述，國家研究途徑並不是一種排他性的研究途徑，而是強調國家與社會的互動過程[7]。在實際的政治互動過程中，國家掌政者的利益與政策目標往往和社會利益不完全一致，因此形成了既合作又衝突的情況[8]。因此，所謂「國家自主性」與「國家能力」的研究應放在國家與社會互動的架構來看，才有意義。其研究範疇應包含兩大面向：第一，討論國家的政策目標是否爲官僚體系主觀意識的結晶，抑或社會中特定利益團體或個人的影響結果；第二，國家是否有足夠的能力，藉由各種政策工具，來逐行其政策目標，並獲得社會團體的服從。

　　由此可見，國家機構的種種特性不但影響到政策目標的制定，更影

6　有關新機構主義的論述，參見James March and Johan Olsen, *Rediscovering Institutions* (New York: Free Press, 1989); Thelen and Longstreth, op., cit.; Richard Doner, "Limits of State Strength: Toward an Institutionalist View of Economic Development," *World Politics*, vol.44, no.33 (April 1992), pp.398-431; Thomas Koelble, "The New Institutionalism in Political Science," *Comparative Politics* (January 1995); Philip Selznick, "Institutionalism Old and New," *Administrative Science Quarterly*, no. 41 (1996) pp.270-277.

7　時和興，《關係、限度、制度：政治發展過程中的國家與社會》，（北京：北京大學出版社，1996）。

8　Peter Gourevitch, *Politics in Hard Times* (Ithaca: Cornell University Press, 1986); John Ikenberry, David Lake, and Michael Mastanduno, *The State and American Foreign Economic Policy* (Ithaca: Cornell University Press, 1988); Joel Migdal, *Strong Societies and Weak States* (Princeton: Princeton University Press, 1988); Atul Kohli and Vivienne Shue, "State Power and Social Forces: on Political Contention and Accommodation in the Third World," in Joel Migdal, Atul Kohli and Vivienne Shue eds, *State Power and Social Forces: Domination and Transformation in the Third World* (Cambridge: Cambridge University Press, 1993); Timothy Mitchell, "The Limits of the State," *American Political Science Review*, vol. 85, no. 1 (March 1997), pp.77-96; Karen Remmer, "Theoretical Decay and Theoretical Development: The Resurgence of Institutional Analysis," *World Politics*, vol. 50, no. 1 (October, 1997), pp.34-61.

響到政策的執行，以及對國際環境變化的反應。吾人可以從國家相對社會的自主性，以及國家對政策工具的選擇以及使用這兩個標準，來從事跨國的分析研究，並針對不同國家加以分類（typology）。柯瑞思那（Stephen Krasner）即針對國家是否能抗拒社會的壓力、改變社會的壓力、或是改變社會的結構三種標準，將國家分爲無政府、能力弱的國家、能力中等的國家、能力強的國家及宰制型國家[9]。因此，從自主性與能力兩個面向作分類及比較分析，是此一研究途徑在理論上的優勢。

綜而言之，新的國家研究途徑是一個互動的、動態的研究方法。透過正式的政策執行工具，以及非正式的約定俗成，國家滲透到社會生活的實際運作中。而這種國家與社會互動過程，除了要放在總體經濟及社會發展歷程上來看，還必須從國家目標及國家行動的歷史演變，來分析長期互動過程的持續與轉變。如此才能更清楚的了解國家如何建（解）構、疏通及限制社會利益的發展。除了縱向的深度歷史分析以外，新國家研究途徑也講究橫向的跨國比較分析研究。藉由針對國家與社會互動的一些特點作爲比較分析的基本單元，再透過歷史的長期分析，國家研究途徑可以建構出一個立體的分析網絡，以避免個案分析以偏概全的缺點。此外，國家和社會互動的分析模式也十分適合研究發展中國家政策制定的過程。發展中國家國家機構的特色各有不同，有的具有長期的威權主義傳統，有的則是缺乏有效的政策執行機構。而民主化的衝擊，更使得社會力量勃興，影響政策目標與執行的管道也隨之增多，進而徹底改變了國家與社會互動的既定模式。由此可見，從國家相對於社會的能力與自主性的分析角度出發，可

9　Stephen Krasner, "State Power and the Structure of International Trade," *World Politics*, vol. 28, no.3 (April 1976), pp. 317-347; Stephen Krasner, "Approaches to the State: Alternative Conceptions and Historical Dynamics," *Comparative Politics*, vol.16, no.2 (January 1984), pp.223-46; 有關依國家能力與自主性的分類，另可參見Peter Evans, "Predatory, Development, and Other Apparatuses: A Comparative Political Economy Perspective of the Third World State," in Douglas Kincaid and Alejandro Portes, eds., *Comparative National Development* (Chapel Hill, University of North Carolina Press, 1994).

以掌握在歷史衝擊下國家發展與政策制定的「常」與「變」。[10]

「發展性國家理論」的興起

　　「發展性國家理論」（developmental state）是從政治經濟學中的國家理論出發，並以日本戰後的高度成長為研究課題所發展出的研究架構。若從國家能力與自主性的角度來看，發展性國家顯然自主性較高，對社會的滲透力也較大。此一研究架構在1980年代起被應用在分析亞洲四小龍的發展模式。有關東亞新興國家的發展，學界本有「新古典主義」、「依賴主義」及「國家主義」的研究途徑之爭。新古典主義與依賴主義都主張國際經貿環境對國家對外經貿制定產生了決定性的影響。然而，面對類似的國際經貿環境，為何拉丁美洲和東亞新興國家會採取截然不同的發展策略？根據黑格（Stephen Haggard）的看法，其最主要的差別在於國家相對於社會的能力及自主性有所不同。東亞國家在從進口替代轉變為出口導向政策時，國內經濟、法律及機構變革扮演了一個極為重要的角色。新古典主義只著重國際經濟環境的有利因素，卻忽略了這些重要的國內因素。另一方面，依賴理論在應用到東亞地區的經貿發展亦有其侷限性。雖然多國籍企業與外資的剝削性經濟行為乃一不爭的事實，但是拉丁美洲國家國家機構本身相對國際及國內企業勢力微弱，無法抗拒來自社會的壓力，國家自主性相對降低。因此，就算和東亞新興國家處於同樣的有利於出口的環境，國家的政策仍必須以滿足社會特定利益團體需求為第一要務，而失去了經濟發展起飛的契機。[11]

10　Rueschemeyer, op., cit.

11　Stephan Haggard, *Pathways from the Periphery* (Ithaca: Cornell University Press, 1990), part 1; W.G. Huff, "The Developmental State, Government, and Singapore's Economic Development Since 1960," *World Development*, vol. 23, no. 8 (1995), pp.1421-38; Henry Rowen, "The Political and Social Foundations of the Rise of East Asia," in Henry Rowen, ed., *Behind East Asia Growth* (London, Routledge, 1998).

綜合以上所述，所謂東亞「發展性國家」的特性可以歸納為以下幾點[12]：

（1）一個團結而有效率的官僚體系。此一官僚體系或有悠久的傳統，或在巨大政經轉型後由科技官僚（technocrat）所主導，其特點是與社會主流勢力絕緣，能以理性的模式制定對外經貿政策，並避免所謂「尋租行為」（rent-seeking）的產生。在經貿政策制定上，官僚體系中有所謂的「先驅組織」（pilot organizations）來主導經貿政策制定以及執行。

（2）威權或權力集中型的政治體制。日本的自民黨長期執政，南韓與台灣在1990年代以前維持威權的政治體制，一方面增強國家政策工具的有效性，一方面也有力的壓制社會力量的勃興，為官僚體系遂行其政策提供了一個安定的政治環境。

（3）國家對經濟活動的強力干涉。傳統西方資本主義「管制性國家」（regulatory state）的概念被揚棄，取而代之的是類似重

---

[12] 強調國家機構在東亞發展的角色之著作汗牛充棟。較具代表性之著作有：Chalmers Johnson, *MITI and the Japanese Miracle* (Stanford: Stanford University Press, 1982); Thomas Gold, *State and Society in the Taiwan Miracle* (Armonk, NY: M.E. Sharpe, 1986); Cheng-tian Kuo, *Global Competitiveness and Industrial Growth in Taiwan and the Philipines* (Pittsburgh: University of Pittsburgh Press, 1995); Richard Samuels, *The Business of the Japanese State* (Ithaca: Cornell University Press, 1987); Yun-han Chu, "State Structure and Economic Adjustment of the East Asian Newly Industrializing Countries," *International Organization*, vol. 43, no. 4 (Autumn, 1989), pp. 647-72; Stephan Haggard, *Pathways from the Periphery* (Ithaca: Cornell University Press, 1990); Ziya Onis, "The Logic of Developmental State," *Comparative Politics*, vol.24, no.1 (October 1991), pp.109-126; Robert Wade, "Managing Trade: Taiwan and South Korea as Challenges to Economics and Political Science," *Comparative Politics*, vol.25, no.2 (January 1993), pp.147-65; Stephan Haggard and Euysung Kim, "The Sources of East Asia's Economic Growth," *Access Asia Review*, vol. 1, no. 1 (Summer 1997); Meredith Woo-Cumings, "The Political Economy of Growth in East Asia: A Perspective on the State, Market, and Ideology," in Masahiko Aoki, Hyung-Ki Kim, and Masahiro Okuno-Fujiwara eds., *The Role of Government in East Asia Economic Development* (Oxford, Clarendon Press, 1997).

商主義的強力干涉措施。國家可以訂定何種貨物可以進口，
何種貨物可以出口，設定出口目標及進口配額，提供出口退
稅措施以刺激出口，並挑選策略工業，扶植幼稚工業，以配
合國家總體發展目標。尤有進者，日本及韓國更以國家的力
量，重組或建構大型企業集團，重新型塑企業組織，以增進
經濟規模。

（4）國家影響力的幅度源於特殊的儒家文化傳統，而強有力的國
家機構也進一步型塑以發展爲主體的政治文化。學者們認爲
儒家文化中有關對權威的尊重、總體大於個人的觀念，以及
國家控制社會幅度的寬窄，都影響到了東亞發展性國家機構
相對於社會力量的膨脹。但是這種國家大於社會的現象，有
別於非洲「掠奪性國家」（predatory state）的體制，也非如
馬克思主義者所指出一個階級壓迫一個階級的工具[13]。透過
政治社會化的各種政策工具，東亞發展性國家加強了社會文
化中「公大於私」的價值體系，並以持續的經濟發展作爲永
續執政或是政權合法性的基礎。國家相對於社會的自主性必
需與國家與社會間共存的網絡聯繫合在一起分析，才可以了
解發展性國家的眞諦。[14]

　　有關東亞發展性國家研究途徑在近十年來逐漸受到學界的質疑[15]。論

---

[13] Robert Fatton, *Predatory Rule: State and Civil Society in Africa* (Boulder, Colorado: Lynne Rienner, 1992).

[14] 艾文斯（Peter Evans）指出發展性國家與社會並不完全分立。發展性國家提供完善的社會溝通管道，並以制度性的方式將此類聯繫與協商常規化，而發展性國家以各種方式主導或誘導國家與社會的互動。參見Peter Evans (1994), op., cit.; Peter Evans, *Embedded Autonomy: States and Industrial Transformation* (Princeton: Princeton University Press, 1995).

[15] Kent Calder認爲日本的官僚體系只是對社會需求作出被動性的反應，並非如Chalmers Johnson所言具有理性的主觀意圖。見Kent Calder, *Crisis and Compensation: Public Policy and Political Stability in Japan, 1949-1986* (Princeton, Princeton University Press, 1988) 及Kent Calder, *Strategic Capitalism: Private Business and Public Purpose*

者以爲，以日本的工業政策來涵蓋整個日本經濟發展，甚至其他東亞新興國家的發展，事實上係以偏概全。日本在其他政策領域，例如教育政策及農業政策，由於受到自民黨與利益團體互動的影響，國家相對於社會的自主性較低[16]。另外，日本通產省在1980年代起已逐漸以「行政指導」（administrative guidance）的方式來代替直接介入市場。所謂「工業政策」的高潮係指經濟起飛的初期而言，並不適用於經濟成熟期。1980年代末期以來全球民主化的浪潮席捲東亞，南韓與台灣民主化獲得突出的進展，日本自民黨長期執政的政治體制也逐漸瓦解。原先發展性國家理論的所謂「背景性因素」丕變。另一方面，日本長期高度經濟成長的神話也隨著「泡沫經濟」的產生而逐漸破滅，而南韓在1997年夏季開始的金融風暴中，充分暴露其政商勾結的負面效應。東亞發展性國家理論無論從國家自主性，或是從國家能力角度來看，都到了要重新檢討的時候。

發展性國家研究法在兩岸經貿關係上的應用

台灣在1980年代中期以來，民主化運動漸次開展，國家與社會互動模式起了根本的變化。與此同時，兩岸經貿交流自1987年以來長足飛躍，已成爲攸關台灣經濟成長最主要的因素之一。運用「發展性國家」的理論架構來研究台灣對大陸經貿政策的制定，一方面可以從國家與社會互動關係的變化，掌握台灣對大陸經貿政策制定的脈動；另一方面也可以藉此

in Japanese Industrial Finance (Princeton: Princeton University Press, 1993); 有關MITI與市場機制在1980年代之後的互動，見Daniel Okimoto, *Between MITI and the Market* (Stanford: Sanford University Press, 1989); 台灣從1960到1980年代政府在經濟發展過程中積極介入，是否對經濟自由化及市場機能造成戕害，見邢慕寰，「台灣經濟發展的經驗：正面與反面的教訓」，收於高希均，李誠編《台灣經驗再定位》（台北，天下文化，1995），pp. 3-61。

[16] Leonard Schoppa, *Education Reform in Japan: A Case of Immobilist Politics* (London: Routledge, 1991); David Friedman, *The Misunderstood Miracle* (Ithaca: Cornell University Press, 1988).

一案例分析，抽繹出「發展性國家」研究途逕的不足之處[17]。針對此一課題，必須先從兩個角度開始思考：第一，如何「操作化」發展性國家的理論概念，以應用於兩岸經貿關係；第二，如何掌握住台灣1980年代以降影響政經發展的「背景因素」，以修正發展性國家概念的應用性，進而由兩岸經貿關係的討論發展出分析台灣下一個世紀政經發展的理論架構。就第一點而言，從傳統發展性國家概念可得出以下幾個操作化的子課題：

（1）政治領導及官僚體系的團結程度、國家機構間的合作與衝突，以及決策過程；

（2）商業界對大陸經貿政策投入的方式、程度及效度。國家機構抗拒業界壓力的對策、議價過程及妥協結果；

（3）國家執行對大陸經貿政策的政策工具、執行效果、社會的因應對策及政策的演變；[18]

（4）國家影響社會對總體大陸政策及大陸經貿政策價值判斷的方式及效果。

就思考角度的第二點而言，民主化的衝擊實乃影響兩岸經貿政策制定的最主要背景因素[19]。台灣自1980年代以來的政治變遷改變了統治菁英彼

---

[17] 有關利用國家與社會互動關係分析台灣的大陸經貿政策，參見Tse-Kang Leng, *The Taiwan-China Connection: Democracy and Development Across the Taiwan Straits* (Boulder: Westview Press, 1996)；有關台灣內政與大陸政策的互動關係，參見 Steven Goldstein, "The Rest of the Story: The Impacts of Domestic Politics on Taiwan's Mainland Policy," *Harvard Studies on Taiwan: Papers of the Taiwan Studies Workshop*, no. 2 (1998).

[18] 有關前三個操作化課題的論證，參見Tse-Kang Leng, (1996), op., cit.

[19] 學界有關民主轉型有所謂「結構」以及「過程」兩種面向的分析。台灣特殊民主化的過程，實決定於朝野間各種不同型式的聯盟與衝突。有關民主化的過程面向分析，參見Herbert Kitschelt, "Political Regime Change: Structure and Process-Driven Explanations," *American Political Science Review*, vol.86, no.4 (December 1992), pp.1028-1034.; Samuel Huntington, *The Third Wave* (Norman: University of Oklahoma Press, 1991); Giuseppe Di Palma, *To Craft Democracies* (Berkeley: University of California Press, 1990); Adam Przeworski, *Democracy and the Market* (Cambridge: Cambridge University Press, 1991); Dob Chull Shin, "On the Third Wave of

此互動的政治生態，也促使社會力量勃興，進而影響到所謂由國家所主導的對外經貿政策制定模式。更重要的是，民主化重新界定了「政治」的意涵，以及民間社會對國家所掌控的「政策疆界」的認知的重新界定。就兩岸經貿政策而言，社會力量的釋放及國家力量的重新界定使得實質經貿關係呈現「雙軌制」的現象，亦即國家所能掌控的僅爲「合法」經貿往來的部分。很大一部分的經貿動力來自民間，而此一動力並非國家所能主導，甚至超出國家能力的管制範圍。將以上四點操作化課題爲經，民主轉型的過程爲緯，台灣自1987年以來的對大陸經貿政策的脈絡則可清楚浮現。試申述如下：

機構互動與大陸經貿政策

就傳統的發展性國家模式而言，其基本假定即爲官僚體系爲一具理性分析，且與政治鬥爭絕緣的整體。所謂「日本有限公司」（Japan, Inc）、南韓有限公司、台灣有限公司等說法於焉出現[20]。以台灣的例子而言，在經濟起飛期雖然處於強人的威權領導之下，但基本上採政經分離的方法推動對外經貿政策。在實際的作爲上，則有所謂「科技教父」，諸如尹仲容、李國鼎等人的出現。這些主要領導財經政策的人物充分獲得政治強人的信賴，主持一些先驅性機構的運作。此一時期的科技官僚和政治強人之間雖是以「主從關係」（patron-client）的形式出現，但基本上政治強人並不干涉經貿政策的實際運作，同時經貿政策也不完全是根據國家主流意識形態或是最高領導人個人意志而制定[21]。這群科技官僚首先和美國

Democratization," *World Politics*, vol. 47, no.1 (January, 1994), pp.135-170；田弘茂，朱雲漢等編，《鞏固第三波民主》，（台北：業強，1997a）及田弘茂，朱雲漢等編，《新興民主的機遇與挑戰》，（台北，業強，1997b）。

[20] John Creighton Campbell, "Democracy and Bureaucracy in Japan," in Takeshi Ishida and Ellis Krauss, eds., *Democracy in Japan* (Pittsburgh, Penn: University of Pittsburgh Press, 1989), pp.113-139；日本1990年代官僚體系的另一種面向分析，見C.S. Ahn, "Interministry Coordination in Japan's Foreign Policy Making," *Pacific Affairs*, vol. 71, no. 1 (Spring 1998), pp.41-60.

[21] Cheng Li and Lynn White, "Elite Transformation and Modern Change in Mainland China

顧問充分合作，1960年代中期之後則致力將台灣的經貿政策和有利於出口的國際環境接軌，在台灣逐漸孤立的外交環境中為政權的生存提供了源頭活水。此一威權統治下的菁英合作在1980年代末期開始逐漸解體。然而，這並不意味著威權時期台灣的統治菁英並無任何派系鬥爭的實際或潛在因子，而是這些因子在強人的權力光環下較為隱晦而不顯而已[22]。準此，1980年末以降的菁英分化，實有長期歷史與文化的因素。

　　台灣的民主化對官僚體系，尤其是大陸經貿政策制定的官僚體系，形成了有力的衝擊。此一衝擊可由兩個面向分析之。第一，民主化對「重大政治問題」定義的重新詮釋；第二，政治化或泛政治化對官僚機構合作與衝突的影響。

　　台灣特殊的民主轉型過程使得攸關台灣生存利益的重大議題，例如統獨問題、省籍問題及對大陸交往的方向與速度等問題浮上台面。此一轉型過程的特點是聯盟性、妥協性與工具性。民主化由政治強人蔣經國所發動，但真正的動力是在1990年國民黨內部分裂後開始逐漸形成的朝野聯盟模式。此一聯盟由國民黨的主流派與民進黨內較溫和的非急獨派系所組合，同時以1990年國是會議為開端，總統直選及老代表退職為紐帶，從1991年第一階段修憲起朝野開始一連串有關遊戲規則重新建立的過程。在此一過程中，民主成為目的，也是手段。民主化與自由化一方面成為削減國民黨內固有勢力的工具，也成為扶助民進黨內穩健勢力的手段。[23]此種

---

and Taiwan: Empirical Data and the Theory of Technocracy," *China Quarterly*, no.121 (March 1990), pp.1-35.

22　Nancy Bermeo認為民主轉型過程隱含不確定性，而此類不確定性埋下了國家與社會內部各種衝突的種子。Nancy Bermeo, "Myth of Moderation: Confrontation and Conflicts During Democratic Transition," *Comparative Politics*, vol. 29, no. 3 (April 1997), pp.305-22.

23　有關台灣民主轉型過程的詳細介紹，參見Yun-han Chu, *Crafting Democracy in Taiwan* (Taipei: INPR, 1992); Tse-Kang Leng, (1996), op., cit., Chapter 2; Hung-Mao Tien and Tun-Jen Cheng, "Crafting Democratic Institutions in Taiwan," *The China Journal*, Issue 37 (January, 1997), pp.1-27.

妥協性聯盟的形成，使得國民黨內部的開明派必須給予民進黨內持較激進獨立立場派系一些迴旋空間，於是在政策產出方面，在統獨議題上國民黨的主流派必須作出妥協，而改採較爲模糊的灰色立場。此一中間路線的統獨立場無可避免的在國民黨內部引起反彈，進而使統治菁英進一步分裂。

另一方面，原先隱而未顯的省籍問題也在民主化過程中浮現。李登輝總統在整個民主化進程中最大的優勢在於對民意的掌握，同時民眾的支持也成爲其最大的政治資源。而李登輝總統的本省籍身分不但對民眾形成一種支持台灣人當家做主的迷思，也在民進黨內部形成「李登輝情結」。省籍問題在「本土化」及「台灣優先」的政策下，不但成爲政治菁英甄拔的標準之一，也進一步成爲反對黨政爭的工具，而被泛政治化[24]。

因此，民主化這場社會重建工程對大陸政策制定的官僚體系造成了衝擊。首先，高層政治結構對政策的功能從威權時代由上而下維持穩定的「背景因素」，變成實際參與議題制定的「工具因素」。換句話說，政治體制的影響力從凝固官僚體系團結，變爲重組官僚體系的衝突與合作。其次，台灣經濟起飛期經濟官僚與政治紛爭的絕緣，以及專業官僚與政客分立的情況也被打破。而民主化所衍生出的省籍問題，以及對大陸政策採取中間路線等妥協議價後的折衝，都顯示在1990年代初期台灣對大陸政策制定官僚體系的紛爭上。而最高領導人直接介入實質的大陸經貿政策制定，也爲威權時期所無。

以1990年代初期海基會與陸委會的衝突爲例，政治上有關派系甚至省籍的衝突蔓延到官僚體系運作程序，泛政治化的考量影響到以能力甄拔爲主的官僚體系運作，而最後角力的獲勝與否取決於與政治核心的親近程度，而非全然是能力。另一方面，經濟專業官僚體系的考量因素與政治考

---

[24] 嚴格而言，台灣的省籍問題與所謂的「族群衝突」（ethnic conflicts）有本質上的不同。然而省籍問題與族群問題被政客利用的情形則有類似之處。族群問題在政治轉型中被政治化的過程及影響，參見Paul Brass, *Ethnic Groups and the State* (Totowa: Barnes and Noble, 1985), Chapter 2; Paul Brass, *Ethnicity and Nationalism: Theory and Comparison* (New Burry Pary, CA.: Sage, 1991).

量因素時有相左，而在絕大部分的情況下，經濟官僚必須服從於政治考量。因此，從海、陸兩會的大陸政策制定體系確立一直到1994年總統直選方案通過，海陸兩會的紛爭與國民黨內部分裂相始終。1994年陸委會與海基會人事交流後，陸委會協調各部會大陸經貿政策的角色才逐漸確立，但是一個小而有效率的專責對大陸經貿政策的「先驅性官僚機構」也未曾出現。官僚機關之間出現紛爭時，最高決策單位的介入決定了勝者與敗者，而政治的考量往往壓過經濟利益的分析。此類運作模式對發展性國家理論中的「理性官僚機構」論證，構成挑戰。

政商關係與兩岸經貿政策

台灣在威權時代以主從關係存在的政商關係也面臨了新的轉變[25]。論者以為，台灣在經濟起飛時期國家相對能抗拒業界利益，同時貫徹國家意志，實與特殊的政商互動結構有關。國民政府遷台之後的土地改革運動，雖有重新分配社會資源的政策意涵，但也瓦解了大企業與地主的聯繫。而國家機構藉著分配當時較稀少的資源及美援、限制較大型企業的興起及國營企業的掌控，逐漸獨占社會和經貿資源。而國家有意防止本土大企業興起，同時科技官僚也和本土企業家發展良好的關係，其用意都在確保國家對私有企業的掌控[26]。至於各種工商協會，主要只是國家宣導及溝通政令的工具，本身並未扮演壓力團體的角色。國民黨透過與地方派系的合作關係，一方面鞏固國民黨在地方的滲透力，另一方面也將參政權限制在地方層級。[27]

此一政經分離的模式在國民黨政權本土化之後為之丕變。就經濟層

---

[25] Karl Fields, *Enterprises and the State in Korea and Taiwan* (Ithaca: Cornell University Press, 1995), pp.1-28；政商關係的廣泛性理論介紹，見Sylvia Maxfield, Stephan Haggard, and Ben Ross Schneider, "Theories of Business and Business-State Relations," in Sylvia Maxfield and Ben Ross Schneider, eds, *Business and the State in Developing Countries* (Ithaca: Cornell University Press, 1997).

[26] Thomas Gold, op., cit.

[27] 陳明通，《派系政治與台灣政治變遷》，（台北：月旦，1995）

面而言，1980年代後期開放新銀行設立、股市狂飆、房地產高漲，都是促成企業集團化及大企業擴張化的動因。就政治層面而言，原本國民黨有意壓制本土大型企業的興起，是爲了保持其「外來政權」的宰制性。國民黨政權本土化之後，需要本土大型企業的合作及供輸，方能維持其永續執政的活力。而對本土政治菁英的拔擢，更加深了執政黨與本土企業勢力的聯繫，同時也使本土企業團體的政治參與從地方升級到中央。易言之，國家與商界的關係從威權時代的主從關係，轉換到民主時代的互賴合作關係[28]。

　　然而，縱使企業團體對內政發展有一定的影響力，對台灣的對外政策，包含大陸政策，是否也有積極的政策投入？就我國目前政策而言，對大陸經貿的管制措施其重點事實上是放在針對大型企業而言。有別於早期中小企業無視法規的限制，直接赴大陸投資，大型企業受政府法規架構之制約相對較大。其最主要的原因和台灣大型企業經營的重點有關。由於台灣大型企業經營重點乃是台灣的內銷市場，而非外銷市場，當考慮是否以違背當前法令規定赴大陸投資時，大型企業必須同時衡量對其本土產業的衝擊。再者，由於大型企業來自國內金融體系的資金比率較中小企業高，無形之間受到國家使用金融體系工具牽制的顧慮也相對提高。換句話說，當前台灣大型企業對管制措施的順服，並非出於國家法令的威嚇性，而是出於對總體經營成本的考量。

　　另一個台灣政商關係中較爲獨特的因素是國民黨黨營企業。透過龐大的黨營企業及其與私有企業的各種聯盟網絡，以國民黨爲執政黨的黨國體系得以擁有一維持其相對商界較高自主性的調節閥。龐大的黨營企業網絡不但提供重要的選戰資源，同時也是配合執政黨總體經濟政策的利器。在對大陸經貿政策而言，黨營事業儘管早已展開鋪路的工作，但仍不至於直接挑戰現行對大陸的經貿政策，因而在國家面對業界壓力時，產生一緩衝

28　台灣政商關係的持續與轉變，參見Yun-han Chu, op., cit.; Karl Fields, op., cit.; Cheng-tian Kuo, "Private Governance in Taiwan," in Steven Chan, Cal Clark, and Danny Lam, eds, *Byond the Developmental State* (New York: St. Martin's Press, 1998).

之作用。

　　此類特殊的關係也並不代表國家一定在政商互動中絕對占有優勢。相反的，對大陸的投資案爲新一輪的政商角逐啓了開端。王永慶自1990年代初期起的大陸投資案可爲一案例分析[29]。王氏早年與科技官僚保持良好關係，從政府的保護措施發展其龐大的企業集團。然則，隨著對大陸投資政策的開放，石化工業中下游廠商紛紛赴大陸投資，上游的台塑石化工業受到牽引，赴大陸設廠爲一經濟上有利的選擇。1990年台塑發布廈門海滄投資計畫。此一計畫受到大陸地方及中央特殊優惠待遇的支持，但是對台灣的大陸政策不啻是一直接的挑戰。台塑集團夾其對台灣總體經濟的影響力，面對台灣政府的壓力，以大陸方面史無前例的優惠作爲談判籌碼，提高議價的空間。自1990年至1992年間大陸經貿政策的熱點，儼然是兩岸政府對王永慶拉攏的角力戰。王氏最後在麥寮定案的「六輕」，其投產的資金較原先計畫大過三倍，而政府給予的稅賦減免及其他優惠亦屬空前。從六輕此一案例可以看出雖然大型企業受到國家政策制約較多，但是影響力較大的大型企業仍可遊走兩岸之間，抬高議價空間，而在本土獲得更多的利益。大企業的大陸投資案儼然具有甚強的工具效應。

　　大型企業雖有對國家施壓的能力，但制度化影響大陸經貿政策制定的管道仍未彰顯。就最高層的產業公會而言，對我國大陸經貿政策制定產生一定的壓力，但並未形成集體議價甚或類似統合主義的交換性互動過程。就工總、商總、工商協進會三個高層公會而言，工總對大陸經貿政策的投入較爲積極。除了每年以例行方式以集體形式訪問大陸，並以建言的方式對大陸政策提出意見外，在國家各機構對大陸經貿政策產生衝突時，亦以聲援方式與較支持開放的一方形成聯盟。此點在威權時代無出現可能。此外，雖然工總在投審會中無法對大陸投資案的審批發揮決定性的力量，但往往藉由公布和陸委會及經濟部截然不同的廠商調查結果，企圖由下而上形成草根性的壓力，以挑戰現行政策。

---

[29] 王永慶海滄案及其政經意涵，見Yun-han Chu, op., cit., p. 152; Tse-Kang Leng, (1996), op., cit., pp.93-97.

除了此類由下而上形成民意壓力的舉動外，透過與立法機關的連結來影響政策的情況並不普遍。雖然商界人士參與立法機關的選舉所在多有，但立法機關並無專責的大陸事務委員會存在。立法委員本身雖藉由聽證會或立委身分對大陸政策有所投入，但以集體身分爲某一特定產業遊說，進而影響國家政策的案例並不多見。

國家能力：台灣中小企業與大陸經貿政策

如前所述，東亞發展性國家的特性之一乃是國家積極介入市場，而國家藉由各種政策與法規工具，使得幼稚工業在國家羽翼之下得以成長，而國家也藉此達到官僚體系在理性層次上所希望獲致經濟發展目標。此類發展性國家的前提在於企業界對國家的順從，而國家對企業組織及結構的型塑有極大的影響力。日本及韓國的國家機構藉由與大型財團的核心——銀行體系的合作，以財政金融手段達成國家發展的特定目標，並與大型財團發展出一種特殊的合作關係。

然則，以台灣的案例而言，雖然較大型的財團在1980年代末期起逐漸出現，但與日韓比較而言，一方面此類財團規模遠遜，二方面此類財團結構並不如日韓嚴密如一社會組織，三方面台灣較大型企業並非以外銷爲主要目標。因此，類似韓國以國家力量積極介入，重組企業組織，擴大規模，以增進國際高科技競爭力的情形並未在台灣出現。

有關何種企業結構較能促進國際競爭力及適應力，已超出本文討論範圍。然而，自去年以來的東亞經濟動盪，凸顯了台灣特殊企業結構在國際的適應性。從單一案例推斷總體結論有失偏頗，但台灣以OEM/ODM爲主軸的中小企業結構，與國際市場趨勢充分結合，則爲不爭的事實。另一方面，從理論層次來看，從日本模式發展出來的「發展性國家」理論，到底是否適用於台灣以中小企業爲主軸的發展模式，值得重新檢討。[30]論者

---

[30] Cheng-Tian Kuo and Tzeng-Jia Tsai, "Differential Impact of the Exchange Crisis on Taiwan, Japan, and South Korea: A Political-Institutional Explanation," paper presented at the Second ASEAN-ISIS/IIR Dialogue, Taipei, October 1-2, 1998.

以為，台灣在經濟發展初期的各種獎勵投資條例，其門檻的限制使得大部分的小型企業都無法適用各種獎勵條例。[31]而台灣中小企業在資金及資源取得較少從金融體系下手，而是各自形成另一種獨特的以家族、社群為主的社會網絡，與政府政策並無直接關連。台灣的國家機構在經濟起飛期主要是創造一個不為特定社會利益團體壟斷的政治與社會環境，使中小型企業能以市場角度切入國際經濟體系，成為國際分工的一環，而不是成為國家與大企業聯合體系的附庸。準此，國家機構在以中小企業為外銷原動力的「台灣奇蹟」中到底扮演的是「系統維持者」的角色，還是「市場創造者」的角色，值得重新檢討。

大陸經貿政策雖有其特殊的屬性，但仍可視為我「對外」經貿政策之一環。而其政治性，更加強了國家以行政手段干預市場運作的企圖心。台灣對大陸的經貿投資雖然在近年有逐漸擴大規模的傾向，但基本上仍是以中小企業為主軸。許多在大陸較有規模的台資企業，其在台灣本土的「母廠」規模仍稱不上中型企業，甚至只能算是迷你型的小企業。因此，此類以中小型企業為骨幹的大陸經貿投資結構，和台灣總體對外貿易結構有符合之處。

若以法規貫徹性為國家能力的指標，則我國對大陸經貿政策的規範性明顯有所不足。長期以來，台海兩岸實際貿易額度都為難解之謎[32]。若純就香港海關轉口貿易額度而言，台灣對大陸的出口並無特別令人驚異之處。然而，若參照大陸的統計資料，再將非法的「直接」出口與經香港再轉口額度加總計算，則額度將會有加倍的成長。早期台灣官方公布對大陸貿易額度時，仍主要使用經香港的合法轉口貿易額度為依據。然而對大陸貿易額度的估算涉及外貿順差及經貿依賴度等重要指標的計算，因此近年來官方公布的數字已有所修正，但經台灣出口至香港再轉運至大陸的比例

---

31 于宗先，「中小企業」，載於高希均，李誠編，《台灣經驗四十年》（台北，天下文化，1993），pp.368-9。

32 針對兩岸經貿額度的估算，參見高長等，《兩岸三地間接貿易的實證分析》，（台北，行政院陸委會，1995）。

仍不易估算。就投資額度而言，若單就向經濟部報備的大陸投資案而言，其金額及件數都頗為有限。但若參考大陸統計資料，兩相比較，則台灣經第三地，但未向投審會報備，或是非法直接投資者將甚為可觀。台灣官方雖一再要求補登記，或寬限補登記時限，但成效仍屬有限。大陸資料雖可作為指標，但台商以港商名義間接投資大陸，大陸在計算投資母國時，歸類上時有誤差。因此若訪問大陸當地台商有關實際台商投資額度及家數，則所得的資訊較大陸官方數字猶大。

若以資金取得而言，台灣中小企業赴大陸投資所需之資金受到國家約束力量並不大。基本上中央銀行對外匯管制主要是針對程序及匯款人身分的審查，對廠商實質投資內容管束有限。再者，台灣中小企業往往可以透過非正式管道，尤其是民間的金融體系，籌措資金[33]。另一方面，雖然目前台商從大陸當地籌得資金比例僅有25%左右，但隨著大陸金融體系逐漸開放，外資銀行增多，台商在台灣政府掌控範圍以外籌得資金的管道相對增多。而中型的台資企業也開始在國際資本市場募集資金，尤其是在新加坡及香港。例如旺旺仙貝就在新加坡股票市場籌措了超過6,000萬美元的資金[34]。

就非財政手段而言，由於台灣視兩岸關係為有別於外交的特殊關係，因此在實際執行上是由半官方的海基會執行。然而，整個大陸工作體系與台商的互動關係與其說是「掌控」，充其量也只能算得上是「輔導」。台商在大陸上遭遇實際的困難時，會向台灣方面求助者不到10%。就台灣政府所積極推動的投資保障協定而言，大陸方面則只願意制定「台胞投資保護法」及「施行細則」，其目的是排除台灣官方的介入，而將台灣投資定位在國內的特殊形式投資，而由大陸的國內法律加以規範。至於「台商協會」的設立，大陸方面僅准許地方性的台商協會成立，不准全國串連式的

---

[33] 陳介玄，《協力網絡與生活結構：台灣中小企業的社會經濟分析》，（台北，聯經，1994），pp.75-107。

[34] Tse-Kang Leng, "Dynamics of Taiwan-Mainland China Economic Relations: The Role of Private Firms," *Asian Survey*, vol. 38, no.5 (May 1998), p.501.

台商協會的成立。大陸台辦系統多擔任各地方台辦的秘書長，掌控台商協會許多實際運作狀況。因此，和台商的投資地主國相比較，台商的母國政府所能掌控的幅度實屬有限。我國的「戒急用忍」政策對較大型企業或準備赴大陸投資，卻在猶疑階段的台商較有說服的力量。對已在大陸投產的台商而言，除了一般商業運作以外，最主要是和當地政府疏通關係，以及適應大陸發展中且變動不居的法規環境，而非台灣政府的管制性措施。

大陸經貿政策與社會價值體系的重新建構

以上三項操作化指標可以從官僚體系、政商互動及政策執行效果來探討國家能力及國家自主性。從此三個面向，衡諸過去十年來兩岸經貿交往實際情況，可以得出一個十分矛盾的圖像。亦即儘管國家機構有很強的企圖心積極介入市場運作，但社會卻發展出截然不同的交往策略。此類「雙軌制」的經貿交往現狀，有其背後深刻的社會價值體系意涵。此一社會價值體系的發軔起於民主化，雙軌制的兩岸經貿往來對其有推波助瀾之效，而此一社會價值體系又反饋影響到國家能力與國家自主性。

就整個台灣民主化的過程而言，從早期的威權政體解構過程，到1990年代開始的機構鞏固過程，其重點在朝野勢力的重整，及公民權利及公民自由的恢復。在法治建設方面則高層攸關政治組織的憲政架構有所更迭，但基層有關「法治」（rule of law）建設則尚未有堅實的基礎。易言之，台灣民主化對扭轉威權時代「法制」（rule by law）的結構下了不少工夫，但有關國家與個人的界限，亦即法律可滲透到各人生活的程度如何，界限何在，則尚處於起步階段。兩個主要原因造成此一特殊的社會及政治現象：第一，民主化初期的自由化過程中，反對黨利用法律邊緣或公然違反現行規範的方法，與執政黨既聯合又鬥爭，最後得到協商性的民主轉型，但也對國家法律的尊嚴性造成戕害；第二，高層憲政制度隨著朝野互動的轉變而迭有更動，甚難以憲政學理與他國實踐來驗證，而執行時權力因素大於根本大法的恆久性與尊嚴性，使得憲法的尊嚴無法落實到憲政的實際運作。此兩個結構性的因素，使得台灣民主化之後一般社會大眾對法規的認識從對權威的恐懼性，轉而為實際運作時的權宜性。此乃台灣民

主化的後遺症之一，也代表了機構建立及民主法治精神培養的過程。亦即「立」的過程，比「破」的過程還要艱辛，費時也更長[35]。

　　如前所述，大陸經貿政策本身就具有矛盾性。明明是官方往來，卻必需披上「非官方」的外衣；明明是「實質三通」，卻必需以間接的名義為之。我國政府出此下策，實有其政治及政策上的考量，有其不得已之處。有心或是不得不違背現行「合法」政策的廠商，在此類矛盾政策之下，反而獲得遊走的空間。國家機構對此類「非法」的商業活動一方面無有效管制對策，一方面實際處罰的案件也十分罕見，因此形成明顯的「上有政策，下有對策」的情況。甚至在政府「戒急用忍」政策出台後，一再強調此類政策目標在大型企業，意味在現行政策下，對中小企業赴大陸政策已無法可管，只得默認現狀。這種雙軌制的大陸經貿往來，加上自民主化以來對國家法律效力的輕忽，進一步加深了國家以法律手段制約社會行為的侷限性，並使得此類「雙軌制」的兩岸經貿往來更加常規化，形成一種惡性循環。

　　然而，國家機構仍試圖藉由間接的方式來影響社會對大陸政策及大陸經貿政策的態度。台灣在民主化之後，社會呈現多元，而對國家認同則產生分歧。國家機構採取的政策並非刻意整合社會價值觀，往統一方向邁進。國家所採取的政策是強調台灣的主體性及本土性，一方面可鞏固日益本土化的國民黨政權，並吸納反對黨的政見，另一方面也可爭取民意的籌碼，在面對中共促統的壓力下，有更多迴旋的空間。因此，從歷次民意調查結果中可以觀察出商界與一般大眾對於與大陸交往的方向及速度不盡相同[36]。換句話說，儘管國家機構對業界的實質拘束力有限，但對於民間大陸政策態度的形成仍有其影響力。民間所謂「台灣優先」民意的形成，與

---

35 有關民主化機構建立過程，見田弘茂與朱雲漢，op., cit.

36 工業總會不定時會對台資企業進行民意調查，而其結果與經濟部不盡相同。此外，陸委會也委託民意調查機構進行民意調查。從民意調查問卷內容及題目，不難發現行政單位的企圖心。請參考冷則剛，「從美國對南非的經貿管制探討我對大陸的經貿政策」，《中國大陸研究》，第41卷，第4期，（民國87年4月），p.33。

其說是多元社會自然互動的結果，不如從政權本土化的實際需求及與大陸折衝的角度來觀察。因此，儘管業界無視政府的禁令而與大陸積極交往，民間支持現行大陸政策的比例仍高。大陸政策開放近十年來，多數民意仍以支持現狀者居多，而國家機構也以此作為支持現有政策的礎石，其工具性的意義極為明顯。準此，國家機構對民意調查結果的解讀，本身也成為型塑民間對大陸政策態度的有力工具。國家機構從高政治議題的民意支持度支持低政治議題的審慎政策，在過去十多年間維持了兩岸經貿關係的雙軌制。由此觀之，國家對民眾與大陸交往的價值觀之重建仍有其影響力。

理論效用評述

　　前節介紹民主化使得「發展性國家」理論有關國家與社會互動產生變化，進而影響到國家自主性及國家能力。在威權時代，在社會利益順服的前提下，國家官僚體系動員國家資源，並依據市場規則及比較利益法則有效利用社會資源。在此一階段，研究國家機構內部官僚意志形成及執行過程，即為國家政策的核心。換一句話說，所謂「強國家，弱社會」的現象被當作國家從事出口導向政策的「前提因素」。社會的影響力只著重在政策產出的執行方面，亦即資源動員效率的良否。至於投入項方面，亦即何種社會資源應被動員，以及何種產業應成為國家保護下的「贏家」，則社會並無置喙餘地。此外，此一理論架構還隱含一個前提因素，亦即國家官僚體系的決策都是理性的，是功效取向的。

　　由於以國家為中心的研究途徑並不是「國家唯一論」的研究途徑，從國家和社會互動的角度對分析1990年代以降台灣的大陸政策制定仍有其效用。然而，發展性國家的許多假設及前提因素，必須加以修正，而社會力量的興起，尤其是研究的重點。社會力量的興起最主要的意涵有兩方面：第一，新的行動角色（actors）的產生。就大陸經貿政策而言，商界力量的勃興，使得國家在實質上被市場所牽引，而非主導市場動力。國家政策在某些程度而言，是在事後合法化業界的行為，而非規範經貿往來；第二，社會力量的興起使得「政治」的意涵重新被定義。台灣的大陸經貿政

策與總體大陸政策相始終，而大陸政策又與台灣的國家定位及前途息息相關。因此，大陸經貿政策很明顯的暴露於多元政治的影響，而與台灣內部的權力互動相連結。解釋台灣對大陸的經貿政策，無法將政治因素全然排除。而政治因素扭曲了國家對市場機制的運用及認知，甚至以工具化的角度來看待與大陸的經貿往來。然而，隨著台灣對大陸經貿依賴度的逐漸加強，此一工具性的政策反噬基本國家利益及國家安全，使得國家機構在面臨經貿利益與國家安全時更難取捨，而面對社會利益衝突時更難整合社會利益，因此在政策上出現遲滯及反覆的現象。由此觀之，內政與外交的連鎖為1990年代台灣對大陸經貿政策制定的一大特色[37]。

在台灣的威權時期，持續的經濟成長乃威權政府得以賡續的原動力，也是國民黨政權合法性的基礎；在政體轉型的1990年代，對大陸的經貿政策一方面反應了國家與社會對與大陸交往的矛盾性，一方面也被國家官僚機構利用作為與社會特定利益團體的連結。此一連結從經濟意義上而言，藉由逐步對大陸經貿投資政策開放，增加與業界互動的籌碼；從政治意義而言，藉由對大陸經貿投資的審慎政策，抗拒反對黨攻擊「急統」的壓力，以求取「西進」與「保台」的平衡點。因此，雖然1990年代國家機構以行政指令實際控制業界經貿往來的效果不如威權時代，但經貿政策仍具有其強烈的社會意涵。國家機構由大陸政策重新發展與社會的連結性，並以持續的經濟穩定協助鞏固現行對大陸經貿往來的有限開放。從此一角度觀之，國家相對於社會的能力與自主性並不源於政治與經濟的絕緣性，而是在多元社會中開發新的議題連結，以並存的方式形塑社會的主流意識。

從台灣對大陸經貿政策也促使吾人重新檢討中小企業與國家互動的

---

37 內政與外交連鎖及其理論相關議題，見Helen Milner, Interests, Institutions, and Information: Domestic Politics and International Relations (Princeton: Princeton University Press, 1997); Kal Raustiala, "Domestic Institutions and International Regulatory Cooperation," *World Politics*, vol.49, no.4 (July, 1997), pp.482-509; Kurt Taylor Gaubatz, "Democratic States and Commitment in International Relations," in Miles Kahler, ed., *Liberalization and Foreign Policy* (New York: Columbia University Press, 1997).

模式。有別於大型企業依附國家的主從關係發展，台灣的中小型企業儘管在威權時代也展現了豐沛的生命力。有別於日本及韓國的發展模式，台灣的中小型企業是外貿成長的尖兵，也是經濟起飛的源頭活水。憑藉著靈活的行銷策略及敏銳的市場嗅覺，台灣的中小企業在投資策略運用上極具彈性，同時也頗能衝破各種主客觀情勢的限制，創造台灣極驚人的外匯紀錄。四十年來的經濟發展，中小企業逐漸構成台灣中產階級的骨幹，並且成為「公民社會」（civil society）的中堅份子。在台灣民主化過程中，中小企業成為支持政治持續穩定的骨幹，但同時也有不少中小企業主轉而支持新興的反對力量。總而言之，台灣的中小企業既未在威權時代受執政當局積極扶持，其繁榮發展全憑一己之力，而在民主時代又形成中產階級的中堅，因此其商業及政治活動有明顯的自主性，反映開疆闢土的堅韌性格。此一堅韌性格在1990年代以後在開拓大陸市場上展露無疑[38]。由此可見，台灣以中小企業為主導的出口成長模式，是否能套用分析日、韓成長模式的分析架構，頗令人懷疑。而1990年代以後中小企業與大陸的經貿往來更突顯了中小企業「創造市場」的積極角色。

　　除了國內政治社會情勢發展促成企業角色的提升，國際體系的演變亦使國家與企業的關係此消彼長。「發展性國家」理論強調國內政治結構及國家與社會關係決定對外經貿政策走向。然而，冷戰對抗體系使得美國在提供東亞新興國家安全保障之餘，更提供了一個自由的國際經濟環境與廣大的市場。東亞新興國家若無此有利的國際環境，其出口導向策略是否還能成功值得懷疑。換句話說，國際市場規律對國家政策的牽引作用不容忽略。大陸改革開放及台灣的大陸政策鬆綁後，大陸市場逐漸替代美國市場，成為台灣最主要的出口地區[39]。台灣對國際出口的重心已從北美逐漸轉向中國大陸。然而，此時國家機構所採取的策略乃是對抗國際市場規律，而非擴張市場效率。若吾人肯定國際市場規律對台灣出口導向政策的

38　台灣中小企業主與兩岸政府談判議價過程，見Leng, (1998), op., cit.

39　目前美國、大陸、香港占我出口比率為24%, 18%, 23.5%. 其中香港部分很大比率又重新轉口至大陸，因此實際出口至大陸比率應高於美國。

牽引作用，則台灣在1990年代規範大陸經貿政策力不從心的原因並不全然是國家相對社會能力的衰弱，而是國際市場與台灣政治化的經貿政策間的衝突。由此檢討所謂東亞出口導向成長的模式，可得知此一模式成功的前提之一是國家的政策必須是順應國際市場的擴張政策，而非對抗政策。國家相對社會的能力與自主性再強，也無法逆勢而為。

在國際化及全球化的衝擊下，國家與企業的相對關係正面臨一個新的轉換期。冷戰結束後，國際體系面臨結構性的改變。科技更新、資金自由流動，以及知識的傳佈，使得市場與商品生產國際化。跨國企業與本土中小型企業共同競逐國際市場的結果，使得國家控制企業能力的減低，「商人無祖國」的現象於焉出現[40]。國家一方面盡力使企業「根留本土」，另一方面則企圖使更多的跨國企業前來投資。因此，國際化的結果使得企業界握有更多的籌碼和國家周旋，國家必須保持更敏銳的國際觸覺，方能與企業界彼此合作，共創商機。1980年代以前台灣企業國際化程度尚低，國際經貿情勢相對提供國家以保護政策促進外銷的環境。1990年代以降，國家機構一方面要扭轉大陸市場這個「致命的吸引力」，一方面要應付國際化程度日深，亦即在國家掌控範圍以外從事經貿活動的廠商，無怪乎捉襟見肘了。國際化與全球化加強了社會在經貿活動範疇中與國家機構角力的籌碼。此點在國際化程度尚低的1960年代與1970年代並未明顯出現。

然而，國家面臨國際化的衝擊，其功能究竟是萎縮還是維持原狀，在學界引起了熱烈的討論[41]。雖然有論者指出國家在經貿競爭的重要性正逐漸降低中，但也有學者認為國家並不因為資金及生產全球化而消失，而是

---

[40] Susan Strange, "States, Firms, and Diplomacy", *International Affairs*, vol.68, no.1 (January 1992), pp.1-15; Susan Strange, "The Defective State," *Daedlus*, vol.124, no.2 (Spring 1995), pp.55-74.

[41] William Keller and Louis Pauly, "Globalization at Bay," *Current History*, vol.96, no.613 (November, 1997), p. 372; Edward Graham, *Global Corporations and National Governments* (Washington DC: Institute of International Economics, 1996), Chapter 2; Dani Rodrik, *Has Globalization Gone Too Far?* (Washington D.C.: Institute of International Economics, 1997).

面臨功能的轉換。未來國際經貿競爭取決於科技更新的速度，但資本密集的高科技產業的投資並非單獨廠商所能負擔，必須仰賴國家提供人力資源的投資，資金的借貸，以及所謂的「國家基礎建設」的服務。再者，儘管科技更新較以往為快，但科技流通並不會突破國家的藩籬而自由轉移，重要科技研發仍有其「國籍性」。就算多國籍企業富可敵國，同時其發展的觸角也已擴及到全世界，但是多國籍企業的組織、文化、投資形態，仍深深受到母國固有社會及經濟組織的影響。因此，日本、德國、美國及台灣的對外投資行為即顯現不同的風貌。而各國不同的企業組織形態，與國家機構型塑國內社會價值與社會結構的努力息息相關[42]。雖然傳統重商主義有關國家掌控經貿活動，以維護國家利益的說法，正面臨挑戰，但國家在社會經貿中的地位正面臨轉型，而非逐漸消退。

就未來研究取向而言，可從以下三個層面分析：

（1）對台灣中小企業大陸投資的政經意涵的分析：前節已提及台灣出口成長的尖兵為中小企業，而中小企業的實際運作受國家機構制約實屬有限。對大陸投資的「雙軌制」更進一步加深了中小企業在台灣對外經貿拓展的特殊屬性。從某種意義來看，台灣與大陸的經貿往來已不僅僅是兩個政治實體之間的互動，而是兩岸政府如何掌握經貿交流的要角，亦即與中小企業之間的三角互動過程。目前吾人對台灣中小企業如何規避政府有關法令約束，及與大陸地方政府互動過程已有所了解，但對其社會意涵，尤其是對大陸地方政治及社會結構的影響，較少著墨。因此，未來研究面向可包括以下兩個重點：

(a)台商投資和大陸當地經濟發展如何結合？和當前大陸改革開放的重點項目，尤其是國企改革，如何產生互動？和當地鄉鎮企業、國營企業以及個體戶的互動為何？是否和地方政府官員、本土資本相結合成「鐵三角」，進而對大陸的政治社會，尤其是中央與地方的關係，產生影響？

---

[42] 冷則剛，(1998), op., cit., p. 38.

(b)台商的制度化協商管道，例如各地台商協會，其實際功能爲何？
台灣以公會力量協調或整合各地台商的功能爲何？台商是否形成
一強有力的壓力團體，迫使中共中央政府不致於輕易以政治理由
斷絕台商經貿與投資？抑或台商純以單打獨鬥方式與地方政府協
商，且完全依賴大陸政經體制而生存？

（2）國際化與全球化的衝擊：國際化對台灣是挑戰，也是契機。在全球
化的國際經貿關係中，國家機構一方面須調適與日益國際化而不受
本國法規限制的商界挑戰，一方面也必須積極創造國家競爭力，以
適應國際經貿環境的變化[43]。就大陸經貿政策而言，國家機構如何
藉由改善國內基礎建設與投資環境，吸引企業以國際分工的模式從
事大陸投資，實爲以積極意義規劃與大陸經貿合作的重點。由此可
見，台灣對大陸經貿投資已成爲台灣總體國際化策略之一環。國家
機構在規劃下一個世紀策略工業發展時，已經離不開中國大陸此一
廣大的市場以及潛在的競爭與合作夥伴。因此，國家機構如何平衡
國家安全與市場利益，並以國際化的總體規劃對抗社會對與大陸積
極經貿交往的不同意見，甚至新一代的「國際科技官僚」與權力
政客之間的折衝，將成爲新的研究課題。再者，在「聯盟資本主
義」[44]盛行的今日，國家如何扮演積極角色，促成包含台灣各型企
業與外商的國際策略聯盟，以進一步保障台灣對大陸的投資，亦將
成爲重要的研究課題。

（3）針對國家與社會關係的深度歷史研究：台灣的大陸經貿政策有其深
刻的歷史意涵[45]。就政策層面而言，台灣對大陸經貿政策出現官民

---

[43] Robert Keohane and Helen Milner eds., *Internationalization and Domestic Politics* (Cambridge: Cambridge University Press, 1996).

[44] John Dunning, *Alliance Capitalism and Global Business* (London, Routeldge, 1997); Jan Scholte, "Global Capitalism and the State," *International Affairs*, vol. 73, no. 3 (1997), pp.427-452.

[45] 林滿紅，「經貿與政治、文化認同——日本領台爲兩岸長程關係所投下的變數」，載於《中國歷史上的分與合學術研討會論文集》，（台北：聯經，民國84年）。

「雙軌制」的情形，及官僚體系決策系統協調等問題，源於民主化
之後民間勢力的勃興。若從長期宏觀角度來看，無論民間社會對
「公」與「私」範疇的界定，對國家在經濟角色的期待，或是對法
規及法治的態度，都有其歷史及文化的淵源。而這些文化及歷史上
的因素實為構成當今台灣對大陸經貿政策及全盤兩岸交往政策的主
要矛盾。要深入探討這些深層因素，除了從中國文化此一大傳統來
分析，還必須從清領時期以來台灣社會與國家互動這個小傳統來解
讀[46]。台灣獨特的移民社會、特殊的地理位置、反抗政權的傳統、
商人與政治的關連及日本對台灣近半個世紀的經濟建設與政治社會
化過程，使得台灣與中國文化的紐帶變得極為複雜。1940年代至
1980年代的動員戡亂體制暫時壓制了台灣獨特文化的發展，但並未
使其泯滅。威權體制解構後，新台灣文化與共產洗禮之後的中華文
化開始重新接觸，本土化與民主化成為對抗北京一國兩制的重要工
具，而台灣特殊政治文化的獨特性也隨之突顯。因此，若要深入探
討國家與社會互動對兩岸關係的影響，吾人必須將視野擴大，從歷
史比較角度重新檢討主導兩岸關係的文化因素，以及這些文化因素
對國家機構與社會互動的影響。

結　論

本文首先從「國家研究途徑」的理論淵源開始，介紹1980年代以來
國家與社會關係在政治經濟學上的應用。國家研究途徑的特色在於強調國
家相對於社會能力與自主性的重要，並掌握在歷史重要轉捩點上國家發展
與政策制定的常與變。從此一理論架構出發，以出口導向促進經濟成長的
東亞「發展性國家」有以下幾個特性：第一，一個團結而有效率的官僚體
系；第二，威權或權力集中的政治體制；第三，國家對經濟活動的強力干

---

[46] John Shepherd, *Statecraft and Political Economy on the Taiwan Frontier, 1600-1800* (Stanford: Stanford University Press, 1993).

涉；第四，國家影響力的幅度源於特殊的儒家文化傳統。然而，此一理論架構，在分析台灣對大陸經貿政策時則有窒礙難行之處。台灣對大陸經貿政策與民主化同步開展，社會與國家關係丕變，原有理論架構有必要重新加以修正。

民主化使得原先「政經分離」的官僚體系產生變化，科技官僚不再全盤掌握對大陸經貿政策的制定，高度政治化的考量代替了純理性的經濟分析。再者，原先在威權時代隱而未顯的省籍或派系因素，也在民主化之後的大陸政策官僚體系的運作產生了一定的作用。另一方面，隨著政權的日益本土化，商界也透過各種管道影響到政策的運作。台灣大型企業受到內銷產業影響，面對政府對大陸投資的限制，必須以整體企業利益考量，但是具影響力的大型企業仍可利用大陸投資案作為與政府議價的籌碼。公會雖無直接政策投入，但亦可發動由下而上的草根性壓力，向政府大陸經貿政策挑戰。就中小企業而言，管制措施成效極為有限。中小企業有獨特的資金募集與國際化運作管道，往往無視國家的禁令，而成為國家管制範圍之外實際促進兩岸經貿的原動力。因此，在兩岸經貿交流上，國家與商界的互動不再似威權時代以主從關係存在，而是彼此共榮共存，既聯合又鬥爭。最後，台灣特殊朝野協商型民主化的過程，以及在其過程中對法規的權宜運用，使得社會法治精神未能充分得以建立與培養，而官民「雙軌制」的大陸經貿政策，更使得「上有政策、下有對策」的特殊政治文化興起，對國家利用法律滲透與節制社會的功能大打折扣。另一方面，對大陸較為審慎的經貿政策，本身也成為強調台灣自主性及與反統勢力妥協的連結工具。國家機構也利用民意支持現狀的心態，作為持續現有對大陸政經政策的礎石。國家機構藉由審慎的大陸經貿政策凝聚社會價值的努力仍不可忽視。

從台灣對大陸經貿政策的制定，可以得知傳統有關「發展性國家」的分析架構有所不足之處。民主化使得新的政策行為者興起，對「政治」的意涵重新定義，同時也使內政與對外政策的連鎖進一步加強。然則，台灣在民主化之後新的國家與社會互動關係的形成，仍有其長期的歷史及文化因素。要把握現有的「變」，必須重新檢討歷史的「常」，才能充分掌握

國家與社會相互關係的脈動。另一方面，從以中小企業爲主幹的兩岸經貿關係也促使吾人對台灣中小企業的社會結構、國際網絡以及與國家的關係重新檢討。此一經濟發展的動力形成「台灣經驗」的中堅，同時在此次金融危機中又證明了其堅強的韌性。中小企業如何與兩岸政府進一步折衝，同時和大型企業配合，與國際跨國企業形成策略聯盟重新進軍大陸市場，將爲未來重要研究的課題。

就政策意涵而言，面對社會興起與國際化衝擊的雙重壓力，國家在政策制定上的角色面臨轉型，但非消退。面對企業國際化對大陸經貿政策的衝擊，傳統以國內法律制約企業行爲的作法勢必無法行之有效，唯有以更積極的經貿國際化的總體規劃因應。此類國際化的積極作法應包括促使台商與國際廠商結盟，以台灣獨特的國際行銷及市場嫻熟度作爲國際突破的尖兵，以全球分工的方式保障經濟安全。國家機構對市場機構的介入及誘導似應從此一角度切入。與大陸經貿往來無可避免政治因素的干預，但國家以國家安全考量介入商業運作時，仍不宜過分偏離市場機制，不然必定形成輕忽玩法，官民雙軌的異象。另一方面，我國目前較審慎的大陸經貿政策實爲國內多元政治激盪之下的結果，而非少數領導人士可片面決定。國家機構雖負有整合民意之責，但面對台灣目前轉型期的文化變遷與選舉壓力，國家機構反應民意的成分多，主導的能力相對較弱。此一社會多元化下的政策產出應充分與海峽對岸溝通，促使其更深刻了解台灣在國家與社會互動下的兩岸政策與對策。多元民主社會民意的凝聚需要較長期的激盪，若一昧以時間壓力迫使台灣就範，社會的反作用力亦更強，同時也將爲兩岸關係良性發展投入更多變數。此類現象並非我方刻意拖延，而是客觀事實使然。透過多方的溝通管道加強大陸對台灣社會力量的了解，實乃當務之急。

參考書目

中文書目

于宗先，1993，「中小企業」，載於高希均，李誠編，《台灣經驗四十年》，台北：天下文化。

田弘茂，朱雲漢等編，1997，《新興民主的機遇與挑戰》，台北：業強。

田弘茂，朱雲漢等編，1997，《鞏固第三波民主》，台北：業強。

冷則剛，1998，「從美國對南非的經貿管制探討我對大陸的經貿政策」，《中國大陸研究》41(4): 17-38。

邢慕寰，1995，「台灣經濟發展的經驗：正面與反面的教訓」，載於高希均，李誠編，《台灣經驗再定位》，台北：天下文化。

林滿紅，1995，「經貿與政治、文化認同——日本領台為兩岸長程關係所投下的變數」，載於《中國歷史上的分與合學術研討會論文集》，台北：聯經。

時和興，1996，《關係、限度、制度：政治發展過程中的國家與社會》，北京：北京大學出版社。

高長等，1995，《兩岸三地間接貿易的實證分析》，台北：行政院陸委會。

陳介玄，1994，《協力網絡與生活結構：台灣中小企業的社會經濟分析》，台北：聯經。

陳明通，1995，《派系政治與台灣政治變遷》，台北：月旦。

外文書目

Ahn, C.S. 1998. "Interministry Coordination in Japan's Foreign Policy Making," *Pacific Affairs* 71(1): 41-60.

Bermeo, Nancy. 1997. "Myth of Moderation: Confrontation and Conflicts During Democratic Transition." *Comparative Politics* 29(3): 305-22.

Brass, Paul. 1985. *Ethnic Groups and the State*. Totowa: Barnes and Noble.

Brass, Paul. 1991. Ethnicity and Nationalism: *Theory and Comparison.* New Burry Pary, CA.: Sage.

Calder, Kent. 1988. *Crisis and Compensation: Public Policy and Political*

Stability in Japan, 1949-1986. Princeton: Princeton University Press.

Calder, Kent. 1993. *Strategic Capitalism: Private Business and Public Purpose in Japanese Industrial Finance*. Princeton: Princeton University Press.

Campbell, John Creighton. 1989. "Democracy and Bureaucracy in Japan." In Takeshi Ishida and Ellis Krauss, eds., *Democracy in Japan. Pittsburth*, Penn: University of Pittsburgh Press.

Chu, Yun-han. 1989. "State Structure and Economic Adjustment of the East Asian Newly Industrializing Countries," *International Organization* 43(4): 647-72.

Chu, Yun-han. 1992. *Crafting Democracy in Taiwan*. Taipei: INPR.

Doner, Richard 1992. "Limits of State Strength: Toward an Institutionalist View of Economic Development," *World Politics* 44(3): 398-431.

Dunning, John. 1997. *Alliance Capitalism and Global Business*. London, Routeldge.

Evans, Peter. 1994. "Predatory, Development, and Other Apparatuses: A Comparative Political Economy Perspective of the Third World State." In Douglas Kincaid and Alejandro Portes, eds., *Comparative National Development*. Chapel Hill: University of North Carolina Press.

Evans, Peter. 1995. *Embedded Autonomy: States and Industrial Transformation*. New Jersey: Princeton University Press.

Evans, Peter, Dietrich Rueschemeyer and Theda Skocpol, 1985. *Bringing the State Back in*. Cambridge, Cambridge University Press.

Fatton, Robert. 1992. *Predatory Rule: State and Civil Society in Africa*. Boulder, Colo.: Lynne Rienner.

Fields, Karl. 1995. *Enterprises and the State in Korea and Taiwan*. Ithaca: Cornell University Press.

Friedman, David. 1988. *The Misunderstood Miracle*. Ithaca: Cornell University Press.

Gaubatz, Kurt Taylor. 1997. "Democratic States and Commitment in International Relations." Jn Miles Kahler, ed., *Liberalization and Foreign Policy*. New York: Columbia University Press.

Gold, Thomas. 1986. *State and Society in the Taiwan Miracle*. Armonk, NY: M.E. Sharpe.

Goldstein, Steven. 1998. "The Rest of the Story: The Impacts of Domestic Politics on Taiwan's Mainland Policy," *Harvard Studies on Taiwan: Papers of the Taiwan Studies Workshop*.

Gourevitch, Peter. 1986. *Politics in Hard Times*. Ithaca: Cornell University Press.

Gourevitch, Peter. 1993. "Democracy and Economic Policy: Elective Affinities and Circumstantial Conjunctures." *World Development* 21(8): 1271-80.

Graham, Edward. 1996. *Global Corporations and National Governments*. Washington DC: Institute of International Economics.

Haggard, Stephan, and Euysung Kim. 1997. "The Sources of East Asia's Economic Growth", *Access Asia Review* 1(1): 31-65.

Haggard, Stephan. 1990. *Pathways from the Periphery*. Ithaca: Cornell University Press.

Huff, W.G. 1995. "The Developmental State, Government, and Singapore's Economic Development Since 1960." *World Development* 23(8): 1421-38.

Huntington, Samuel. 1991. *The Third Wave*. Norman: University of Oklahoma Press.

Ikenberry, John, David Lake, and Michael Mastanduno, 1988. *The State and American Foreign Economic Policy*. Ithaca: Cornell University Press.

Johnson, Chalmers. 1982. *MITI and the Japanese Miracle*. Stanford: Stanford University Press.

Keller, William, and Louis Pauly. 1997. "Globalization at Bay." *Current History* 96(613): 370-376.

Keohane, Robert, and Helen Milner, eds. 1996. *Internationalization and Domestic Politics*. Cambridge: Cambridge University Press.

Kitschelt, Herbert. 1992. "Political Regime Change: Structure and Process-Driven Explanations," *American Political Science Review* 86(4): 1028-1034.

Koelble, Thomas. 1995. "The New Institutionalism in Political Science." *Comparative Politics* 27(2): 231-243.

Kohli, Atul, and Vivienne Shue. 1993. "State Power and Social Forces: on Political Contention and Accommodation in the Third World." In Joel Migdal, Atul Kohli and Vivienne Shue eds., *State Power and Social Forces: Domination and Transformation in the Third World*. Cambridge: Cambridge University Press.

Krasner, Stephen 1984. "Approaches to the State: Alternative Conceptions and Historical Dynamics." *Comparative Politics* 16(2): 223-46.

Krasner, Stephen. 1976. "State Power and the Structure of International Trade." *World Politics* 28(3): 317-347.

Kuo, Cheng-tian. 1995. *Global Competitiveness and Industrial Growth in Taiwan and the Philipines*. Pittsburgh: University of Pittsburgh Press.

Kuo, Cheng-tian. 1998. "Private Governance in Taiwan." In Steven Chan, Cal Clark, and Danny Lam, eds, *Byond the Developmental State*. New York: St. Martin's Press.

Kuo, Cheng-Tian and Tzeng-Jia Tsai. 1998. "Differential Impact of the Exchange Crisis on Taiwan, Japan, and South Korea: A Political-Institutional Explanation." Paper presented at the Second ASEAN-ISIS/IIR Dialogue, Taipei.

Leng, Tse-Kang. 1996. *The Taiwan-China Connection: Democracy and Development Across the Taiwan Straits*. Boulder, Colo.: Westview Press.

Leng, Tse-Kang. 1998. "Dynamics of Taiwan-Mainland China Economic Relations: The Role of Private Firms," *Asian Survey* 38(5): 494-509.

Li, Cheng, and Lynn White. 1990. "Elite Transformation and Modern Change in Mainland China and Taiwan: Empirical Data and the Theory of Technocracy." *China Quarterly* 121: 1-35.

March, James, and Johan Olsen, 1989. *Rediscovering Institutions*. New York: Free Press.

Maxfield, Sylvia, Stephan Haggard, and Ben Ross Schneider. 1997. "Theories of Business and Business-State Relations." In Sylvia Maxfield and Ben Ross Schneider eds, *Business and the State in Developing Countries*. Ithaca: Cornell University Press.

Migdal, Joel. 1988. *Strong Societies and Weak States*. Princeton: Princeton University Press.

Milner, Helen. 1997. *Interests, Institutions, and Information: Domestic Politics and International Relations*. Princeton: Princeton University Press.

Mitchell, Timothy. 1997. "The Limits of the State." *American Political Science Review* 85(1): 77-96.

O'Donnell, Guillermo. 1993. "On the State, Democratization and Some Conceptual Problems." *World Development* 21(8): 1355-69.

Okimoto, Daniel. 1989. *Between MITI and the Market.* Stanford: Sanford University Press.

Onis, Ziya. 1991. "The Logic of Developmental State." *Comparative Politics* 24(1): 109-126.

Palma, Giuseppe Di. 1990. *To Craft Democracies*. Berkeley: University of California Press.

Przeworski, Adam. 1991. *Democracy and the Market*. Cambridge: Cambridge University Press.

Raustiala, Kal. 1997. "Domestic Institutions and International Regulatory Cooperation." *World Politics* 49(4): 482-509.

Remmer, Karen 1997. "Theoretical Decay and Theoretical Development: The Resurgence of Institutional Analysis." *World Politics* 50(1): 34-61.

Rockman, Bert. 1990. "Minding the State-or A State of Mind? Issues in the Comparative Conceptualization of the State." *Comparative Political Studies* 23(1): 25-55.

Rodrik, Dani. 1997. *Has Globalization Gone Too Far?* Washington D.C.: Institute of International Economics.

Rowen, Henry. 1998. "The Political and Social Foundations of the Rise of East Asia." In Henry Rowen, ed., *Behind East Asia Growth*. London: Routledge.

Rueschemeyer, Dietrich, Stephens Huber Evelyne and John Stephens, 1992. *Capitalist Development and Democracy*. Chicago: University of Chicago Press.

Samuels, Richard. 1987. *The Business of the Japanese State*. Ithaca, Cornell

未referenced

University Press.

Scholte, Jan. 1997. "Global Capitalism and the State." *International Affairs* 73(3): 427-452.

Schoppa, Leonard. 1991. *Education Reform in Japan: A Case of Immobilist Politics*. London: Routledge.

Selznick, Philip. 1996. "Institutionalism Old and New." *Administrative Science Quarterly* 41(2): 270-277.

Shepherd, John. 1993. *Statecraft and Political Economy on the Taiwan Frontier, 1600-1800*. Stanford: Stanford University Press.

Shin, Dob Chull. 1994. "On the Third Wave of Democratization." *World Politics*. 47(1): 135-170.

Skocpol, Theda. 1979. *States and Social Revolution*. Cambridge: Cambridge University Press.

Steinmo, Thelen, and F. Longstreth. eds. 1992. *Structuring Politics: Historical Institutionalism in Comparative Analysis*. Cambridge: Cambridge University Press.

Stepan, Alfred. 1978. *The State and Society: Peru in Comparative Perspective*. Princeton: Princeton University Press.

Stepan, Alfred. 1988. *Rethinking Military Politics*. Princeton: Princeton University Press.

Strange, Susan. 1992. "States, Firms, and Diplomacy." *International Affairs* 68(1): 1-15.

Strange, Susan. 1995. "The Defective State." *Daedlus* 124(2): 55-74.

Tien, Hung-Mao, and Tun-Jen Cheng. 1997. "Crafting Democratic Institutions in Taiwan." *The China Journal* 37: 1-27.

Wade, Robert. 1993. "Managing Trade: Taiwan and South Korea as Challenges to Economics and Political Science." *Comparative Politics* 25(2): 147-65.

Woo-Cumings, Meredith. 1997. "The Political Economy of Growth in East Asia: A Perspective on the State, Market, and Ideology." In Masahiko Aoki, Hyung-Ki Kim, and Masahiro Okuno-Fujiwara, eds., *The Role of Government in East Asia Economic Development*. Oxford: Clarendon Press.

第七章

芝麻！開門
心理分析引領兩岸政策研究進入新境界

石之瑜

　　古之善用天下者，必量天下之權而揣諸侯之情。量權不審，不知強弱輕重之稱。揣情不審，不知隱匿變化之動靜。何謂量權？曰：度於大小，謀於眾寡；稱貨財有無之數；料人民多少，饒乏、有餘、不足幾何；辨地形之險易，孰利孰害；謀慮孰長孰短；揆君臣之親疏，孰賢孰不肖；與賓客之智慧，孰少孰多；觀天時之禍福，孰吉孰凶；諸侯之交，孰用孰不用；百姓之心，去就變化，孰安孰危，孰好孰憎，反側孰辨。能知此者，可謂量權⋯⋯揣情者，必以其甚喜之時，往而及其欲也，其有欲也，不能隱其情；必以其甚懼之時，往而及其惡也，其有惡也，不能隱其情：情欲必出其變。

〈揣〉，《鬼谷子》

　　世事一場大夢，人生幾度新涼。

蘇軾，〈西江月〉

心理分析的時代意義

　　早幾年推動所謂行為社會科學的目的，就是要讓人們能在不必認識研究對象的情況下，了解他們，而且比他們自己更了解他們。所以，研究者不能使用研究對象所熟悉的語言，否則就會受到研究對象所影響，無法

進行客觀的分析[1]。如此一來，研究對象的心理狀態，就只能視爲是一個「黑箱」，成爲社會科學家應該迴避的聖地。繼起的後行爲學派重新重視「價值」作爲一個分析概念，但接著就又被新制度學派迴避黑箱的研究議程取代。直到90年代，人們從冷戰的陰影中甦醒，驚覺於社會科學家筆下的體系、結構、理性是如此的虛僞與殘酷[2]，致各種後實證學派的支流風起雲湧，不再承認研究者能與研究對象之間存在客觀區隔，並指陳研究者只是利用研究對象在複製特定的認同、價值、利益。人們開始大規模地對黑箱直接攻尖，甚至連黑箱這個概念，也都可以視爲是政治的產物。兩岸關係研究的丕變，也就是在這個時代發生。

有趣的是，兩岸之間走的研究路線，又未必是順應後實證主義的大潮流，這與我們所處的歷史背景息息相關。兩岸之間的內戰情境，與美、蘇兩大超強的對峙最大的差別，在於美、蘇領導集團之間，沒有切膚的仇恨，他們進行的折衝是一場不折不扣的觀念戰[3]。俟後冷戰結束，人們立刻發現，俄國人和美國人一樣有喜怒哀樂，爲生活汲汲營營。所不同者，效勞於統治階級之制度與意識形態而已，凡此皆觀念的建構。於是知識界針對冷戰學術產生逆反心態，嚴重影響到以客觀中立爲號召的知識論。相形之下，兩岸政治勢力逐鹿中原，是由早期國共間仇恨的情感所交織成，不需要什麼觀念上的說明就理直氣壯地把對方界定爲死敵[4]，理論觀念的建構往往只是作爲託辭。當台灣進入到後冷戰時期，要脫離舊制的時候，反而是需要借用客觀中立的知識論，來擺脫情感導向的思惟。這是台灣因應後冷戰學術潮流時，之所以表現成與後實證路線相反的原因。

1　Lakatos, I., "Falsification and the Methodology of Scientific Research Programs," in I. Lkatos and A. Musgrave (eds.), *Criticism and the Growth of Knowledge* (Cambridge: Cambridge University Press, 1970).

2　Harding, Sandra, *Whose Science? Whose Knowledge: Thinking from Women's Lives* (Ithica: Cornell University Press, 1991).

3　Cottam, Martha L., *Images & Intervention: U.S. Policies in Latin America* (Pittsburgh: University of Pittsburgh Press, 1994).

4　周陽山，1991，「台灣『大陸學』研究之回顧與展望」，發表於《兩岸關係四十年演變的回顧與前瞻》研討會，台北，民80年5月26日。

結果,本來不迴避「黑箱」的台灣研究者,到90年代面對大陸時,為了要脫離內戰的歷史脈絡,力圖從心態上疏離自己原先對大陸的感覺,以便能在研究時與研究對象保持距離,達到古典社會科學知識論的要求。[5] 這個要求不僅將大陸變成以地理疆域為範圍的一個客觀研究對象,也使前一代台灣的大陸研究者,因講求與共黨的共同生活、歷史經驗[6],其研究反而遭質疑為不夠深入[7]。但問題在於,兩岸政治關係的發展,始終圍繞著「一個中國」的原則或政策打轉,此一原則等於否定台灣研究者外在於中國的觀察位置,讓好不容易引進社會科學研究方法的台灣,進退失據。有的因此主張不拘泥於社會科學的規格,頻繁地與大陸學界、政界接觸,以求親身體會其決策過程[8];也有的力求拉開距離,跳脫框架,而全力維繫與西方實證主義學界的關聯,以能追求作為科學家所不可或缺的普遍性理論貢獻[9]。

在這兩種傾向之間掙扎的大多數學者,可以依照情境來決定自己的知識論:吾人在與大陸進行交流、與友朋縱論大陸情勢或與官方提供政策建議的時候,大方地儘量呈現一己之所見所聞,引領不知情者感受大陸;但我們在發表學術論文或課堂講授時,則嚴守社會科學的分際,以數據、歸類、結構、方法為論述重點。有時在場的人背景複雜,關切各異,則兩種

---

[5] 石之瑜,《中國文化與中國的民》(台北:風雲論壇,民86年),頁57-82。

[6] Kuo, Tai-Chun and Ramon H. Myers, *Understanding Communist China: Communist China Studies in the United States and the Republic of China, 1949-1978* (Stanford: Hoover Institution, 1986).

[7] 吳玉山、林文程、江水平,《後鄧時期對大陸及台灣的震盪》(台北:國家發展研究文教基金會,民84年)。

[8] 楊開煌,「村自治訪談紀要」《中國大陸研究教學通訊》第9期(民84年)頁5-8、1994,「在大陸從事經驗研究之經驗」《中國大陸研究教學通訊》第1期(民83年)頁6-9。以及葉明德,「到大陸研究訪談的一些心得」《中國大陸研究教學通訊》第1期(民83年)頁9-10。

[9] 吳玉山,「中國大陸研究與比較政治」《中國大陸教學通訊》第1期(民83年)頁4-6。

語言左支右絀之情事，並不罕見，這在理論界已爲人點出[10]。當今大陸研究的開展，亟須爲研究者在心中搭建一座橋樑，使得打破客觀與建立客觀這兩種知識論取向，能相互爲用，使得兩岸之間的情感共通性與社會科學的方法論，可以彼此支應。[11]但此一思路，對社會科學家與後實證論者而言，恐怕多少有些離經叛道，或可自詡爲台灣特色的中國研究。

作爲一項研究途徑，心理分析的意義在這兒就顯得特別凸出。心理學是人文社會科學當中受到自然科學支持最多，採用實驗研究法最頻繁的學科。但另一方面，它所研究的黑箱內容也容易受到科學界的質疑[12]。故心理學界本身諸多關於研究議程設定的對話之一，可以說是黑箱內外的對話，與台灣大陸學界的自我對話雷同。假如我們對大陸對台政策的理解，可以游移於大陸內外，進出中共決策之人心，就可以免於重蹈實證主義與後實證主義之爭鬥，既把大陸當成外在研究對象，又把大陸當成內於己的主體成分[13]。此何以引進心理分析對於了解兩岸政策，與吾人的自我剖析，均裨益匪淺。只是，由心理學出發到達中共政策研究的路途漫漫，中國研究中涉獵心理分析的爲數原已不多，遑論研究兩岸關係與中共對台政策的人了。

從心理學到政治學

心理學有各種次領域，學界也發展了許多概念和諸多環繞這些概念的理論，只是這些概念與理論之間的關係並不是截然兩分的。當它們經由引介進入政治學領域後，彼此之間的關係更是難以釐清，造成有時候人們用

---

10 黃旻華，《國際關係批判理論的重建與評論：科學實存論的觀點》（民87年），國立中山大學政治學研究所碩士論文。

11 石之瑜，《大陸問題研究》（台北：三民，民84年）。

12 Hook S. *Psychoanalysis, Scientific Method and Philosophy* (New York: New York University Press, 1959); James, William, *Principles of Psychology* (New York: Holt, 1890)

13 石之瑜，《中國大陸的國家與社會》（台北：五南，民83年）。

兩個不同的概念，卻提出許多看似重複的分析。這時如果人們要對政治心理學的研究發展進行認識，就受到限制，難以系統化。但要是對於這個政治心理學發展的背景略而不談，將看不清心理學對中國研究的影響脈絡，也對爾後規劃兩岸關係與大陸對台政策的心理分析，造成一定的制約。基於政治心理學分析途徑與議題的不可化約性，與不經化約卻又難以介紹的矛盾，以下將大致從政治心理學發展的時間點為依據來鋪陳，並特別重視各個研究是屬於黑箱內或黑箱外的範疇。

　　心理學受到政治學家的青睞，歸功於納粹的興起與二次世界大戰的爆發[14]。從當時開始一直到今天，政治人格的研究，始終是心理學家不能忘情的課題。後來在中國政治研究中廣泛受到閱讀的權威人格研究，就是在當時開展的。權威人格研究運用了精神分析的邏輯，相當程度仰賴對於領袖幼年成長資料的蒐集。由於1930年代法西斯在歐洲迅速崛起，人們也研究社會集體的權威人格，以致於家庭育兒模式成為關注。國民性格的著作紛紛出版，研究對象遍及各國[15]。權威人格與國民性的研究前提，是認為權威人格愈強，人的依賴性就愈高，則政治上的威權主義就難以現代化[16]。一份號稱科學化的F量表，經由行為科學家傳給各地的政治學者[17]，讓他們判斷自己社會的政治文化，距離成熟還有多少距離。類似國民性格的研究，爾後還進入國際關係領域，藉以分析某國外交的傾向[18]。

---

[14] Laswell, Harold, *Psychopathology and Politics* (Chicago: University of Chicago Press, 1977).

[15] Jung, C. G., *Essays on Contemporary Events: Reflections on Nazi Germany* (London: Ark Paperbacks, 1988); Leites, Nathan Contantin, *A Study of Bolshevism* (Glencoe, Ill.: Free Press, 1953).; Benedict, Ruth, *The Chrysanthemum and the Sword: Patterns of Japanese Culture* (Boston: Houghton Mifflin, 1946); Mead, Margaret, *And Keep Your Power Dry* (New York: Morrow, 1942).

[16] Kirscht John P. and Ronald C. *Dillehay, Dimensions of Authoritarianism: A Review of Research and Theory* (Lexington: University of Kentucky Press, 1967)

[17] Ardono, T. W. et al, *Authoritarian Personality* (New York: Harper & Brothers, 1950).

[18] Schlesinger, Arthur, *The Cycles of American History* (Boston: Houghton Mifflin, 1986); Herrman, Richard, *Perception and Behavior in Soviet Foreign Policy* (Pittsburgh:

　　1960年代之後，人們對態度的研究蔚爲風潮。態度是外顯行爲，不同於精神分析家在黑箱內摸索。態度關係到人的動機，而動機受到思惟（或譯信仰）與知覺的影響，因此政治態度的歸納分析仰賴整理人們的思惟體系[19]。政治態度成爲流行議題當然與選舉研究有關。有的對思惟體系的研究訴諸歷史的、文化的長期分析，集中在個人層面的研究，則以政治領導人的思惟做分析對象[20]。同一時期，對知覺的理論化也獲得進展，尤其成爲研究國際危機的重要學派[21]。知覺受到思惟的制約，但不等同於思惟，而思惟愈堅定，追求目標時的效能感就愈強。思惟同時包含了認知與情感兩部分，但當時對情感的研究很少，對認知的研究則集中在某個研究對象的認知內涵的釐清，而非認知理論的適用。應該說，政治心理學和政

University of Pittsburgh Press, 1985); Mancall, Mark, "The Persistence of Tradition in Chinese Foreign Policy," *Annals of the American Academy of Political and Social Science*, 349 (September 1963) pp.14-26.

[19] Rosenau, James N. and Ole R. Holsti, "U.S. Leadership in a Shrinking World: The Breakdown of Consensus and the Emergence of Conflicting Belief Systems," *World Politics*, vol. 35 (April 1983) pp.368-392.; George, Alexander L., "The Causal Nexus between Cognitive Beliefs and Decision-Making Behavior: The 'Operational Code' Belief System," in L. S. Falkowski (ed.), *Psychological Models in International Politics* (Boulder: Westview, 1979).; Hermann, Margaret, "Effects of Personal Characteristics of Political Leaders on Foreign Policy," in M. A. East, S. A. Salmore & C. F. Hermann (eds.), *Why Nations Act: Theoretical Perspectives for Comparative Foreign Policy Studies* (London: Sage, 1978), pp.49-6.

[20] Mazlish, Bruce, *The Revolutionary Ascetic* (New York: Basic Books, 1976); Erikson, Eric, *Ghandi's Truth on Origins of Militant Nonviolence* (New York: Norton, 1969); George, Alexander L. and Juliette L. George, *Woodrow Wilson and Colonel House: A Personality Study* (New York: Dover Publications, Inc. 1956).

[21] Snyder, Glenn H. & Paul Diesing, *Conflict among Nations: Bargaining, Decision Making and System Structure in International Crises* (Princeton: Princeton University Press, 1977).; Axelrod, Robert , Structure of Decision: The Cognitive Maps of Political Elites (Princeton: Princeton University Press, 1976); George, Alexander L. and Richard Smoke, *Deterrence in American Foreign Policy: Theory and Practice* (New York: Columbia University Press, 1974); Schelling, Thomas, *The Strategy of Conflict* (New York: Oxford University, 1963).

治文化的區隔在這一類研究中是蠻含糊的。至於此類研究與權威人格接軌之處，在於對公民文化成熟度的關切。

　　1980年代對於心理學的理論有更細膩的引介，舉凡理性抉擇[22]、社會交換[23]、歸因[24]、基模[25]、誘因[26]、風險規避[27]、主觀判斷（Powell 1986）效能感[28]等理論紛紛出籠。心理學中關於認知與情感方面的發現，都開始在政治學理受到討論。人們研究的焦點放在決策過程，找尋其中人們過濾資訊的心理機制。早期關於態度的研究著重於決策者的傾向性，屬於動機的分析，現在將焦點轉移到心理機制上，屬於能力的分析，在人的認知結構上找尋普遍性的原理原則，以求釐清認知所扮演的功能何在[29]。關於認知和情感之間的互動，吸引了大量的關注，尤其是兩者孰先孰後的問題，至今沒有定論[30]。認知和情感的研究又將焦點帶回了黑箱之內，但此翻是

[22] Barry, Brian and Russell Hardin (eds.), *Rational Man and Irrational Society? An Introduction and Source Book* (London: Sage, 1982).

[23] Hwang, Kwang-kuo, "Face and Favor: The Chinese Power Game," *American Journal of Sociology* vol.92, no.4 (1987), pp.944-974.

[24] Cottam, Martha L., "Image Change and Problem Presentation After the Cold War," presented at the International Studies Association annual meeting, Washing, D. C, March 29-April 1, 1994.

[25] Fiske S. & M. Pavelchak, "Category-based vs. Piecemeal-based Affective Responses: Developments in Schema-triggered Affect," in R. Sorrentino and E. Higgins (eds.), *Handbook of Motivation and Cognition* (New York: Guilford Press, 1986), pp.167-203.

[26] Jervis, Robert and Richard Ned Lebow (eds.), *Perception and Deterrence* (Baltimore: The Johns Hopkins University Press, 1985).

[27] Jervis, Robert, "Political Implications of Loss Aversion," *Political Psychology*, vol. 13, no. 2 (1992) pp.187-204.

[28] Bandura, Albert, *Self-efficacy: The Exercise of Control* (New York: W. H. Freeman,1997).

[29] Cottam, Martha L., "Cognitive Psychology and Bargaining Behavior: Peru Versus the MNCs," *Political Psychology*, vol.10, No.3 (September, 1989) pp.445-476; Jervis, Robert, "Representiveness in Foreign Policy Judgements," *Political Psychology* vol.7, No.3 (September 1986）pp.483-595.

[30] Warburton, David, "Emotional and Motivational Determinants of Attention and Memory," in V. Hamilton, G. Bower and Nico Frijida (eds.), *Cognitive Perspectives on Emotion*

研究黑箱的內在結構，而非具體內容，可以跨時空提供現實制度的設計者一個科學的依據，好根據普遍人性從事決策與管理。值得提醒的是，在一定程度上，政治心理學對決策的興趣，與同一時期復甦的新制度主義學派，有相互支援的效果。

　　1990年代加入眼簾的，是發跡超過二十年，但始終未曾普及化的詮釋學派[31]，他們屬於後實證主義的一支，討論的課題無不與早期政治心理學的關切相銜接，但又是明顯跨越傳統的學科領域。此一新興學門的研究宗旨，在揭露關於人、國家、民族、體系等等看似原生的分析單位，其主體性是如何地經由歷史實踐建構而成的[32]。因此又將研究的重心拉回了政治文化認同。由於此地的研究目的，是發掘認同的內涵何由而來，故看似屬於黑箱之外的研究。不過，在另一方面，詮釋學派又不滿意早期權威人格的研究有貶抑非西方文化的作用，又介入了精神分析等黑箱內的分析[33]。而當認同問題成為政治學界的共通議程後，精神分析學派出面反擊之，指出後現代政治人格所具備的破壞性[34]。應該說，認同與主體性的探

---

and Motivation (Boston: Kluwer Academic Publishers, 1988); Zajonc, R., "Feeling and Thinking: Preferences Need No Inferences," American Psychologist, vol.35, No.2 (February 1980) pp.151-175.

[31] Kristeva, J., Powers of Horror: An Essay on Abjection, (trans.), R. Diaz (New York: Columbia University, 1982); Arendt, Hanah, Eichmann in Jerusalem: A Report on the Banality of Evil (New York: Penguin, 1976); Focoult, M. Madness and Civilization (trans.) R. Howard (New York: Random House, 1965).

[32] Elshtain,, Jean Bethke, Democracy on Trial (New York: Basic Books, 1995); Der Derian, James, "Simulation: The Highest Stage of Capitalism?" in D. Kellner (ed.), Baudrillard: A Critical Reader (Oxford: Blackwell, 1994); Wendt, Alexander, "Anarchy Is What States Make of It: the Social Construction of Power Politics," International Organization, vol.46, no. 2(Spring 1992), pp.391-425.

[33] Hartsock, Nancy, "Masculinity, Heroism and the Making of War," in A. Harris and Y. King (eds.), Rocking the Ship of State (Boulder: Westview, 1992), pp. 133-152.

[34] Glass, James M., Psychosis and Power: Threats to Democarcy in the Self and the Group (Ithica: Cornell University Press, 1995).

討，反映了後冷戰國際體系解構所掀起的彷徨[35]，也正在打破黑箱內與外的界線。認同研究超越過去政治心理分析最大的地方，在於過去充其量是在適用西方理論；認同研究的傳播則部分是對西方知識論的抗拒。

比較政治心理學與中國

對美國之外地區進行政治心理學分析，以德國與日本較早[36]，多是以精神分析爲主要角度。值得一提的，是日本的心理學家一反既定的精神分析假設，採用「依賴」而非「自主」作爲人最深層的需要（Doi 1962），從而對人際關係與日本政治文化得出不同的詮釋[37]。後來有著名的五國公民文化研究，蒐集各國人民對政治的態度，這一類的分析至今仍在各地進行之中[38]。關於知覺、認知、思維如何影響各國的決策，尤其是外交與戰爭決策，也是許多研究的焦點[39]，但往往個案研究所關切的不是理論，所

---

[35] Cottam, Martha L. and Chih-yu Shih (eds.), *Contending Dramas: A Cognitive Approach to International Organizations* (New York: Praeger, 1992).

[36] Fromm, Erich, *The Anatomy of Human Destructiveness* (Harmondswothe: Penguin, 1977); Doi, Takeo, *The Anatomy of Dependence* (New York: Kodansha International, 1973).

[37] Adams, Kenneth Alan & Lester Hill, Jr., "Protest Anality in Japanese Group-Fantasies," *The Jour nal of Psychohistory*, vol. 15, no 2, (Fall 1987) pp.113-145.; Kyogoku, Jun-ichi, *The Political Dynamics of Japan*, (trans.), N. Ike (Tokyo: University of Tokyo Press, 1987).

[38] Almond, Gabriel and Sidney Verba, *The Civic Culture: Political Attitudes and Democracy in Five Nations* (Princeton: Princeton University Press, 1963).

[39] Singer, Eric & Valerie Hudson (1992), *Political Psychology and Foreign Policy* (Boulder: Westview, 1992); Verzberger, Yaacov, *The Worlds in Their Mind: Information Processing, Cognition, and Perception in Foreign Policy Decisionmaking* (Stanford: Stanford University Press, 1990); Volkan, Vamik D., Demetrios A. Julius & Joseph V. Montville (eds.), *The Psychodynamics of International Relations: Concepts and Theories* (Lexington: Lexington Books, 1990); Nebow, Richard Ned, *Between Peace and War: The Nature of International Crisis* (Baltimore: The Johns Hopkins University Press, 1981); Stein, Arthus, "When Misperception Matters," *World Politics* vol.34, no.4, (1982) pp.505-526;

以他們眞正的貢獻不在於促進政治心理學本身成長。後冷戰時代來臨後，關於各地民族主義與認同的研究迅速增加，其中明顯採用心理學方法的卻極爲有限。不過，歷史相對論的認同研究，無不涉及思惟體系的建構[40]，與某種精神分析方法，在對原屬蘇東地區國家的分析，頗能發人深省。另外，研究國際體系與國家認同的變遷，正受到一批新銳學者的鼓吹[41]。

　　以心理學來解釋中國政治現象最早的，應該是國民性格的研究，有應用到革命的[42]，也有論及外交的。[43]但這種研究始終未受關切，一直到1990年代之後，才出現在方法學上堪稱嚴謹的作品。[44]例外的是對中國人權威人格的探討，這些探討是爲了要解釋文化大革命而發生，用的是精神分析的邏輯，儘管備受爭議，但在中國研究學界歷久不衰。精神分析以病態的角度理解中國人的政治行爲，符合當時流行的現代化理論假設，揭露了傳統人格的缺陷[45]，可以同時解釋保守、革命與改革[46]。過去對權威

Cottam, Richard, *Foreign Policy Motivation* (Pittsburgh: University of Pittsburgh, 1977); Fornari, Franco, *The Psychoanalysis of War* (trans.) A. Pfeifer (Bloomington: Indiana University Press, 1975).

[40] Walker, R. B. J., *Inside/Outside: International Relations as Political Theory* (Cambridge: Cambridge University Press, 1993); Campbell, David, *Writing Security: United States Foreign Policy and the Politics of Identity* (Minneapolis: University of Minnesota Press, 1992).

[41] Ling, Lily H. M. and Chih-yu Shih (1998), "Confucianism with a Liberal Face: The Meaning of Democratic Politics in Postcolonial Taiwan," *Review of Politics*. vol.60 (Winter, 1998) pp.55-82; Lapid, Yosef and David Kratochwil (eds.), The Return of Culture in IR Theory (Boulder: Lynne Rienne, 1996)

[42] Boorman, Howard and Scott Boorman, "Strategy and National Psychology in China," *Annals of American Academy of Political and Social Science* vol.370(March, 1967), pp.143-155.

[43] Cranmer-Byng, John, "the Chinese View of Their Place in the World: An Historical Perspective," *The China Quarterly*, vol. 53. (January/ March 1973),pp.67-79.

[44] Shih, Chih-yu, *The Spirit of Chinese Foreign Policy: A Psychocultural View* (London: Macmillan, 1990).

[45] 孫隆基，《未斷奶的民族》，（台北：巨流，民84年）。

[46] 以上分見Pye, Lucian, *The Mandarin and Cadre* (Ann Arbor: The Center for Chinese

人格研究的批評主要是不夠科學，直到最近才慢慢有作家開始反省此派理論的實質觀點[47]，以另一套精神分析說明中國社會的成熟人格所指為何。但總的來說，中國政治研究中同情精神分析的屈指可數。對特定政治人物的精神分析更少，零零星星不成學理，對象多是民國之後成長的第一代人物。

　　對中國公民文化的研究是新近興起的，因為早期人們假設中國不存在公民社會，故只研究人民依賴的需要與領導動員的手段[48]。事實上，心理分析在美國政治學界發展的各個階段，大概要一、二十年才會在中國政治研究中出現。大規模的運用社會調查，探究中國人的政治態度，則是非常新近的事。除了企圖了解中國人對特定政治符號的態度與效能之外[49]，又有經過田野調查，對當事人的政治動機從事研究者[50]。但態度與動機的研究不同之處，是前者在黑箱之外，屬於行為科學範疇，但或力圖在態度的普遍性分類上，超越五國公民文化研究的西方中心傾向；而後者在黑箱之內，基本假設研究中國人的政治動機不同於研究美國人，故暫不求比較。態度與知覺的研究有運用到外交方面者，對中國人的戰爭決策作了不同於

Studies, University of Michigan,1988); *Asian Power and Authority* (Cambridge: Harvard University Press, 1985); *The Spirit of Chinese Politics: A Psychocultural Study of the Authority Crisis in Political Development* (Cambridge: MIT Press, 1968).

[47] 石之瑜，《中國文化與中國的民》（台北：風雲論壇，民86年），頁32-55。

[48] Solomon, Richard, *Mao's Revolution and the Chinese Political Culture* (Berkeley: University of California Press, 1968).

[49] 胡佛，1998，《政治文化與政治生活》（台北：三民，民87年）；《政治參與與選舉行為》（台北：三民，民87年）；《政治變遷與民主化》（台北：三民，民87年）；朱雲漢等，《兩岸基層選舉與政治社會變遷》（台北：月旦，民87年）；關信基，「香港政治文化的持續與變遷」，輯於喬健（編）《中國人的觀念與行為》（天津：天津人民出版社，1995），頁413-428。

[50] Shih, Chih-yu (1998a), *Collective Democracy: China's Political and Legal Reform* (Hong Kong: The Chinese University of Hong Kong Press, 1998)；楊開煌，「大陸村自治選舉之經驗性研究與分析」，《中共研究》第31卷，第12期（民86年12月），頁105-119。

冷戰學的分析[51]。談判是另外一個用到心理學的次領域，有實際經驗者整理了許多關於中國代表談判時的展現的風格[52]，作品不多，但引起重視的程度頗高。另外，還有對領導風格的分類與假設[53]，或對一般人民政治人格的分類與假設[54]，也屬於政治文化這一類。

　　許多歷史與社會方面的著作牽扯認知與情感的分析，但又未必有系統的採用心理學方法。政治學界在這方面重視中國人的世界觀，實證的從事內容分析者有之[55]，抽象的探討世界觀構成要素者有之[56]，通常世界觀的

---

[51] Zartman, Walter, "Chinese Intervention in the Korean War," *Security Studies Paper* 11 (Los Angeles: University of California Los Angeles, 1967); Garver, John, *China's Decision for Rapproachment with the United States, 1968-1971* (Boulder: Westview Press, 1982); Adelman, Jonathan and Chih-yu Shih, *Symbolic War: The Chinese Use of Force*, 1840-1980 (Taipie: Institute of International Relations, 1993).

[52] Solomon, Richard, *Chinese Political Negotiating Behavior: 1967-1984* (Santa Monica: Rand, 1995); Pye, Lucian, *The Chinese Commercial Negotiating Style* (Cambridge: Oelgeschlager, Gunn & Hain, 1982); Chang, Joanne J. L., *United States-China Normalization: An Evaluation of Foreign Poilcy Decision Making, Occasional Paper/ Reprinted Series in Contemporary Asian Studies* (Baltimore: School of Law, University of Maryland, 1986).

[53] Hiniker, Paul and J. Perlstein, "Alternation of Charismatic and Bureaucratic Styles of Leadership in Revolutionary China," *Comparative Political Studies*, vol.10, no. 4 (January, 1978) pp.529-553.

[54] Wilson, Richard et al (eds.), *Value Change in Chinese Society* (New York: Praeger, 1979); Madsen, Richard, *Morality and Power in a Chinese Village* (Berkeley: University of California Press, 1983).

[55] 陳淑娟，1991，「從六四民運的犧牲行為看中國人的自我表達」，輯於楊國樞&黃光國（合編），《中國人的心理與行為》（台北：桂冠，民80年），頁307-334。 Bobrow, Davis B., Steve Chan and John A. Dringen, *Understanding Foreign Policy Decisions: The Chinese Case* (New York: The Free Press,1979); Kim, Samuel, *The Maoist Image of World Order* (Princeton: Center of International Studies, Princeton University, 1977).

[56] Glaude, E. Ted, *China's Perception of Global Politics* (Washington D. C.: University Press of America, 1982).

研究是屬於國際關係領域的[57]，少數應用到政治經濟分析方面，以道德觀為研究起點[58]。由於這些都是以中國為主的區域研究，較少有人嘗試將認知結構方面的普遍性理論，拿到中國政治或兩岸關係上套用，唯一的例外是關於誘因的分析[59]。隨著大陸留美學生日多，這種作品在1990年代慢慢出現。這是因為認知理論的引用，需要靠大量的實證資料佐證，而在大陸抽樣困難，則是海外研究者不易克服的困境。所以，中國研究中的認知與情感分析，許多不是以具體的決策為主要議題，而是企圖解釋決策者政策大方向的心理基礎。同時，西方認知與情感的研究對象，往往是具體的、微觀的個人，中國研究中的研究對象若非整個決策體系，也是集合了眾多無名的決策者的整體結果[60]。

有趣的是1990年代認同研究在中國政治分析中的出現，並未落於西方認同研究之後太多。在這方面，歷史主義作品占據大多數，而且很多不約而同地是以中國近代國家認同的發生與發展作主題[61]。研究方法則是千變萬化，對於認同的面向也突破傳統，包括了民族[62]、性別[63]等前此排除

---

[57] Shih, Chih-yu, *China's Just World: The Morality of Chinese Foreign Policy* (Boulder: Lynne Rienner, 1993).

[58] Croll, Elizabeth, *From Heaven to Earth: Images and Experiences of Development in China* (London: Routledge, 1994).; Shih, Chih-yu, *China's Just World: The Morality of Chinese Foreign Policy* (Boulder: Lynne Rienner, 1993).

[59] 吳玉山，「抗衡或扈從：面對強鄰時的抉擇」（上/下）《問題與研究》第36卷，第2/3期（民86年2/3月）頁1-32/61-80。

[60] Yang, Dali (1995), *Calamity and Reform in China: State, Rural Society, and Institutional Change Since the Great Leap Famine* (Stanford: Stanford Universtiy Press, 1996).，；吳玉山，《遠離社會主義：中國大陸、蘇聯、和波蘭的經濟轉型》（台北：正中，民85年）。

[61] Hoston, Germaine A., *The State, Identity, and the National Question in China and Japan* (Princeton: Princeton University Press, 1994); Dittmer, Lowell and Samuel Kim, *China's Quest for National Identity* (Ithica: Cornell University Press, 1993).

[62] Harrell, Steven (eds.), *Cultural Encounters on China's Ethnic Frontiers* (Hong Kong: Hong Kong University Press, 1995).

[63] 周蕾，《婦女與中國現代性：東西方之間閱讀記》（台北：麥田，民84年）；Barlow, Tani, *Gender Politics in Modern China* (Durham: Duke University Press, 1993);

在中國政治研究議程以外的項目。雖然若干本土或華裔的作家，得以在這一波潮流中，發揮了對過去帝國主義的批判，但令人屏息的則是關於殖民主義猶在的批判，散播在新銳作家關於全球化的研究中[64]。所以歷史主義所指的範疇擴大，既包括去了解過去的認同是如何在被建立，也包括去反省現代的潮流如何改變過去的認同。香港回歸作為這股潮流具體而微的，首當其衝的研究對象，成為重要的認同政治基地。[65]另一方面，大陸作為研究對象，在1990年代經歷了觀念上的極大撞擊與變革，加上中國統一的問題日益突出在政策議程上，迫使研究者不得不認真考量，對眼前因意識形態模糊化而引起的焦慮，要如何觀察與詮釋。

心理學與兩岸關係

如同政治學其他次領域一樣，以心理分析進行攸關於兩岸關係的研究為數有限[66]，甚至在一些理論文獻的整理中，尚未視之為一種方法[67]。不過，許多非社會科學理論的研究，其實是與心理分析息息相關的，因為人

Gilmartin, Chirstina K. et al (eds.), *Engendering China: Women, Culture, and the State* (Cambridge: Harvard University Press, 1994).

[64] Barlow, Tani, *Formations of Colonial Modernity in East Asia* (Durham: Duke University Press, 1997); Ling, Lily H. M., "Democratization under Internationalization: Media Reconstruction of Gender Identity in Shanghai," *Democratization*, vol.3, no 2. (Summer 1996), pp.140-157.

[65] 石之瑜，「從文化層面看『九七香港回歸』」《中國大陸研究》第40卷，第7期（民86年7月），頁31-47。Chiu, Fred Y. L., "Politics and the Body Social in Colonial Hong Kong," in T. Barlow (ed.), *Formations of Colonial Modernity in East Asia* (Durham: Duke University Press, 1997), pp.295-322.

[66] 游盈隆，「台灣族群認同的政治心理分析」，《台灣政治學刊》第1期（民85年），頁41-84；徐火炎，1996，「台灣選民的國家認同與黨派投票行為：一九九一至一九九三年間的實證研究結果」，《台灣政治學刊》第1期，頁85-127。

[67] 吳玉山，《抗衡或扈從：從前蘇聯看台灣與大陸間的關係》（台北：正中，民86年）。

們的興趣，是找出中共領導人的思維方式。儘管這些研究所採納的，不是嚴格的內容分析，資料蒐集的程序未見規格化，但研究者所想要從事的課題，無疑是屬於廣義的心理分析。關於中共在兩岸關係的各個面向持著什麼這樣或那樣的看法，尤其是台灣地區作家的最高關注。對兩岸關係的探討中，與心理分析較直接關聯的是決策理論中的理性決策模式，有的在研究設計上涵蓋了認知理論方面的條件，但大體認為兩岸是基於自利在進行互動[68]，而不是滿足什麼深層的需要，或受到什麼知覺的誤導。至於兩岸互動所奠基的利益何在，或兩岸的政策變遷為何，這方面的研究者一般仰賴某種形式的內容分析。

　　但心理學可能貢獻於兩岸關係研究之處甚多，進而得以對雙方的決策過程進行探討。應當率先提出的是，在兩岸關係的課題上，心理學原本並不預期有什麼一定的研究議程，不過研究者難免受到既有研究議程的拘束。比如說，由於吾人身在台灣，對中共的對台政策，或台北的大陸政策，就特別關心，往往必須假設兩岸的決策者有一定程度的自主性，否則若還將研究焦點集中在各自的決策過程上，就失去其意義，而應該找尋更大的決定兩岸共同決策的結構因素。對自主性的關切，使決策分析幾乎是這方面唯一與心理學有所關聯的研究。然而這個心理分析的起點是有偏差的，正如所有體系或結構方面的研究已經指出，決策分析的前提是，先有了各自的決策，才有互動的兩岸關係，體系分析是認為兩岸關係的結構必先於兩岸各自的決策[69]。事實上，心理分析對於體系結構本身的形成，以及體系如何作用於決策過程，大有可以著墨之處。但吾人在現實之中對決

[68] Lo, Chihj-cheng & Jih-wen Lin, "Between Sovereignty and Security: A Mixed Strategy Analysis of Current Cross-Strait interaction," *Issues & Studies* vol.31, no.3 (1995) pp.64-91.；劉必榮，「不對稱結構下的談判行為分析」，《東吳政治學報》第2期（民82年），頁219-267。Kao, Yung-kuang, "The Issues of China's Reunification: Analysis from Models of Game Theory,"《中山社會科學期刊》vol. 1, no. 1（Jan.1990）p.45-64.；包宗和，《台海兩岸互動的理論與政策面向》（台北：三民，民79年）。

[69] Wu, Yu-Shan (1993), "The Collapse of the Bipolar System and Mainland China's Foreign Policy," *Issues & Studies* vol. 29, no. 7 (July 1993) pp.1-25.

策的關心，侷限了其他心理分析的面向對兩岸研究的貢獻機會。

　　以決策分析爲整合起點的兩岸關係研究議程，反映了研究者本身關於主體性的焦慮，這與台灣所處的時空環境不無牽扯。前曾述及台灣在脫離冷戰學術的時候，必須一反西方走向後實證主義的趨勢，卻反而接受實證主義的知識論，因爲在西方，後實證主義路線是對冷戰學術的反彈；但對台灣的冷戰學術而言，其主要核心是內戰，故實證主義路線才是最有力的學術反彈，因爲它賦予台灣將大陸看成對象或客體，從而取得有別於大陸的主體性，故能解放台灣於兩岸共一天下的渾沌之中。以決策分析來研究兩岸關係，則在知識論上肯定了台北與中共是其心各異的決策主體，和此間體會的後冷戰（或後內戰）的政治潮流是一致的。不然的話，大可以將兩岸關係的發展，視爲是同一個宏觀決策體系的產物，或將台灣視爲是北京決策圈中爭取資源的一個次體系。這就像當年對日作戰時，人們很自然地把延安當成是重慶的次體系，只不過那時不安的是延安罷了。

　　尤有甚者，決策理論採取個人化的研究方法，亦即將焦點放在個別決策體系的成員心理上，故自覺地或不自覺地從兩方面、更深層地呼應了後內戰的政治要求。決策理論的訴求是，同一套認知與理性的過程，可用以解釋不同地區與國家的政策，這使得台灣大陸成爲既相同，而又不同的決策單位。他們分別被觀察的前提是，他們具有不同的偏好、利益、價值，故台灣與大陸的區隔取得了本體論上的保證。但另一方面，他們認知與理性的過程又是一樣的，不僅他們之間是一樣的，就連全世界的決策者都該是一樣的，所以又確立了台灣與大陸之間的平等關係。各別的學術研究者，甚或支應他們的官方機構，未必體查這一層意義，但就社會科學或現代化研究過去所受到的政治懷疑這一點來看[70]，他們今天受到的歡迎即使是無心，也擺脫不了政治上的意義，否則看不到決策分析今天顯得如此迷人的完整原因。

　　無獨有偶的是，西方實證主義對精神分析的反彈，隨著實證主義滲透

70　周之鳴，《費正清集團在台灣大陰謀》（台北：國際共黨問題研究社，民59年）。

到台灣的大陸研究圈中。精神分析從中國人無微不至的、兼及物質與道德的育兒文化出發[71]，探討中國人的權威人格[72]，對此間有育兒經驗的讀者產生似曾相識的會心一笑，具有顛覆兩岸區隔的副作用。另外，心理學的兩岸關係研究不可能擺脫所處的世界政治經濟環境，所以除了受到此間後內戰的潮流所影響，也難免對全球化潮流中的後實證主義耳濡目染，並對認同政治產生興趣，以致於對因實證主義旋風而孕育的主體意識，形成了一股質疑與解構的小氣候[73]。

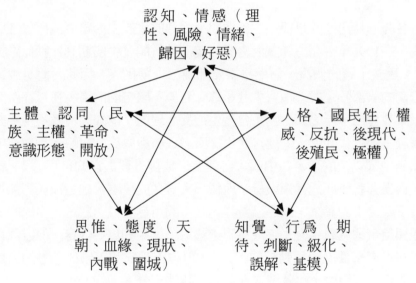

圖7-1　兩岸政治心理分析議程

---

[71] Wilson, Richard, "Moral Behavior in Chinese Society: A Theoretical Perspective," in R. W. Wilson, G. L. Greenblatt & A. A. Wilson (eds.), *Moral Behavior in Chinese Society* (New York: Praeger, 1981); Kessen, William (ed.), *Childhood in China* (New Haven: Yale University Press, 1975)

[72] Solomon, Richard, Mao's Revolution and the Chinese Political Culture (Berkeley: University of California Press, 1968).

[73] 江宜樺，《自由主義、民族主義與國家認同》（台北：揚智，民87年）；廖炳惠，1997，「後殖民研究的問題及前景」（上/下），《當代雜誌》第121/122期（民86年）；石之瑜，1995，《後現代的國家認同》（台北：世界，民84年）。

再加上公民文化的大型研究已然跨越兩岸，致廣義的中國人的公民文化再次成爲話題。如此一來，心理學對兩岸政策的研究，累積了相當豐富的潛在議程。現試歸納上述介紹以繪表如上。表中每一對箭頭都代表一組相互回饋關係，故時間與變遷的概念也隱含其中。下文將在這幾個心理學面向上，嘗試鋪陳一個潛在的整合議程。

兩岸政策中的主體與認同

首先值得研究的是民族主義問題。中共的民族主義是眞或假曾經引起討論，在1996年台海導彈試射之後，澳洲發行的《中國期刊》就此進行對話[74]。民族主義的假設，當然是兩岸都屬於中華民族，因此台灣是中國不可分割的一部分。但這種對中共領導人看似不驗自明的事，何以在台灣受了反共教育四十年的人，聽了會產生逆反心理呢？欲知詳情就不得不對中國民族主義近代的形成，進行歷史探索。民族與異族的對峙，是在洋槍大砲來到中國以後的事，在中國人心理上形成排外與仇洋的自卑心[75]。結果一統與振興就變成近代知識份子與領導人長久的夢魘，也造成人們愈加不能接受政治上的異議，深恐給予洋人在中國可趁之機。於是，中國的民族主義與反帝國主義結合了，成爲爾後國家論述中的重要內容。但雖然民族主義在涉台事件上成爲動員的工具[76]，但也因爲它和美國所熟悉的公民民族主義模式有距離，也就造成在對話時無法充分溝通的尷尬[77]。

其實，民族主義不是現代國家所接受的語言，因此中國必須將民族情感包裝在主權的語言中。可是中國的主權自始不受尊重，主權之內充滿了

---

[74] Forum, *The China Journal*, vol.36 (July 1996) pp.87-134.

[75] Liao, Kuan-sheng, *Anti-Foreignism and Modernization in China*, 1860-1980 (New York: St. Martin, 1984).

[76] 趙建民，1998，「台灣主體意識與中國大陸民族主義的對抗：面對二十一世紀的兩岸關係」，《中國大陸研究》，第41卷，第1期（民87年1月）頁54-71。

[77] 石之瑜，《宋美齡與中國》（台北：商智，民87年）；《民族主義外交的困境》（台北：世界，民84年）。

早年帝國主義遺留下來的痕跡[78]。就連中國要振興民族，也必須仰賴西方國家的標準來判斷，自己到底已經算不算一個受人尊敬的國家。用的既然是西方標準在自我檢驗，則振興民族也必須靠西方的資源，包括資本、武器、科技、管理、制度無不自西方抄襲。對西方人自詡的公民文化，卻難以仿效。在人民拋不開宗族人情、封建意識的環境裡，為了證明中國已具備令人尊敬的，效忠國家的公民文化，動員革命成了近代中國以迄當前兩岸政治中最常見的公民參與模式[79]。主權的建立與團結的要求，使得大陸對於帝國主義的干預特別敏感，則台灣作為日本殖民主義統治五十年，美國帝國主義滲透五十年的對象，引起大陸領導人從內遭遇顛覆的恐懼。只要公民效忠出自動員，這個恐懼便難消除，則大陸就缺乏改革開放的心理基礎。

　　在這一類自我質疑之下的近代中國發展史，可以說是一部革命史，各種革命理論逐鹿中原。從國民黨的國民革命，到毛澤東的新民主主義革命、農民革命、文化大革命，說明了在西潮衝擊之下，中國人對自己痛恨的程度，已經到了必須與自己的過去絕斷的地步[80]。中國共產黨繼承了革命的包袱，並發展出了不斷革命的理論。相信黨內將存在路線鬥爭，反應出階級本質的差異，則無產階級公民就有壓力要不斷地找尋隱藏在群眾中的壞分子。這種比賽革命的實踐，和以國家名義進行的反帝國主義，及以民族名義進行的排外，形成了近代中國人民主體論述的主要文本。革命不再是革暴君的命，而是革自己的命[81]。主體意識的維護，竟由是創造了對外敵內奸的依賴[82]。最適合成為內奸的，當然是那些受帝國主義洗禮愈深

---

78 陳昭英，《台灣文學與本土化運動》（台北：正中，民87年）。Shih, Chih-yu, "A Postcolonial Reading of the State Question in China," *The Journal of Contemporary China*, vol. 17, no. 7 (July 1998) pp.125-139.

79 石之瑜，《中國文化與中國的民》（台北：風雲論壇，民86年），頁85-108。

80 例見魯迅，《魯迅語錄》（成都：四川人民出版社，1995）。

81 胡平，「比賽革命」，發表於《文化大革命三十週年紀念》研討會，1995 Boston（5.10）；楊曦光，《牛鬼蛇神錄》（香港：牛津，1994）。

82 Shih, Chih-yu, *State and Society in China's Political Economy: The Cultural Dynamic of Socialist Reform* (Boulder: Lynne Rienner, 1995).

的人，這就決定了兩岸關係中，北京與大陸人民對台灣曾被皇民化、美化所產生的疑懼，也說明了台灣的人不能接受中國民族團結、中共主權主張的深層因素[83]。

　　在超越民族與地域的局部認同方面，社會主義的意識形態起過階段性的整合作用。它與人們熟悉的文化人情最能銜接之處，是中共社會主義的集體主義傾向[84]。社會主義是以生產工具所有權劃分階級的，其標準十分物質化，但因爲階級、人民等訴求有助於隱藏人們的個性，對於過去向來反對自我中心的中國人，有其十分受用之處。由於社會主義引進中國成爲國家意識形態的歷史巧合，遭擊退的與資本主義密切配合的國民黨，成爲人民的敵人。至今中共官方很難找到其他的語言，來說明國民黨與台灣社會的關係，以致於社會主義文本背後的無產階級專政，阻撓了中共看清，資本主義未必是台灣的政治經濟制度最佳詮釋。在鄧小平的一國兩制設計中，賦予台灣的資本主義與大陸的社會主義並存的權利，只是社會主義與資本主義並非一成不變，而且同一地區的社會主義與資本主義皆與時俱進[85]。一國兩制論述的前提是社會主義與資本主義各有不變的本質，與不斷革命，團結一統的原始動機不全一致。

　　但一國兩制卻滿足了另一個文本，即自洋務運動一脈而來的對外開放。開放政策在中國歷史上一再失敗，深層原因就在於前述的自卑自恨之中。在經歷了百日維新、全盤西化、以迄四個現代化的興衰陰影後，當前的改革開放再度將振興的重要性，提高到反帝反殖的民族主義情感之上[86]。對於封建中國來說，開放是一種對待蠻夷的恩典，今天竟成爲民族振興所不得不受的壓力，確實不可同日而語。但人們在歷史教科書的字裡行間學到的，是那種天朝子民的驕傲，這就加深了本土與開放之間的相互

83　徐宗懋，《日本情結》（台北：天下文化，民86年）。

84　張一，《中國社會熱點難點疑點分析》（北京：解放軍出版社，1988）。

85　李念祖＆石之瑜，《規範兩岸關係：人道努力與制度安排》（台北：五南，民81年），頁3-40。

86　宋強等，《中國可以說不》（北京：中國工商聯合出版社，1996）。

疏離[87]，這個疏離在對待台商的政策上反映出來。人們一方面覺得照顧邊民，納其來歸，不必斤斤計較，但另一方面，在每個局部個案中又渴求台商的資金。結果，既要招降納貢，又要卑躬屈膝，這種對自己情感異化的焦慮，週期性地出現在對台商刻意攤派或籠絡的態度上，或對台政策一鬆一緊的循環中。在上述一連串的異化過程裡，我們看到主權異化了民族，革命異化了主權，階級異化了革命，開放異化了階級，俟1990年代中期台海危機爆發，民族又異化了開放。

兩岸政策中的思維與態度

中共自從在內戰中獲勝以來，其間雖經歷與美、蘇的鬥爭，但始終能屹立不搖，到今天在世界上已經堪稱第二強國。有的北京領導人在看待台灣的時候，一直以一種戰勝者自居，則自然妥協性小[88]，有較高的效能感，對台灣傾向採取強硬的態度。他們不時採行強硬政策，定期迫使台灣對統一立場表態，並對帝國主義可能的介入採對抗到底的態度。其他的領導人有時會接受這一種態度，因此在某些情境中態度轉為保守。還有的領導人可能在歷史時間中對台灣的態度發生過改變，也許因為看到台灣的某些政策而趨強硬，也許因為看到兩岸的交往熱絡而趨緩和。值得研究的是，什麼背景的領導人態度強硬[89]，是不是軍方、黨、內陸、老一輩、留美的、集體領導、農村、無親戚在台的等等因素有影響？具體的研究可以去發掘，這種天朝心態的思惟體系中有何特質？比如認為，既然海峽兩岸的政治鬥爭勝負已定，就沒什麼必要拖延下去，雙方應該趕快定個時間表；或認為，美國是個紙老虎，打幾顆導彈嚇唬嚇唬就搞定了。

由於台灣的人倘若不是早期從大陸移民過去的，就是在內戰告一段

---

87 例見華原，《痛史明鑑》（北京：北京出版社，1991）。

88 李英明，「定位中共的現實與理想」《中國論壇》第31卷，第7期（民80年）頁81-84。

89 邵宗海，《大陸台灣研究現況》（台北：華泰文化，民86年）。

落之際隨國民黨播遷的，無疑兩岸之間某中血緣親情繼續牽制著大陸領導人。在血緣觀裡，兩岸問題只要有耐性與誠心，一定能夠慢慢解決。無論外國勢力如何分化、挑撥，中國遲早會統一。這種將兩岸關係親情化的態度，使得解放軍以武力、甚或核子武器攻擊台灣的可能性，幾乎不存在。1970年代廖承志函促蔣經國推動統一，反映了這種思路。1980年代，凡在台灣有三等親的人可以出國留學，算是特別照顧的政策。1990年代初期當國民黨徹底台灣化後，大陸與台北高層之間從人情關係一下轉變爲主權關係，則對應的規範、期待、手段都出現斷層，雙方重新摸索新的交往規則，經歷的與累積的誤解，至今未能化解[90]。對台政策執行部門，花相當的功夫來培養親情的感覺，這個思路的反映出什麼思惟與態度，值得有系統地蒐集整理。另一方面，新的血緣關係隨著兩岸交流擴大而快速增加，對大陸領導人的態度是否起了作用，也值得研究。

　　不可諱言者，兩岸關係是在全球政治經濟環境中在開展，而飽受帝國主義侵略的中國領導人，學習了西方主權國家的作風，也開始習慣比較現實的處世態度[91]。他們了解今天中共並不具備解放台灣的軍事力量，在台灣內部的影響力也受到限制，而世界大國對於中國的統一，又始終懷有貳心[92]。因此，今天的對台政策只能以防止台獨勢力的發展爲任務，統一必須等待大陸經濟全面開展後，才有水到渠成的機會。在這個思維體系中，外交與軍事所扮演的角色應當與天朝思維是不同的。在天朝思維中，軍事是征服用的，外交是圍剿用的；但對於現狀思維而言，軍事是嚇阻用的，外交是報復用的。現狀思維下對中共自己的實力評估較低，但對台灣的實力也並不高估，故願意等待爾後解決。但此地的等待不同於血緣思維下的

---

90 伊原吉之助，「李登輝論：面臨二大轉機的領導者」，輯於國立台灣大學日本綜合研究中心（編）《文明史上的台灣》（台北：國立台灣大學日本綜合研究中心，民86年），頁561-582。

91 Wu, Yu-shan, "Mainland China's Economic Policy Toward Taiwan: Economic Needs or Unification Scheme," *Issues & Studies*, vol.30, no.9 (1994) pp.29-49.

92 Jia, Qingguo, "Reflections on the Recent Tension in the Taiwan Strait," *The China Journal* vol.36 (July 1996) pp.93-97.

等待，前者基於實力不足的考量，後者基於對親情血緣的信心。是不是涉台部門、外交部門、企業部門比較傾向現狀思維，是一個值得檢證的假設。

　　鑑於台灣方面一再強調，兩岸之間不是權力之爭，而是制度之爭，加上台灣的《國家統一綱領》以民主、自由、均富等隱含三民主義的口號爲宣傳，好像兩岸的內戰猶未結束。台北領導人不時表示要和平演變中國大陸，或中國隨時會有大災難，或將分裂，這也讓北京心生警惕[93]。因此而延續的內戰思維，鉅細靡遺地防止有關「中華民國」的符號出現在眼前，碰到爲中華民國做宣傳的人，還難免衝動地與之口角辯論。電視裡則不斷地播放關於內戰的影集，勾勒國民黨的腐化與共軍的清明。有時風聲鶴唳，擔心台灣間諜刺探軍情，而有週期性地逮捕特務之情事。不用說，宣傳部門與情報部門受到內戰思維的籠罩相對較深，值得分析的，是內戰思維與其他思維體系如何共生的問題。比如，天朝思維與內戰思維都具備對抗性，在什麼條件下他們之間是共存的，遇到什麼刺激他們會同時出現，但在其他什麼情境裡，兩者又會轉成競爭關係？

　　毫不令人訝異的是若干高層繼續存在圍城心態，從而影響到人們的效能感。在1992年夏秋之交，港督彭定康片面宣布擴大政改方案後，美國則表示同意出售台灣戰鬥機，當時還籠罩在各國制裁天安門事件陰影中的中共，立刻就有八國聯軍又來了的感覺。台灣與日本、美國關係特別密切，分別在戰前與戰後受彼等各五十年的保護，在日本政界同情台灣獨立，而美國政界將台灣視爲棋子的格局下，中共領導階層不乏將台灣看爲難纏的對手。美國對台軍售因此被詮釋爲是美國國會鼓勵台灣抗拒統一。1995年李登輝代表台灣訪美，更成爲北京眼中華盛頓與台北勾結的證據。這些判斷的背後，有一個深藏的圍城思維體系，使北京在態度上戒愼恐懼[94]。同

93　石之瑜，《中國大陸的國家與社會》（台北：五南，民83年）。

94　Wang, Fei-ling, "China's Self Image and Strategic Intentions: New Confidence and Old Insecurity," in F. Wang & Y. Deng (eds.), *In the Eyes of the Dragon: China Views the World* (New York: Roman & Littlefield,1999).

樣地，圍城心態與其他思維體系之共生是一個值得研究的課題，主要是分析引發各個體系的刺激與情境爲何。當兩種以上體系被一起引發的時候，產生什麼焦慮？如果焦慮不只是存在於人們自我矛盾的態度中，而是存在於不同的人之間，則焦慮的表達（或隱藏）如何完成？對於行爲有何作用？

兩岸政策中的精神與人格

　　中國人有一定程度的權威人格，已經是中國研究學界的共識，雖然對權威人格的成因、評價與改造，因東、西方價值觀或研究者立場的不同而有不同，但中國人的人治文化與群性普遍超過美國，似無爭議。中國領導人站在國家與民族立場發言時，和私下場合的言談舉止頗有不同[95]，民族歸屬感賦予人們權力感，以民族或國家立場發言立刻受到人民的擁戴，起碼反對的聲音缺乏一種能抗衡大我的論述體系，這在海峽兩岸皆然。權威人格者依賴、信任領導人，對公開破壞和諧、詆毀領導的行爲感到不安。倘若領導人不能滿足和諧的期待，就必然斷傷自己的道德號召力，則人們不再服膺領導[96]。這說明了台灣問題上北京所受到的一些限制，即當台灣出現了分離主義的要求，瞬間否定了人們來以定位自己的民族主體，這必定製造大陸內部的焦慮。此何以言詞激烈的批判，外國媒體眼中看似挑釁的軍事演習，是中國領導人維繫其道德號召力的核心[97]。

　　改革開放後，社會主義意識形態不再流行，知識界又引進一些自由

---

[95]　Shih, Chih-yu, "Drama of Chinese Diplomatic Spokesmanship," *The China Quarterly*, vol.130 (January, 1992), pp.441-442; "Pedagogy of Chinese Diplomacy: A Noe on Rhetoric and Style," *Issues & Studies* vol.25, no.3 (March 1989) pp.118-136.

[96]　Pye, Lucian *The Dynamics of Chinese Politics* (Cambridge: Oelgeschlager, Gunn and Hain, 1981).

[97]　Shih, Chih-yu, "National Security Is a Western Concern," *The China Journal*, vol.36 (July 1996) pp.106-110.; Li, P., S. Mark, M. H. Li (eds.), *Culture and Politics in China: An Anatomy of Tiananmen Square* (Brunswick, NJ: Transaction, 1990).

化的思潮，使得無所依賴的人們失去歸屬感。市場經濟的發展，加速使人
與既有的社會人情脈絡疏離，物質化的關係增長社會的焦慮。個人的位置
不情願地凸出在市場經濟之中，多數人仍暫時能在某些原初團體中找尋心
理憑藉，但失去群體支持的人，喪失權力感，在以自己爲主體的商品制度
中，缺乏人我分際的規範，培養不出對他人主體性的尊敬，則造成欺壓、
擺佈、勢利、逃避的人格，進一步對社會大眾形成壓力。這裡形成了反權
威的人格溫床，在社會各階層代表權威的人，受到來自農民、工人、基
層幹部、知識分子或以個人、或以集體的身分的挑戰（Ogden, 1989）。
他們對於兩岸關係未必有興趣，但卻創造了外界一種大陸即將分裂的印
象[98]，也培養了某種對大陸自由民主化的期待。但若觀察這些抗拒者的精
神需要，可別之爲兩種，群眾站在集體立場的抗拒，是追求秩序的恢復，
故焦點明確，要求具體；民運人士站在民主理念的抗拒，是在彌補自己權
力感的喪失，故各爲山頭，互不相讓。兩者都不能稱之爲自由化。

　　反抗不是必然的選擇。多數失去集體權力感的人，雖失去自己的生
活目標，但在經過掙扎後，有的知識份子下海經商，有的下崗工人接受職
訓轉業。但四十餘歲的工人接受職訓的機會偏低，被迫下崗的幹部不能低
就。他們多半出生於公社運動時期，營養不良，到青少年階段適逢文革，
故所受教育不足，爾後上山下鄉，未得技能，等撥亂反正，又過了入學年
齡，今執此國有企業改革，再次成爲犧牲。這裡透露的是絕對的無力感與
失落感。[99]值得注意的是，知識界正企圖將這種社會人格的浮現予以理論
上的表達。這種消失的自我，在香港回歸過程裡也此起彼落，固然有人極
端愛國，也有人極端抗拒，汲汲營營不知所以的大有人在。姑且稱之爲後
現代人格吧！易驚，易懼，缺乏積極任事的內在趨力，但又瞬間易怒。在
台灣，因爲公安崩潰、色情氾濫、強盜搶劫、官商勾結、槍擊殺人、省籍

[98] Friedman, Edward, *National Identity and Democratic Prospects in Socialist China* (Armonk, N.Y.: M. E. Sharpe, 1995).

[99] Shih, Chih-yu, *State and Society in China's Political Economy: The Cultural Dynamic of Socialist Reform* (Boulder: Lynne Rienner, 1995).

對立、分離主義、外交挫敗、病毒肆虐等大規模事件，也正孕育後現代人格[100]。對兩岸關係的重要意義是，後現代人格是不接受民族主義動員的。

另一個日益普遍的人格形態，是後殖民人格，出現在沿海城市。人們生活在人格分裂的壓力中，一方面在工作場合必須滿足專業的要求，另一方面在社會的場合，又必須滿足人情要求。人情歸屬很可以是權力感的來源，而專業能力也很可以是權力感的來源，但是兩者似乎不可得兼[101]。在國際接受中國為平等的主權國家後，這種性格也有了集體的依附對象：中國一方面要做個西方國家體系的成員，另一方面又希望保留自己的政治文化，不受國際規範的干預。後殖民人格最忌諱的是人情與專業情境同時出現，在雙趨衝突中被迫抉擇，其極端性必高。為了說服自己接受此一選擇，後殖民人格者將被迫找一個外在對象，讓它代表自己所放棄的那個人格，予以殘酷打擊，才能淨化自己，使不受另一個人格的干擾。中國領導人受到反帝與開放兩份歷史文本的包夾，當台灣強迫它做二擇一的選擇時，其手段勢必激烈。同理，如果大陸的壓力大到台灣必須在分離與趨同之間二擇一的話，台灣內部也將出現人們互貶為奸細、賣台集團、數典忘祖等外在對象的傾軋場面。

兩岸關係存在的最大危機，就是權威人格、後殖民人格或後現代人格轉化為極權人格的時候。極權人格者有高度的被迫害妄想，完全沒有人我分際的規範，有強烈的攻擊性，他們非常容易動員，需要依賴極權領袖為他們指出醜類何在，並領導他們剷除想像中的這批奸邪[102]。曾經受極權人格占有的大陸第三代人正在全面接班當中。他們是前述在文革中成長的一代人[103]，有極端的權力遭剝奪感，因為他們的人情歸屬在文革中被自己

---

[100] 石之瑜，「台灣專業女性對全球化的回應」，《婦女與兩性研究》，第9期（民87年），頁55-85。

[101] 石之瑜，《文明衝突與中國》（台北：五南，民89），第四章。

[102] Glass, James M., *Psychosis and Power: Threats to Democarcy in the Self and the Group* (Ithica: Cornell University Press,1995).

[103] 張永杰&程遠忠，《第四代人》（台北：風雲時代，民78年）。

摧毀，而在戰鬥中又對大局的毫無左右的能力。他們別無選擇依賴的毛主席，在改革開放當中，已無著力之點。他們之中幾多高幹子弟，正在企業界、軍方、部會、省府等單位掌握新的資源，彌補受到創傷的心靈。由於他們對權力上的限制或挫折忍耐程度有限，反擊手段沒有倫理規範的忌諱，會對兩岸關係起什麼作用，是值得深入觀察的課題。倘若台灣方面亦由二二八事件以來受迫害意識濃郁的一代掌權，兩相激盪，對兩岸關係造成波濤可以預期。

兩岸政策中的認知與情感

每個決策者都追求擴大自己認為的好處，愈是理性的人，就愈是不受短期情緒的左右，而能掌握大方向。但各種利益與利益之間往往不可得兼，這時就很難用簡單的理性原則決策（Smelster, 1998）。尤其當利益項目涉及情感時，問題更複雜。情感方面的利益，如民族主義，受到時間因素的影響而不同於軍力整建、經濟成長等。簡言之，當情感方面的利益不被滿足時，會形成爾後決策更大的壓力，因為情感的剝奪會累積，而軍備的緩建不會有情感上的懲罰。這也可以看成為長期與短期的問題。比如，為了長遠的振興民族，必須忍受美國在人權方面的指指點點，以免最惠國待遇被取消，但這麼作必然是對民族主義在短期內的打擊[104]。北京能夠忍受情感上的屈辱多久，決定了它多大程度可以表現為一個理性決策者。忍受程度受到兩個因素的影響，其中認知的因素是健忘程度，即民族主義方面的剝奪有多大程度會隨時間淡忘；另一個情感的因素是寬恕程度，即雖然記得屈辱，但要求平反的需要會隨時間遞減。

理性的人管理風險的方式仍因人而異。在兩岸關係中在什麼時候，有什麼人會採風險高的政策呢？有幾個假設值得提出。第一，是第三代人

---

[104]石之瑜，1998，「外交分析中的民族主義模型芻議」，《社會科學季刊》（將發表）

比第二代人願意冒險。第二代人是約六、七十歲的人，他們是建國後成長的一代，跟隨第一代開國老幹部治國，做事規矩嚴謹，遇到大風險都有第一代人頂著。第三代人就不一樣，他們是四、五十歲的人，經歷文化大革命，對人事缺乏尊重，而且相對而言不擇手段，做事不規範，沒有人保護，權力感被剝奪，因而風險性較高。當他們逐漸進入決策體制的高層後，兩岸關係的規範性有可能降低。[105]其次，當決策過程與責任承擔是集體的時候，風險敏感度較高；但如果政策責由一人肩負，風險敏感度將大為降低。最後，如果政策目的在防止損失，其面對風險的保守性應當高於以攫取新利益的政策[106]，故防止台獨所用的手段，保守程度應當高於促統一的政策。

按照兩岸領導人常用的的說法，兩岸關係能不能取得進展，會談適不適合恢復，要看當時的氣氛。所謂氣氛，應當指的是心情。心理學中關於心情的研究日漸增多，但用在政治學裡還不多見[107]。其實，這方面有許多可以設定的研究假設。影響心情的當然包括對手是誰，不過這點留待好惡那一部分再討論。除了具體的對手之外，大環境中是不是中國威脅論充斥，是的話則影響心情；大陸經濟狀況是否良好，如果表現不佳也影響心情；國內集體領導團不團結，鉤心鬥角太嚴重一定影響心情。照說心情好的時候，對台北的態度會比較寬鬆，在其他條件不變時，兩岸會談比較容易解決問題。研究者可以選出下列三個變數：首先是用來測定心情好壞的領導人談話內容；其次是衡量兩岸關係好壞的指標；最後是把假設會影響心情的政治、經濟、外交情勢，作出量表。這三個變數之間的關係為何，透露出影響兩岸關係的是哪一種心情。

不過，與大陸交往經驗豐富的人都知道，不管人們心情好不好，總是

---

[105]同註103.

[106]Kahneman, D. & A. Tversky, "Choices, Values, and Frames," *American Psychologist* vol.39 No.4, (1984) pp.341-350.

[107]Holm, Jack, *Mood/Interest Theory of American Foreign Policy* (Lexington: University of Kentucky Press1985).

要先了解來者是敵是友。對台交往部門有一套制式的歸因分類[108]，把台灣來客加以歸類。主人最關切的當然是來人在統獨問題上的立場，有時大家保護自己很少表態，那就要看與君同行的是什麼人，或來人是在什麼單位工作的。早期凡是批評大陸都被懷疑是台獨，後來歸因變得日益細緻，也慢慢知道台灣客人看場合說話的習慣。有的人發展出比較複雜的方式來定位對方，比如聽聽這個人的口音是不是外省人，探詢這個人投票是不是支持民進黨，而對待學界和對待商人的標準又不同。雖然有時喜好一個人與否，與此人的其他特質有關，而且好惡常常影響認知，但值得在此檢驗的假設是，兩岸關係裡統獨立場的認知決定了好惡。統獨立場不明確或態度搖擺的人，引起不能定位的焦慮，不會成為被喜好的人。

最後是關於對人的好惡。台北有次任命一個外省籍的官員主管大陸事務，目的是要向北京傳達不搞台獨的訊息。北京則對於台北在談判將屆的關頭，連續派遣北京顯然不喜歡的人出任要職，感到非常不高興。對一個人的好惡，影響到與之互動時的對抗傾向[109]，理論上，自己愈討厭的人，談判時妥協的機會就減少。是不是如此非常值得研究。同樣重要的是，哪些人是會讓人討厭的。是不是與日本關係密切的人，或與美國國會接近的人，就相對容易引起大陸談判對手的反感？過去的見面經驗多少也決定好惡，似乎會吟中國古詩的比愛講台灣諺語的受歡迎。在1995年中兩岸政治關係破裂後，涉台部門仍接見台灣客人，或許從接待方式、地點可以判斷是否與好惡有關。但最高層選擇私下接見的客人，必然要根據好惡而來，在這方面進行歸納，可以看出直接影響好惡，間接影響政策傾向的因素有哪些。

---

[108]Fiske S. & M. Pavelchak, "Category-based vs. Piecemeal-based Affective Responses: Developments in Schema-triggered Affect," in R. Sorrentino and E. Higgins (eds.), *Handbook of Motivation and Cognition* (New York: Guilford Press,1986), pp.167-203.

[109]Lazarus, R. S., "On the Primacy of Cognition," *American Psychologist*, vol.39, No.2(1984) pp.124-129.

兩岸政策中的知覺與行為

　　兩岸談判代表對彼此都會有一些期待，通常人們花更多的時間去注意自己期待發生的事務，甚至過分地解讀了形勢，以為期待的事已經發生。相反的，假如對方表現的方式與期待不同，則人們有時視而不見，或見而不識[110]。比如當兩岸處於衝突狀態時，台北會預期北京所有的策略都是要打壓自己，所以當有意想不到的寬鬆立場出現時，台北的典型反應有兩個：一是表示消息不準確，二是斥之為統戰伎倆[111]。談判中的期盼會受到心情、好惡的影響，也受到自己態度的影響，當期待不獲滿足時的沮喪，必定會回饋到認知去。故前此兩岸談判達成在劫機犯遣返方面的協議，但台北拒絕簽署，因為北京在另一項關於公務船的議題上未能妥協，使北京慶功閉幕的準備撤除。這次事件，嚴重影響到北京對台北推動兩岸交流的觀感，從此感到事務性商談沒有意義。另外，北京認真設計一套語言，迴避兩岸法律管轄用語，以滿足台北要求的互不否認，但台北升高要求為相互承認，北京經過相當一段時日才體會過來，感到不能接受。

　　不過，台北在一個中國的問題上維持了模糊性，使得北京在1994年中以前仍然對台北抱持一定的希望。台北過去在一個中國的問題上，提出過「一國兩府」、「一個中國，兩個政治實體」，並指一個中國是歷史的、文化的、地理的，不是法律的、政治的。北京對台北意圖的判斷，過去傾向將模糊往好的方向解釋。這種判斷因為事關北京的民族情感與統治正當性，而可能有所強化。甚至在台北提出「以一個中國為指向的現階段兩個中國政策」後，雖然受到抨擊，大陸卻仍未死心。在經歷1994年各種風暴之後，北京的判斷作了一百八十度的大轉變。從此，台北任何含糊的策略，北京都作出負面的判斷。由於北京把台灣問題看成是最高問題，所以會誇大對正面因素的解釋為很正面，負面因素為很負面。同時，當北京

---

110 Granberg D.& S. Holmberg, *The Political System Matters: Social Psychology and Voting Behavior in Sweden and the United States* (Cambridge: Cambridge University Press, 1988).

111 石之瑜，《兩岸關係概論》（台北：揚智，民87年）。

願意在對台北的負面判斷中，作出很小的妥協修正時，會感到自己作出了很大的讓步或寬容。這些現象都是根據「社會判斷理論」得出的研究檢驗對象[112]。

　　在政治對抗中，人的知覺印象出現兩極化是很正常的[113]。尤其當當事人自己的立場相當尖銳的時候，對於其他人和自己的敵人之間是什麼關係，往往在受到自己激進態度的影響下做評估[114]。所以一旦北京決定，台北高層是十惡不赦的台獨主張者，就傾向把所有其他人都看成與台北高層是對立的。北京將過去的口號中「寄希望於台灣當局」拿掉，只保留了「寄希望於台灣人民」，顯然認為台灣人民與台北高層是站在對立面的。兩級化傾向使人將原本立場、關係等方面有差距的人，因為都是我敵人的敵人，就忽略了他們之間的問題。這個兩級化的知覺特色，讓北京低估了統戰工作的困難，一直到1997年，北京仍有人相信，1996年的台海導彈試射，有利於遏制島內台獨聲勢。這個預期和許多民意調查的結果，顯然是不符合的。另外，兩極化傾向會讓自己愈激進的人，把對象的立場看得更激進，所以所有不支持台獨的，看起來變成一樣地堅決反台獨，從而把台商、知識分子、新黨、外省人、統派當作同等程度的統派。

　　三十多年前，一位有名的國際政治學家列舉了十三項人們常見的錯誤解讀現象，以及這些現象如何影響決策與結局[115]。但人們必然是希望自己的觀察是正確的，即使有人故意誤導，那也是他們相信，誤導民眾有助於好的結果的出現，起碼這一點上，人們認為自己是有影響力，而且做法正確的。大家都希望自己喜歡的事會發生，都根據自己的情感傾向找尋證

---

[112] Granberg D. & E. Brent, "When Prophecy Bends: The Preference-expectation Link in the U.S. Presidential elections, 1952-1980," *Journal of Personality and Social Psychology* vol.45 No.3 (September 1983) pp.477-491.

[113] Key, V.O., Jr. The Responsible Electorate (Cambridge: Harvard University Press, 1966).

[114] Granberg D. & T. Brown, "The Perception of Ideological Distance," presented at the Midwest Political Science Association annual meeting, 1990, Chicago.

[115] Jervis, Robert, *Perception and Misperception in International Politics* (Princeton: Princeton University Press, 1976).

據，找到不利的證據都先予以忽略，如此維持認知上的一致。為了滿足自己判斷問題的正確感，自然就會把不利的音訊做有利的解釋。對台灣而言，因為處於世界政治的下層，通常產生不了影響力，所以領導人非常有意識地希望將好的消息報導給民眾。人們對別人同意自己都覺得高興，所以政府感到不適合讓人民都聽到外界不同意我的聲音，以免遷怒於政府。另一方面，人們對於與自己意見相左的人，只願意聽到他們與自己意見不同。如果意見竟然相同，多少會懷疑那是花言巧語，或對方受到壓力不情願的作了修正。

為了簡化複雜的世界，使日理萬機的人們能基本掌握兩岸關係的脈動，必須發展出一套認知的基模。這個基模提供了基礎的偵查路線[116]，使得不能被偵查到的音訊自動排除，則人就知覺不到它們。於是人們很可能採用了一個錯誤的基模參考點，可是往往人們集體的印象有一定的正確性，或可以創造正確性[117]。所以並不能說新黨的成員都真心接受中國未來的統一，或民進黨的支持者是主張台灣獨立的人，不過總體而言新黨與民進黨分別與統獨畫上等號，顯然有相當的準確性。故即使以新黨的立場去推斷它的黨員的立場會發生偏差，但對新黨立場的明確化，多少有一定的效果。這個問題在國民黨方面就嚴重得多。原本國民黨主張統一，結果因此而做得推估非常不準確。現在，大陸將國民黨看成是同情，暗助台獨的黨，結果依據這個參考點來認識自己不熟悉的國民黨員，有時也會失真。倘若能經由訪談，歸納大陸知識界對台觀感中的分類標準，將是對兩岸關係研究的一個偉大貢獻。

---

[116] Conover, P. & S. Feldman, "The Role of Inference in the Perception of Political Candidates," in R. Lau & D. Sears (eds.), *Political Cognition* (Hillsdale, NJ: Lawrence Erlbaum Associates,1986).

[117] Page, B., *Choices and Echoes in Presidential Elections* (Chicago: University of Chicago Press,1978).

方法論與研究方法

眾所周知，心理學注重的實驗方法，在中國研究中很難執行，但也不必完全避開實驗、參與實驗的通常是大學的學生，其目的在虛擬實境，讓學生有充分的歷史知識後，模擬決策過程。不過，這裡必須藉由研究設計將所要分析的因果關係孤立出來。這種準實驗室的分析限制甚多，畢竟要將同學帶入歷史情境的工作很難做好。另外一種準實驗室的工作是內容分析，爲早期政治心理學家所鍾情。內容分析要求研究者就研究對象的發言內容，根據事先擬妥的辭語清單及加權比重整理歸類，再與其他自變項或依變項進行相關性分析。另外一個常見的方法，是經由事先閱讀部分講稿，了解發言者主要的關切之後，根據他們的發言，設計一套問卷，這個問卷問的是研究者想要找尋的因果關係，但是是在與發言者發言內容的相關情境中提問。再根據這個問卷，在大量的演講、訪談稿件裡找尋答案。虛擬實境主要是研究決策過程，因爲沒有其他更好的方法；內容分析則對分析人的信仰思維體系最有幫助。

早年的五國公民文化研究，採用了是大規模的社會調查，透過問卷設計、訓練訪員、轉登錄資料、統計分析等複雜程序，來蒐集關於人們的政治態度。社會調查是在實際社會中進行的實驗，利用問卷的架構將受訪者的情境統一化，所以得出的答案具有階級、職業、種族、地區之間的比較性。這種研究需要大筆的經費，受到歐美研究機構支持最力。不過，社會調查的問題百出：首先，人們回答問題的情境與生活實境脫節，故答案固然是來自受訪者，但對受訪者可能完全沒有意義；其次，訪員的訓練從來沒有達到專業水平，訪談資料錯誤極多；再其次，抽樣的困難造成有效樣本不足，或無法達到隨機的要求；最後也最重要的，是調查設計假設受訪者表達的是自己的意見，這是個人主義社會的合理假設，但在人情導向的社會理，人們是以尊賢之意見爲意見，則社會調查出來的結果，就不能用個人化的邏輯推論來詮釋。

傳統的國民性研究採用的是歷史分析，也算是廣義的文本分析，即依照一地的歷史文獻，分析該社會期待當中的理想人格與角色規範。這一種

分析主觀性很強，在行為科學的那一段年代不受歡迎。文本分析在認同政治的研究中復甦，但研究者不從文本中直接整理出認同的主張，而在與認同看似不直接相關的各種文學、傳記、史料、文件的字裡行間，用二讀、三讀的方式，抽離出文本脈絡之間所沒有言明的、但卻又必然是其推論前提的種種論述結構。分析者的任務是，比較這些在不同的歷史時空中的文本，看哪些不變，哪些有了轉變。文本分析可以揭露社會心理的深層結構，讓後來的研究者得到一個管道，進入歷史人物的情境；但這也是一個缺點，即只能說明今人的認同由何而來，但不能分析為什麼有的認同論述引起情感上的激動，而其他的會被歷史淘汰；另一方面，文本分析對於論述結構的整理趨於主觀，因此有可能誇大某一種認同論述的制約力量。

在心理學中最引起爭議的的方法當推精神分析莫屬。精神分析方法起自佛洛依德（Emmanuel Frued），著名的大師包括佛洛姆（Erich Fromm）、容格（Carl Gustav Jung）等。當代政治學家最有系統引入此一分析方法的是格拉斯（James Glass），在中國政治研究中則以白魯洵（Lucian Pye）、所羅門（Richard Solomon）、黎夫頓（Robert Lifton）最聞名。精神分析迄今在心理學中受到質疑，主要是認為，此道中人依據無法證實的深層心理結構理論，所推演出的人格和行為解釋，只能是一種意見，而非科學。精神分析有賴研究者了解研究對象的成長經驗，但這方面的資訊不易獲得，靠當事人回憶並不可靠，雖然重點是回憶的內容，而不是回憶的真實性。然而，未經刻意包裝捏造的決策者回憶或童年成長經驗從何而得？精神分析仰賴研究者的聯想力，才能將片段的資訊湊出全貌，以致於可能與當事人的深層情感完全偏離。不過，由於精神分析處理的是個體的焦慮問題，卻又為其他研究方法所忽略，而焦慮恰是當代兩岸關係中的普遍現象。

限制與展望

上述關於政治心理學、中國政治心理學的討論，以及此一學科在兩岸關係當中的潛在應用方向，只是簡介。由於篇幅所限，只能述及個別概

念，而對這些概念之間的關係，尤其是重疊混淆之處，無法多談。其實，在心理學文獻中，儘管這些概念各有定義，心理學家也未必重視他們之間的模糊之處。更重要的是，上述五種研究議程的分類本身並非絕對的，比如認知與知覺、態度與認知、思維與認知之間的區隔，並不是截然的；又如基模和歸因、判斷和理性等理論所處理的，往往是重疊的現象。值得研究的課題，除了個別概念或理論的實用之外，最有趣的，應該是像認同、人格、思維、情感、知覺之間的關係，以及這些方面的變遷如何發生的問題。在本文的介紹之中，認同與知覺、人格與思維之間不會直接發生關係，而要透過認知與情感才能相互影響，這框架本身也是值得探索的一個議題。

　　心理學應用到中國研究與兩岸關係的另一個問題，是心理學是西方發展的學問，因此心理學的概念與理論，是在記錄西方人自我分析的進程，雖然一個科學理論應當放諸四海皆準，但顯然在自由資本主義與基督教文化中出現的學術，用到回教、儒家等地方，有相當大的限制，因為非基督教地區關於人性與正常人格的假設，以及配合這些假設的社會實踐，顯然有所不同。面對西方中心傾向的學術，兩岸關係研究者有必要謹慎小心地了解各個心理學學派背後的文化假設，這是為什麼引介詮釋學派的認同政治學在此特別重要的緣故。詮釋學派是西方內部對西方學術的批判，其力道強過非西方學者所做的外在批判。文本分析作為解構西方政治現象的一項工具，用來同樣解構非西方的政治十分有啟發性。由於外來的西方政治制度、價值已經在兩岸深入人心，對西方的反省必然連帶會引起對中國這塊政治深層結構的思索。

　　同時必須記得的是，文首幾次提及到研究的大環境，對研究與議程有一定的影響。身在後冷戰時期，面對全球化潮流的撞擊，精神分析與認同政治的興起可以預期。可惜的是，精神分析與認知、情感的研究彼此對話不足，主體認同的研究也與國民性的早期研究缺乏對話。假如，學派之間在研究議程上不相為謀，在研究經費上彼此排擠，則唯一讓他們有機會對話的，就是他們同感興趣的區域研究。而且，區域研究中的心理學家恐怕還是會延續心理學當中的學派問題。若是政治學家來採用心理學，就免於

這些學派的限制，可以採拿來主義，凡是有啟發的都接納，這反而提供了不同心理分析取向之間一個對話的機會。當然，吾人的目的不在於介入心理學的學派紛爭，而在於解放政治學於自己學科所加諸的侷限。這個侷限最嚴重的地方，就是無法處理後冷戰時代的認同疏離與主體政治。

值得注意的是，全球化潮流在衝擊了心理學之後，也在非西方地區孕育了各種打著本土旗號的心理學家。本土心理學的出現，反映了非西方社會對於西方心理學的疑懼，好像西方心理學一旦出了西方，就不再是建立心理健康的機制，而變成要在非西方社會進行人格改造的機制。不過，本土心理學就像後冷戰潮流一樣，只知道冷戰已過，但不知道新秩序何在。差別在於，本土心理學靠著想像而有清楚方向，故不曰「後」，而名「本土」。後冷戰的提法，反映了強權要脫離冷戰秩序，又不肯回到冷戰前秩序的態度，這也是一種間接吹全球化的策略。而本土認同的揭櫫，雖然也是矇矇懂懂，卻昭告了對全球化的抵抗。換言之，本土心理學固然只是一門方法學猶待建立的學派，但其政治意義是要對全球化進行批判的、小心的反思。假如政治學要回應全球化潮流，難免就必須思考同樣的問題：適不適合在方法學與研究方向明白之前，就先宣布不以全球化為典範思索認同政治？

最後這個問題是研究兩岸關係所逃避不了的問題。作為研究兩岸關係的學者，採用心理學角度的好處，就是讓人們認識到，雖然吾人研究的對象是決策者、交流的人、趨勢、結構，但根深蒂固地是在研究自己。了解研究對象的心理狀態，正是研究者了解自己最適當的途徑。因此而揭露了，兩岸關係研究對於兩岸的學者而言，是一種在全球化潮流中不知所以然的自我治療。人們在兩岸關係成為一項課題之前，原本沒有強烈的主體意識需求，全球化發展了兩岸關係，兩岸關係創造了兩岸對主體的反省，這種反省有歷史淵源，有情感基礎，也有認知建構的成分參雜其中，沒有心理學引領進入這些過程，將讓研究者與研究對象失落在不斷建構認同的漩渦中，相互利用，增長共同的焦慮。唯有透過相互陳述，才能彼此為鏡。不是說心理分析是萬能的，但是不加入這一塊，則兩岸關係無解，兩岸關係的研究也無解。就像心理學家如果不知道全球化潮流的影響，不知道兩岸關係的影響，那本土心理學裡也不會有解。

參考書目

中文書目

包宗和，1990，《台海兩岸互動的理論與政策面向》，台北：三民。

石之瑜，1998，《宋美齡與中國》，台北：商智。

石之瑜，1998，《兩岸關係概論》，台北：揚智。

石之瑜，1998，「台灣專業女性對全球化的回應」，《婦女與兩性研究》
9: 55-85。

石之瑜，2000，《文明衝突與中國》，台北：五南。

石之瑜，1997，《中國文化與中國的民》，台北：風雲論壇。

石之瑜，1997，「從文化層面看『九七香港回歸』」，《中國大陸研究》
40, 7: 31-47。

石之瑜，1995，《大陸問題研究》，台北：三民。

石之瑜，1995，《後現代的國家認同》，台北：世界。

石之瑜，1995，《民族主義外交的困境》，台北：世界。

石之瑜，1994，《中國大陸的國家與社會》，台北：五南。

朱雲漢等，1998，《兩岸基層選舉與政治社會變遷》，台北：月旦。

江宜樺，1998，《自由主義、民族主義與國家認同》，台北：揚智。

伊原吉之助，1997，「李登輝論：面臨二大轉機的領導者」，輯於國立台
灣大學日本綜合研究中心（編）《文明史上的台灣》，台北：國立台灣
大學日本綜合研究中心，561-582。

宋強等，1996，《中國可以說不》，北京：中國工商聯合出版社。

李英明，1991，「定位中共的現實與理想」，《中國論壇》31, 7: 81-84。

李念祖&石之瑜，1992，《規範兩岸關係：人道努力與制度安排》，台
北：五南。

吳玉山，1997，「抗衡或扈從：面對強鄰時的抉擇」（上/下），《問題
與研究》36, 2/3: 1-32/61-80。

吳玉山，1997，《抗衡或扈從：從前蘇聯看台灣與大陸間的關係》，台
北：正中。

吳玉山，1996，《遠離社會主義：中國大陸、蘇聯、和波蘭的經濟轉
型》，台北：正中。

吳玉山，1994，「中國大陸研究與比較政治」，《中國大陸教學通訊》1: 4-6。

吳玉山，林文程&江水平，1995，《後鄧時期對大陸及台灣的震盪》，台北：財團法人國家發展研究文教基金會。

邵宗海，1997，《大陸台灣研究現況》，台北：華泰文化。

周之鳴，1970，《費正清集團在台灣大陰謀》，台北：國際共黨問題研究社。

周陽山，1991，「台灣『大陸學』研究之回顧與展望」，發表於《兩岸關係四十年演變的回顧與前瞻》研討會（台北）（5.26）。

周蕾，1995，《婦女與中國現代性：東西方之間閱讀記》（台北：麥田）。

胡平，1995，「比賽革命」，發表於《文化大革命三十週年紀念》研討會，（Boston）（5.10）。

胡佛，1998，政治文化與政治生活，台北：三民。

胡佛，1998，政治參與與選舉行為，台北：三民。

胡佛，1998，政治變遷與民主化，台北：三民。

胡佛，1995，「政治文化的意涵與觀察」，輯於喬健（編）《中國人的觀念與行為》，天津：天津人民出版社，頁389-412。

徐火炎，1996，「台灣選民的國家認同與黨派投票行為：一九九一至一九九三年間的實證研究結果」，《台灣政治學刊》1: 85-127。

徐宗懋，1997，《日本情結》，台北：天下文化。

孫隆基，1995，《未斷奶的民族》，台北：巨流。

孫隆基，1985，《中國文化的「深層結構」》，香港：集賢社。

張一，1988，《中國社會熱點難點疑點分析》，北京：解放軍出版社。

張永杰&程遠忠，1989，《第四代人》，台北：風雲時代。

陳淑娟，1991，「從六四民運的犧牲行為看中國人的自我表達」，輯於楊國樞&黃光國（合編），《中國人的心理與行為》，台北：桂冠，頁307-334。

陳昭英，1998，《台灣文學與本土化運動》，台北：正中。

游盈隆，1996，「台灣族群認同的政治心理分析」，《台灣政治學刊》1: 41-84。

華原，1991，《痛史明鑑》，北京：北京出版社。

黃旻華，1998，《國際關係批判理論的重建與評論：科學實存論的觀點》，國立中山大學政治學研究所碩士論文。

楊國樞，1993，「我們為什麼要建立中國人的本土心理學？」《本土心理學研究》1: 6-88。

楊開煌，1997，「大陸村自治選舉之經驗性研究與分析」，《中共研究》31, 12: 105-119。

楊開煌，1995，「村自治訪談紀要」，《中國大陸研究教學通訊》9: 5-8。

楊開煌，1994，「在大陸從事經驗研究之經驗」《中國大陸研究教學通訊》1: 6-9。

楊曦光，1994，《牛鬼蛇神錄》，香港：牛津。

葉明德，1994，「到大陸研究訪談的一些心得」，《中國大陸研究教學通訊》1: 9-10。

廖炳惠，1997，「後殖民研究的問題及前景」（上/下），《當代雜誌》121/122, pp.66-77/48-61。

趙建民，1998，「台灣主體意識與中國大陸民族主義的對抗：面對二十一世紀的兩岸關係」，《中國大陸研究》41, 1: 54-71。

魯迅，1995，《魯迅語錄》，成都：四川人民出版社。

劉必榮，1993，「不對稱結構下的談判行為分析」，《東吳政治學報》2: 219-267。

關信基，1995，「香港政治文化的持續與變遷」，輯於喬健（編）《中國人的觀念與行為》，天津：天津人民出版社，頁413-428。

外文書目

Adams, Kenneth Alan & Lester Hill, Jr. 1987, "Protest Anality in Japanese Group-Fantansies," The Journal of Psychohistory 15, 2: 113-145.

Adelman, Jonathan and Chih-yu Shih 1993, *Symbolic War: The Chinese Use of Force*, 1840-1980 (Taipie: Institute of International Relations).

Almond, Gabriel and Sidney Verba 1963, *The Civic Culture: Political Attitudes and Democracy in Five Nations* (Princeton: Princeton University Press).

Ardono, T. W. et al 1950, Authoritarian Personality (New York: Harper & Brothers).

Arendt, Hanah 1976, *Eichmann in Jerusalem: A Report on the Banality of Evil* (New York: Penguin).

Axelrod, Robert 1976, *Structure of Decision: The Cognitive Maps of Political Elites* (Princeton: Princeton University Press).

Bandura, Albert 1997, *Self-efficacy: The Exercise of Control* (New York: W. H. Freeman).

Bobrow, Davis B., Steve Chan and John A. Dringen 1979, *Understanding Foreign Policy Decisions: The Chinese Case* (New York: The Free Press).

Barlow, Tani 1997, *Formations of Colonial Modernity in East Asia* (Durham: Duke University Press)

Barlow, Tani 1993, *Gender Politics in Modern China* (Durham: Duke University Press).

Barry, Brian and Russell Hardin (eds.) 1982, *Rational Man and Irrational Society? An Introduction and Source Book* (London: Sage).

Benedict, Ruth 1946, *The Chrysanthemum and the Sword: Patterns of Japanese Culture* (Boston: Houghton Mifflin).

Boorman, Howard and Scott Boorman 1967, "Strategy and National Psychology in China," *Annals of American Academy of Political and Social Science* (March): vol.370,143-155.

Campbell, David 1992, *Writing Security: United States Foreign Policy and the Politics of Identity* (Minneapolis: University of Minnesota Press).

Chang, Joanne J. L. 1986, *United States-China Normalization: An Evaluation of Foreign Poilcy Decision Making, Occasional Paper/Reprinted Series in Contemporary Asian Studies* (Baltimore: School of Law, University of Maryland).

Chiu, Fred Y. L. 1997, "Politics and the Body Social in Colonial Hong Kong," in T. Barlow (ed.), *Formations of Colonial Modernity in East Asia* (Durham: Duke University Press), pp.295-322.

Conover, P. & S. Feldman 1986, "The Role of Inference in the Perception of Political Candidates," in R. Lau & D. Sears (eds.), *Political Cognition* (Hillsdale, NJ: Lawrence Erlbaum Associates).

Cottam, Martha L. 1994a, *Images & Intervention: U.S. Policies in Latin America* (Pittsburgh: University of Pittsburgh Press).

Cottam, Martha L. 1994b, "Image Change and Problem Presentation After the Cold War," presented at the International Studies Association annual meeting (Washing, D. C.) (March 29-April 1).

Cottam, Martha L. 1989, "Cognitive Psychology and Bargaining Behavior: Peru Versus the MNCs," *Political Psychology* 10 (September): 445-476.

Cottam, Martha L. and Chih-yu Shih (eds.) 1992, *Contending Dramas: A Cognitive Approach to International Organizations* (New York: Praeger).

Cottam, Richard 1977, *Foreign Policy Motivation* (Pittsburgh: University of Pittsburgh.)

Crockett, W. 1974, "Balance, Agreement and Subjective Evaluations of the P-O-X Triads," *Journal of Personality and Social Psychology* 29: 102-110.

Croll, Elizabeth 1994, *From Heaven to Earth: Images and Experiences of Development in China* (London: Routledge).

Cranmer-Byng, John 1973, "the Chinese View of Their Place in the World," *The China Quarterly* 53: pp.67-79.

Der Derian, James 1994, "Simulation: The Highest Stage of Capitalism?" in D. Kellner (ed.), *Baudrillard: A Critical Reader* (Oxford: Blackwell).

Dittmer, Lowell and Samuel Kim 1993, *China's Quest for National Identity* (Ithica: Cornell University Press).

Doi, Takeo 1973, *The Anatomy of Dependence* (New York: Kodansha International).

Elshtain,, Jean Bethke 1995, *Democracy on Trial* (New York: Basic Books).

Erikson, Eric 1969, *Ghandi's Truth on Origins of Militant Nonviolence* (New York: Norton).

Fiske S. & M. Pavelchak 1986, "Category-based vs. Piecemeal-based Affective Responses: Developments in Schema-triggered Affect," in R. Sorrentino and E. Higgins (eds.), *Handbook of Motivation and Cognition* (New York:

Guilford Press), pp. 167-203.

Focoult, M. 1965, *Madness and Civilization* (trans.) R. Howard (New York: Random House).

Fornari, Franco 1975, *The Psychoanalysis of War* (trans.) A. Pfeifer (Bloomington: Indiana University Press).

Forum 1996, *The China Journal*, vol.36 (July): 87-134.

Friedman, Edward 1995, *National Identity and Democratic Prospects in Socialist China* (Armonk, N.Y.: M. E. Sharpe).

Fromm, Erich 1977, *The Anatomy of Human Destructiveness* (Harmondswothe: Penguin).

Garver, John 1982, *China's Decision for Rapproachment with the United States*, 1968-1971 (Boulder: Westview Press).

George, Alexander L. 1979, "The Causal Nexus between Cognitive Beliefs and Decision-Making Behavior: The 'Operational Code' Belief System," in L. S. Falkowski (ed.), *Psychological Models in International Politics* (Boulder: Westview).

George, Alexander L. and Juliette L. George 1956, *Woodrow Wilson and Colonel House: A Personality Study* (New York: Dover Publications, Inc.).

George, Alexander L. and Richard Smoke 1974, *Deterrence in American Foreign Policy: Theory and Practice* (New York: Columbia University Press).

Gilmartin, Chirstina K. et al (eds.) 1994, *Engendering China: Women, Culture, and the State* (Cambridge: Harvard University Press).

Glass, James M. 1995, *Psychosis and Power: Threats to Democarcy in the Self and the Group* (Ithica: Cornell University Press).

Glaude, E. Ted 1982, *China's Perception of Global Politics* (Washington D. C.: University Press of America).

Granberg D. & E. Brent 1983, "When Prophecy Bends: The Preference-expectation Link in the U.S. Presidential elections, 1952-1980," *Journal of Personality and Social Psychology* 40: 833-842.

Granberg D. & T. Brown 1990, "The Perception of Ideological Distance," presented at the Midwest Political Science Association annual meeting (Chicago).

Granberg D. & S. Holmberg 1988, *The Political System Matters: Social Psychology and Voting Behavior in Sweden and the United States* (Cambridge: Cambridge University Press).

Harding, Sandra 1991, *Whose Science? Whose Knowledge: Thinking from Women's Lives* (Ithica: Cornell University Press).

Harrell, Steven (eds.) 1995, *Cultural Encounters on China's Ethnic Frontiers* (Hong Kong: Hong Kong University Press).

Hartsock, Nancy 1992, "Masculinity, Heroism and the Making of War," in A. Harris and Y. King(eds.), *Rocking the Ship of State* (boulder: Westview), pp. 133-152.

Hermann, Margaret 1978, "Effects of Personal Characteristics of Political Leaders on Foreign Policy," in M. A. East, S. A. Salmore & C. F. Hermann (eds.), *Why Nations Act: Theoretical Perspectives for Comparative Foreign Policy Studies* (London: Sage), pp.49-6.

Herrman, Richard 1985, *Perception and Behavior in Soviet Foreign Policy* (Pittsburgh: University of Pittsburgh Press).

Hiniker, Paul and J. Perlstein 1978, "Alternation of Charismatic and Bureaucratic Styles of Leadership in Revolutionary China," *Comparative Political Studies* 10, 4 (January): 529-553.

Holm, Jack 1985, *Mood/Interest Theory of American Foreign Policy* (Lexington: University of Kentucky Press).

Hook S. 1959, *Psychoanalysis, Scientific Method and Philosophy* (New York: New York University Press).

Hoston, Germaine A. 1994, *The State, Identity, and the National Question in China and Japan* (Princeton: Princeton University Press).

Hwang, Kwang-kuo 1987, "Face and Favor: The Chinese Power Game," *American Journal of Sociology* 97, 4: 944-974.

James, William 1890, *Principles of Psychology* (New York: Holt).

Jervis, Robert 1992, "Political Implications of Loss Aversion," *Political*

Psychology 13, 2: 187-204.

Jervis, Robert 1986, "Representiveness in Foreign Policy Judgements," *Political Psychology* 7: 483-595.

Jervis, Robert 1976, *Perception and Misperception in International Politics* (Princeton: Princeton University Press).

Jervis, Robert and Richard Ned Lebow (eds.) 1985, *Perception and Deterrence* (Baltimore: The Johns Hopkins University Press).

Jia, Qingguo 1996, "Reflections on the Recent Tension in the Taiwan Strait," *The China Journal* 36 (July): 93-97.

Jung, C. G. 1988, *Essays on Contemporary Events: Reflections on Nazi Germany* (London: Ark Paperbacks).

Kahneman, D. & A. Tversky 1984, "Choices, Values, and Frames," *American Psychologist* 39: 341-350.

Kao, Yung-kuang, "The Issues of China's Reunification: Analysis from Models of Game Theory,"《中山社會科學期刊》1, 1: 45-64。

Kessen, William (ed.) 1975, *Childhood in China* (New Haven: Yale University Press).

Key, V.O., Jr. The Responsible Electorate (Cambridge: Harvard University Press, 1966).

Kim, Samuel 1977, *The Maoist Image of World Order* (Princeton: Center of International Studies, Princeton University).

Kirscht John P. and Ronald C. Dillehay 1967, *Dimensions of Authoritarianism: A Review of Research and Theory* (Lexington: University of Kentucky Press).

Kristeva, J. 1982, Powers of Horror: An Essay on Abjection, (trans.), R. Diaz (New York: Columbia University).

Kyogoku, Jun-ichi 1987, *The Political Dynamics of Japan*, (trans.), N. Ike (Tokyo: University of Tokyo Press).

Lakatos, I. 1970, "Falsification and the Methodology of Scientific Research Programs," in I. Lkatos and A. Musgrave (eds.), *Criticism and the Growth of Knowledge* (Cambridge: Cambridge University Press).

Lapid, Yosef and David Kratochwil (eds.) 1996, *The Return of Culture in IR Theory* (Boulder: Lynne Rienner).

Laswell, Harold 1977, *Psychopathology and Politics* (Chicago: University of Chicago Press).

Lazarus, R. S. 1984, "On the Primacy of Cognition," *American Psychologist* 39: 124-129.

Leites, Nathan Contantin 1953, *A Study of Bolshevism* (Glencoe, Ill.: Free Press).

Li, P., S. Mark, M. H. Li 1990 (eds.), *Culture and Politics in China: An Anatomy of Tiananmen Square* (Brunswick, NJ: Transaction).

Liao, Kuan-sheng 1984, *Anti-Foreignism and Modernization in China, 1860-1980* (New York: St. Martin).

Ling, Lily H. M. 1996, "Democratization under Internationalization: Media Reconstruction of Gender Identity in Shanghai," *Democratization* 3(2): pp.140-157.

Ling, Lily H. M. and Chih-yu Shih 1998, "Confucianism with a Liberal Face: The Meaning of Democratic Politics in Postcolonial Taiwan," *Review of Politics* 60 (Winter): 55-82.

Lo, Chihj-cheng & Jih-wen Lin, "Between Sovereignty and Security: A Mixed Strategy Analysis of Current Cross-Strait interaction," *Issues & Studies* 31, 3: 64-91.

Madsen, Richard 1983, *Morality and Power in a Chinese Village* (Berkeley: University of California Press).

Mancall, Mark 1963, "The Persistence of Traditin in Chinese Foreign Policy," *Annals of the American Academy of Political Social Science* 349: 14-26.

Mazlish, Bruce 1976, *The Revolutionary Ascetic* (New York: Basic Books).

Mead, Margaret 1942, *And Keep Your Power Dry* (New York: Morrow).

Kuo, Tai-Chun and Ramon H. Myers 1986, *Understanding Communist China: Communist China Studies in the United States and the Republic of China, 1949-1978* (Stanford: Hoover Institution).

Nebow, Richard Ned 1981, *Between Peace and War: The Nature of*

International Crisis (Baltimore: The Johns Hopkins University Press).

Page, B. 1978, *Choices and Echoes in Presidential Elections* (Chicago: University of Chicago Press).

Pye, Lucian 1988, *The Mandarin and Cadre* (Ann Arbor: The Center for Chinese Studies, University of Michigan).

Pye, Lucian 1985, *Asian Power and Authority* (Cambridge: Harvard University Press).

Pye, Lucian 1982, *The Chinese Commercial Negotiating* Style (Cambridge: Oelgeschlager, Gunn & Hain).

Pye, Lucian 1981, *The Dynamics of Chinese Politics* (Cambridge: Oelgeschlager, Gunn and Hain).

Pye, Lucian 1968, *The Spirit of Chinese Politics: A Psychocultural Study of the Authority Crisis in Political Development* (Cambridge: MIT Press).

Rosenau, James N. and Ole R. Holsti 1983, "U.S. Leadership in a Shrinking World: The Breakdown of Consensus and the Emergence of Conflicting Belief Systems," *World Politics* vol.35 (April): 368-392.

Schelling, Thomas 1963, *The Strategy of Conflict* (New York: Oxford University).

Schlesinger, Arthur 1986, *The Cycles of American History* (Boston: Houghton Mifflin).

Shih, Chih-yu 1999 *Reform, Identity, and Chinese Foreign Policy* (Taipei: Vanguard Foundation).

Shih, Chih-yu 1998a, *Collective Democracy: China's Political and Legal Reform* (Hong Kong: The Chinese University of Hong Kong Press).

Shih, Chih-yu 1998b, "A Postcolonial Reading of the State Question in China," *The Journal of Contemporary China* 17, 7: 125-139.

Shih, Chih-yu 1996, "National Security Is a Western Concern," *The China Journal* 36: 106-110.

Shih, Chih-yu 1995, *State and Society in China's Political Economy: The Cultural Dynamic of Socialist Reform* (Boulder: Lynne Rienner).

Shih, Chih-yu 1993, *China's Just World: The Morality of Chinese Foreign*

Policy (Boulder: Lynne Rienner).

Shih, Chih-yu 1991, "Drama of Chinese Diplomatic Spokesmanship," *The China Quarterly* vol.16(Jun).

Shih, Chih-yu 1990, *The Spirit of Chinese Foreign Policy: A Psychocultural View* (London: Macmillan).

Shih, Chih-yu 1989, "Pedagogy of Chinese Diplomacy: A Noe on Rhetoric and Style," *Issues & Studies* 25, 3: 118-136.

Singer, Eric & Valerie Hudson 1992, *Political Psychology and Foreign Policy* (Boulder: Westview).

Snyder, Glenn H. & Paul Diesing 1977, *Conflict among Nations: Bargaining, Decision Making and System Structure in International Crises* (Princeton: Princeton University Press).

Solomon, Richard 1995, *Chinese Political Negotiating Behavior*: 1967-1984 (Santa Monica: Rand).

Shih, Chih-yu 1968, Mao's Revolution and the Chinese Political Culture (Berkeley: University of California Press).

Stein, Arthus 1982, "When Misperception Matters," *World Politics* 34: 505-526.

Verzberger, Yaacov 1990, *The Worlds in Their Mind: Information Processing, Cognition, and Perception in Foreign Policy Decisionmaking* (Stanford: Stanford University Press).

Volkan, Vamik D., Demetrios A. Julius & Joseph V. Montville (eds.), *The Psychodynamics of International Relations: Concepts and Theories* (Lexington: Lexington Books).

Walker, R. B. J. 1993, *Inside/Outside: International Relations as Political Theory* (Cambridge: Cambridge University Press).

Wang, Fei-ling 1999, "China's Self Image and Strategic Intentions: New Confidence and Old Insecurity," in F. Wang & Y. Deng (eds.), *In the Eyes of the Dragon: China Views the World* (New York: Roman & Littlefield).

Warburton, David 1988, "Emotional and Motivational Determinants of Attention and Memory," in V. Hamilton, G. Bower and Nico Frijida (eds.),

Cognitive Perspectives on Emotion and Motivation (Boston: Kluwer Academic Publishers).

Wendt, Alexander 1992, "Anarchy Is What States Make of It: the Social Construction of Power Politics," *International Organization* 46, 2: 391-425.

Wilson, Richard 1981, "Moral Behavior in Chinese Society: A Theoretical Perspective," in R. W. Wilson, G. L. Greenblatt & A. A. Wilson (eds.), *Moral Behavior in Chinese Society* (New York: Praeger).

Wilson, Richard et al (eds.) 1979, *Value Change in Chinese Society* (New York: Praeger).

Wu, Yu-shan 1994, "Mainland China's Economic Policy Toward Taiwan: Economic Needs or Unification Scheme," *Issues & Studies* 30, 9: 29-49

Wilson, Richard 1993, "The Collapse of the Bipolar System and Mainland China's Foreign Policy," *Issues & Studies* 29, 7: 1-25.

Yang, Dali 1995, *Calamity and Reform in China: State, Rural Society, and Institutional Change Since the Great Leap Famine* (Stanford: Stanford Universtiy Press, 1996).

Zajonc, R. 1980, "Feeling and Thinking: Preferences Need No Inferences," *American Psychologist* 35: 151-175.

Zartman, Walter 1967, "Chinese Intervention in the Korean War," *Security Studies Paper* 11(Los Angeles: University of California Los Angeles).

第八章

戰略三角角色轉變與類型變化分析—
以美國和台海兩岸三角互動為例

包宗和

前　言

　　冷戰時期，美、蘇、中共戰略三角就成爲國際政治與外交政策研究中的一項主題，一般均視之爲大戰略三角。至於美國、中共與台灣之間的三角關係則被視爲小戰略三角。學界在分析上述三角關係時，也多半是從政策面向著手，而鮮有涉及理論者。

　　近年來隨著國際政治理論研究蔚爲風潮，戰略三角也逐漸擺脫單純政策層面的探討，開始從理論方面賦予不同角度的意涵。西方學者狄特摩（Lowell Dittmer）即首先將「賽局」（game）的概念引入戰略三角當中，並將三角關係依照相互間友善或敵對之不同而類分爲三邊家族（M'enage a trois）、羅曼蒂克（Romantic）、結婚（Marriage）與單位否決（Unit-veto）四種類型，其圖形可分別表示如圖8-1[1]：

---

[1] Lowell Dittmer, "The Strategic Triangle: A Critical Review," in Ilpyong J. Kim ed, *The Strategic Triangle: China, the United States and the Soviet Union* (New York: Paragon House Publisher, 1987), p.34.

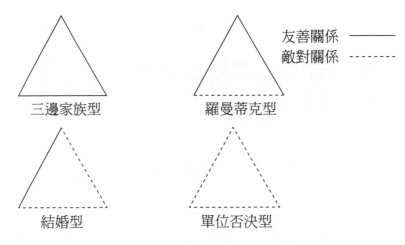

圖8-1　狄特摩戰略三角類型

　　三邊家族型表示三方相互間均維持友好的關係；羅曼蒂克型則顯示三方中的一方同時與另外兩方保持友善的關係，而後者相互間則是一種敵對的關係；結婚型則是三方中有兩方維持雙邊友好關係，而同時與第三方交惡；單位否決型則是三方相互間均呈現出敵對的關係。狄特摩對戰略三角的解析事實上為三角理論的探討奠定了良好的基礎。

　　國內有關戰略三角方面之研究學者有羅致政教授與吳玉山教授。羅教授援引結構平衡理論來闡釋戰略三角關係，結構平衡的要求是「朋友的朋友是我的朋友，朋友的敵人是我的敵人，敵人的敵人是我的朋友。」在戰略三角中羅教授依據結構平衡理論以正號（＋）來代表友好關係，而以負號（－）表示敵對關係。在三角結構中擁有偶數個負號時，結構就平衡而穩定；否則就不平衡，關係結構也不穩定[2]。換言之，羅教授是以結構平衡的驅力或要求來說明美國和台海兩岸關係的演變。在演變過程中，美國則是扮演結構平衡者（structural balancer）的角色[3]。羅教授的分析隱然有

---

[2]　羅致政，「美國在台海兩岸互動所扮演的角色—結構平衡者」，《美歐月刊》，第10卷，第1期（民國84年1月），頁39。

[3]　羅致政，「美國在台海兩岸互動所扮演的角色—結構平衡者」，頁46-48。

建構出狄特摩三邊家族型三角關係以求結構平衡的意味，在這個結構中負號數目為零[4]。

　　吳玉山教授之研究也以正負號代表三邊相互間之親善與敵對關係，而將狄特摩戰略三角區分為三邊為正、二正一負、二負一正和三邊為負的關係，三方面因所處不同之類型而有樞紐（pivot）、朋友（friend）、夥伴（partner）、側翼（wing）、敵人（foe）和孤雛（outcast）六種角色之扮演，其優越順序分別為樞紐、朋友、夥伴、側翼、敵人與孤雛。處於不利地位的行為者必然會有「提升角色」的動機[5]，方式則是增加親善關係的數目，或增加另外兩方間的嫌隙[6]。吳教授分析架構下的戰略三角顯然是一種不斷嘗試提升自我地位的互動關係，而最佳狀況則是享有樞紐之地位。

　　事實上，羅致政教授與吳玉山教授的戰略三角分析均與狄特摩戰略三角理論有相當程度的關聯，並且從狄氏架構中演變而來。當然，羅教授的看法也受結構平衡理論的影響。本文對戰略三角的研究則是以狄氏理論為本，再輔以量化指標的分析，以期將三角關係中各方之角色地位做明確的確認，並透過「量化定位」的過程找出三方面「提升角色」的取向。而在提升的努力中我們不僅可以看到角色的轉換，也可看到狄氏四種類型三角關係的變化情形。本文的主要目的在藉著量化指標的賦予來找出三方行為者在狄氏不同三角類型中的自我效益（self-utility），以及提升自我效益的指向及其所牽動的三角關係轉變。本研究結果對狄氏理論可以說是一種延伸，對吳教授的分析架構可以說是一種兼具同質與若干異質性之思考，以期能使戰略三角的理論內涵能在既有的良好研究基礎下不斷充實。本文

4　羅教授曾表示美國只要繼續維持或提升與兩岸的友好關係，結構平衡便會發生作用，進而導致兩岸衝突關係的改善。他並且分析道只有兩岸在國際事務上不斷發展出交集，結構平衡的影響力才會擴大。羅致政，「美國在台海兩岸互動所扮演的角色─結構平衡者」，頁47-48。

5　吳玉山，《抗衡或扈從：兩岸關係新詮》（台北：正中，民國86年），頁177-178，183。

6　吳玉山，《抗衡或扈從：兩岸關係新詮》，頁183。

除提出理論分析外，也將以1949年迄今美國和兩岸間三角互動的演變爲例，來佐證上述理論架構的信度。

戰略三角角色量化定位分析

在提出戰略三角角色量化定位分析之前，先要標明本研究中三方互動的規則（rules）。這些規則可歸納如下：

1. 在戰略三角中，三方基本上是處於一種既合作，又對抗的情況。換言之，即彼此間有合作的可能性或誘因，但也有衝突對抗的因子。

2. 己方均利於與他方合作，而不利於與他方對抗，也不利於另外兩方間之合作，但卻利於另外兩方間之對抗。己方與他方之合作或對抗是一種直接受益或受損的關係。另外兩方間之合作與對抗對己方而言，則是一種間接受損或受益的關係。在戰略三角中，任何一方均可由另外兩方間之衝突獲取利益，但也因另外兩方間之合作而使自己處於不利地位。

3. 戰略三角中，任何一方均不利於另外兩方中的一方對另一方之影響力與支配力變大，更不利於上述影響力與支配力形成爲一種危害到弱勢一方生存安全的情勢。因爲一旦上述情況發生，另兩方中強勢一方將日益壯大，因而使平衡的戰略三角關係轉變成不利於己方之二元零和賽局。

依據上述三項規則及借用吳教授所用之角色辭彙定義，戰略三角角色量化定位可歸納成下面四種狀況[7]：

7　有關吳教授所用之角色辭彙，見吳玉山，《抗衡或扈從：兩岸關係新詮》，頁180，182。

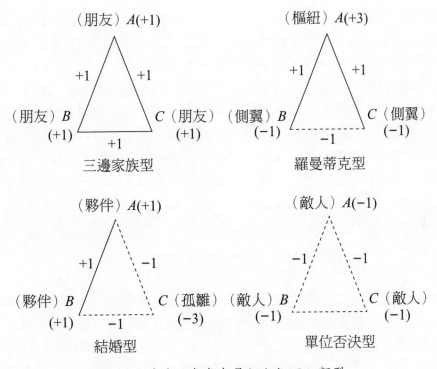

圖8-2　戰略三角角色量化定位下之類型

在上述四種戰略三角類型中，關係友善部分給+1分，關係敵對部分給-1分，這裡的+1或-1分是指相對位置之兩方所獲得的效益。比如在圖8-2羅曼蒂克型三角中，A與B間是一種友善關係，則A與B在彼此間之雙邊關係中各得一分，而B與C是處於敵對關係，則雙方在彼此間之雙邊關係中各失1分。以±1標示在求簡化，以便建構出通則。

至於A、B、C三方在各類型戰略三角中之效益計算方式，則是自己與另外兩方雙邊效益之加總，再減掉另兩方間之雙邊效益。這是依照前述規則2，三方中任何一方均利於自己與他方友善及另外兩方交惡，以及不利於自己與他方交惡及另外兩方相互友善的原則計算出來的。故在圖8-2之三邊家族型三角中，A、B、C三位「朋友」中任何一方之效益均是1＋1-1＝1，也就是大家的角色效益均為1。在羅曼蒂克型三角中，A

（樞紐）的效益是1 + 1 － (－1) = 3；居「側翼」地位之B和C效益則都是1 + (－1) － 1 = －1。故樞紐的效益是3，側翼的效益分別爲－1。在結婚型三角中，居「夥伴」地位之A與B的效益分別是1 + (－1) － (－1) = 1。C（孤雛）的效益爲－1 + (－1) － 1 = －3。在單位否決型三角中，A、B、C三位「敵人」的效益都是－1 + (－1) － (－1) = －1。從上述效益值來看，顯見羅曼蒂克型中樞紐的角色效益+3最高。其次是三邊家族型中朋友的角色效益或結婚型中夥伴的角色效益+1次高。而羅曼蒂克型中的側翼角色效益及單位否決型三角中三位「敵人」之角色效益－1居第三。最差的情況則是結婚型三角中孤雛之角色效益－3。故依據上述角色量化定位分析法，戰略三角中的角色效益大小是：

$$樞紐＞朋友、夥伴＞側翼、敵人＞孤雛$$

在此種情況下，當戰略三角中任何一方處於孤雛地位時，它勢必要尋求改善自己的處境。而從前面戰略三角角色量化定位圖來看，我們可以很清楚地發現如要從－3之地位變成－1之地位，它只需要改善結婚型三角中與任一夥伴之關係，使戰略三角從結婚型變成羅曼蒂克型即可，或者是破壞夥伴間之關係，使戰略三角由結婚型變成單位否決型。如果從角色變化而言，就是設法使自己從孤雛變成側翼或敵人。如要進一步將－1之效益提升爲+1之效益，則側翼者只要與另一側翼和解，或破壞另一側翼與樞紐的關係，將羅曼蒂克型三角變成三邊家族型三角或結婚型三角即可；或者是敵人與另外兩方中之任何一方和解，使轉變成夥伴關係，使單位否決型三角變成結婚型三角即可。至於如欲將自身效益由+1提升爲+3，則扮演朋友者就必須設法破壞另兩方之關係，使自己成爲樞紐，使三邊家族型三角成爲羅曼蒂克型三角。扮夥伴者則必須試圖改善與孤雛之關係，使自己成就樞紐地位，使結婚型三角轉變成羅曼蒂克型三角。

從上述分析中，可以看出戰略三角中任何一方如欲提升自己地位，以提升一級最容易，因爲只要具備一項要件即可。如欲提升兩級，則要具備兩項要件。如欲提升三級，則需轉換三項要件。以孤雛爲例，如欲成就側翼或敵人地位，只需轉變一種關係；如欲成就夥伴或朋友地位，則需轉變

兩種關係；如欲成就樞紐地位，則必須轉變三種關係。故處於任何地位之角色（樞紐因已是最大效益，故除外），其下一個目標通常都是高一級的地位，而呈現循序漸進的態勢。此種目標取向所指涉出來的通則可以分從角色扮演及戰略三角變化兩種方式呈現如下：

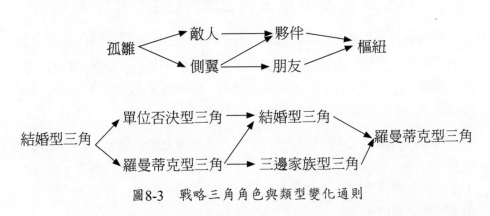

圖8-3　戰略三角角色與類型變化通則

　　故本節中是依據規則2，以角色量化定位分析法建構出通則。但當戰略三角中有一方相對其他兩方較處弱勢時，則規則3所規範的情形就可能發生。換言之，根據規則2所建構出來的通則是以不違反規則3為前提，否則戰略三角相關之一方就可能採取有違通則的舉動，以確保規則3的原則。比如在羅曼蒂克型三角中，居樞紐位置之A方樂見B、C間維持敵對關係，但當此種敵對關係可能造成B、C中之一方危害到另一方之生存利益時，A即可能力阻此種負面關係繼續發展下去，甚至不惜違反通則，以降低與B、C中強勢一方之關係以維護弱勢一方之生存安全。又如在圖二之三邊家族型三角或羅曼蒂克三角中，設若A與C之友善關係發展至其中一方過度依賴另一方（通常是弱勢一方依賴強勢）時，則第三方B除依照通則可能試圖破壞A、C間之關係外，也可能違反通則，以降低與A或A、C之關係來阻止A、C正面關係繼續發展下去。但當A、C間恢復至較為平衡的互動關係時，亦即規則3之情況消失後，B的行為取向將重新回到規則2所建構的通則之中。同樣地，前述居樞紐地位之A也將因B、C間極端負面關係的中止而重回通則的規範之中。故除非規則3的狀況發生，否則

任何違反依據規則2所建構出來的通則都將被視作非理性的行爲，而最終必須朝通則中之理性架構修正。

以美國與台海兩岸三角互動爲例之實證檢驗

自1949年台海兩岸分治以來，美國、中共與台灣即呈現出戰略三角互動之態勢。由於台灣相對於美國和中共是處於一種較爲弱勢的型態，故此一戰略三角有時會有不平衡的情況發生。但基本上三方面多能保有自主行爲的空間，是檢驗戰略三角理論的適當例證。

爲便於檢證，文中將華府、北京與台北三方互動分爲若干時期，每一時期三方均有不同的角色扮演，戰略三角也表現出不同種的類型。檢證的主要目的在觀察華府、北京與台北間戰略三角的演變是否符合上節所建構出來的理論通則。

（一）1950至1960年：結婚型三角時期

此一時期歷經冷戰高峰，是美國與台灣關係最緊密，而華府、台北分與北京交惡之時期。比如1950年韓戰爆發，美國政府派遣第七艦隊協防台灣，防止中共攻台[8]。1953年，艾森豪總統聲明第七艦隊並不阻擋中華民國國軍反攻大陸[9]。1954年，美國與中華民國簽訂共同防禦條約。1958年中共砲轟金門時，美國表明將協防金馬，必要時不惜一戰[10]。華府、北京與台北在這段期間是典型的美國與台灣緊密合作共同對抗中共之結婚型三角關係，也是美國軍事介入保台時期[11]。美國與台灣之角色地位是夥伴，中共則是孤雛。

8　關中，《論中美關係》（台北：財團法人民主文教基金會，民國81年），頁29。

9　關中，《論中美關係》，頁30-31。

10　關中，《論中美關係》，頁36。

11　Robert G. Sutter. "Cross-Strait Relations and Their Implications for the United States," *Issues and Studies*, vol. 30, no. 12 (Dec. 1994), p.70.

（二）1961年至1968年：理論上朝羅曼蒂克型三角過渡之結婚型三角時期

　　1961年甘迺迪總統上任，即開始接受中共存在的事實。1963年，美國嘗試以「兩個中國」理論試探中共，美國放鬆對中共之排斥已逐漸明顯。1966年美國國務卿魯斯克提出對中共政策十項要點。同年詹森總統也表達願與中共合作的意願[12]。唯1966年中國大陸爆發文化大革命，美國與中共改善關係的構想也就僅止於理論上的試探了。不過，美國希望從結婚型三角中的夥伴地位提升為羅曼蒂克型三角中的樞紐地位是相當明顯的，此也符合本文中提升角色之通則。至於中共方面，其國務院總理周恩來在1964年12月21日於第三屆全國人大第一次會議的政府工作報告中，強烈指責美國製造「兩個中國」或「一中一台」之圖謀，則是明白拒絕美國在兩中基礎上與北京改善關係[13]。中共一時間尚無意擺脫戰略三角中之孤雛不利地位，可能與規則3之原則有關，亦即華府與台北關係緊密，使北京當局有違反通則的舉動。

（三）1969年至1978年：行動上朝羅曼蒂克型三角過渡之結婚型三角時期

　　1969年初尼克森就任美國總統後，即於2月1日以備忘錄指示國家安全顧問季辛吉，以祕密方式尋求和中共和解[14]。接著美國即展開一連串改善和中共關係的措施，直到1972年2月尼克森訪問大陸達到高峰[15]。尼克森去職後，美國政府並未停止與中共關係正常化的努力。卡特總統於1978年以祕密外交的方式與中共達成建交協議，並且做成與台灣斷交、廢約、

12　關中，《論中美關係》，頁39-44。

13　《兩岸大事記（1912.1～1998.4）》（台北：行政院大陸委員會，民國87年5月），頁1。

14　Marvin Kalb and Bernard Kalb, *Kissinger* (Boston: Little, Brown and Company, 1974), p.220.

15　有關尼克森總統與中共改善關係的詳細過程，見包宗和，《尼克森重訂對華政策之研究》，政大外交研究所碩士論文，民國68年6月，頁37-78。

撤軍的決定，使美國在行動上朝向居樞紐地位的羅曼蒂克型三角關係過渡，多年來美國與台灣結合共同對抗中共之結婚型三角也逐漸告終。而北京當局在此一時期也不再排斥和美國改善關係，這除受中（共）蘇關係惡化之影響外，美國在政治上日漸與台灣疏離也是關鍵因素。而卡特最後屈從中共要求，同意和台灣斷交、廢約，並從台灣撤軍，更對中（共）美建交發揮了臨門一腳的作用。蓋華府刻意降低與台北關係之舉，使規則3的狀況消失，也促使北京回歸戰略三角之通則，而尋求擺脫孤雛之不利地位。

（四）1979年至1986年：朝向三邊家族型三角過渡之羅曼蒂克型三角時期

　　1979年美國與中共建立正式外交關係，同時由國會通過台灣關係法，一方面與台灣繼續保有經濟、社會、文化等非政治性之關係，一方面也給予台灣一定程度的安全承諾[16]。一個美國居樞紐地位的羅曼蒂克型三角正式形成[17]。1982年，美國雷根政府為進一步鞏固與中共之關係，和中共簽署了「八一七公報」，內容除重申尊重中共對台一貫立場外，對台灣造成顯著負面影響的是公報中的第六點，即「美國政府聲明，它不尋求執行一項長期向台灣出售武器的政策，它向台灣出售的武器在性能和數量上將不超過中美建交後近幾年供應的水平，它準備逐步減少它對台灣的武器出售，並經過一段時間尋致最後的解決」[18]。但在同年7月14日，美方循適當途徑對台灣做出六項保證，即（1）美方未同意在對我軍售上，設定

---

[16] 有關台灣關係法的制訂過程及其內容，見李大維，《台灣關係法立法過程》（台北：洞察，民國77年）。

[17] 如從政治面向定位，則1979年中（共）美建交後使台灣處於孤雛之不利地位，亦即呈現中（共）美結合而同時與台灣關係非正常化之結婚型三角態勢。但在本文中，衡量雙邊關係的考量涵蓋政治面與非政治面，再加上台灣關係法中對台灣安全之承諾本質上仍有某種政治、軍事的意涵在內，故仍界定為一種以美國為樞紐的羅曼蒂克型三角關係。

[18] 《中美關係報告（1981～1983）》（台北：中央研究院美國文化研究所，民國73年7月），頁101。

結束期限；（2）美方對中共要求就對我軍售事與其事先諮商一事未予同意；（3）美方無意扮演任何我與中共間調人之角色；（4）美方將不同意修改台灣關係法；（5）美方並未變更其對台灣主權之一貫立場；（6）美方無意對我施加壓力與中共進行談判[19]。美國此種平衡作法，在希望與台海兩岸均能維持穩定而良好的關係，使美方居樞紐地位的羅曼蒂克型三角架構能夠確保無虞。

中共自1979年與美建交後，即從孤雛提升至側翼的地位。事實上，中共在當年元旦即停止對金馬發射宣傳彈。同日中共人大常委會要求台灣開放「三通」與「四流」。中共副總理鄧小平在接見外賓時，也表示台灣在兩岸統一後政、經、軍制度不變，可享有特區地位。1981年9月30日，中共人大委員長葉劍英提出擴大交流及台灣高度自治之「葉九條」。1983年，鄧小平在接見美國西東大學楊力宇教授時提出「鄧六點」，勾勒出「一國兩制」的藍圖。1984年2月22日，鄧小平對來訪之美國前白宮國家安全顧問布里辛斯基正式提出「一國兩制」模式[20]。中共1979年後對台灣所採取的一連串和平攻勢，雖然含有濃厚的政治意涵，但也為兩岸交流開啓了大門。故北京當局之作法顯然有提升側翼地位為朋友地位的動機在內。換言之，即企圖將有利美國的羅曼蒂克型三角轉變成對北京效益更高之三邊家族型三角。

台灣方面由於對中共長期不信任，故對北京之和平攻勢一貫加以拒絕[21]。美國和中共均非弱勢，故台北一時間不願改善與中共關係應與規則3之情況無關，而是基於自身安全的考量。

（五）1987年至1994年：三邊家族型三角關係時期

1987年11月2日，台灣正式開放民眾赴大陸探親。自此之後，中華民

---

[19] 《中美關係報告（1981～1983）》，頁100。

[20] 包宗和，《台海兩岸互動的理論與政策面向（1950～1989）》（台北：三民，民國79年），頁118-121。

[21] 包宗和，《台海兩岸互動的理論與政策面向（1950～1989）》，頁118-121。

國政府就持續採取諸多開放兩岸交流的措施，開放範圍遍及文教交流、經濟交流、社會交流等方面[22]。換言之，台北也有改善與大陸關係，將自身地位從側翼轉為朋友的意願。事實上，這也是台灣經過大陸八年和平攻勢後所做出的理性回應。至此戰略三角乃從羅曼蒂克型轉入三邊家族型。

　　在此一時期中曾於1989年發生天安門民運事件，中（共）美關係一度緊張。美國總統布希迫於時勢，也曾對中共採取若干制裁措施，諸如中止中（共）美雙方軍事領袖互訪，對中共留美學生申請延長居留採取優惠措施、中止政府對政府間之軍售以及商業出口武器[23]，美國也同意與盟邦共同抵制多邊貸款給中共的措施[24]。然而，布希總統也同時採取了一些謹慎措施，以避免進一步刺激中共，使中（共）美關係全面倒退。比如他拒絕國會有關採取更嚴厲措施的要求。布希也避免在事件後立即就方勵之及家人駐留美國駐北京大使館一事與中共攤牌。美國也同意蘇聯所提避免在聯合國安理會中譴責中共。1989年6月18日，布希透過白宮發言人傳遞信息，表示願意在有利中國人民之時會晤鄧小平。布希要求國會小心因應，避免傷及既有的中（共）美友誼。6月27日，布希在接受紐約時報記者專訪時即坦率指出，他將不會尋求撤銷給予中共「最惠國待遇」[25]。1989年7月6日，美國國務卿貝克（James A Baker Ⅲ）也呼籲東南亞國協（ASEAN）勿採取孤立中共之行動[26]。同年7月，國家安全顧問史考克羅（Brent Scowcroft）以及副國務卿伊格柏格（Lawrence Eagleburger）密訪

22　有關台灣開放措施之細目，見《近年來兩岸交流政府開放措施及中共阻擾事例》（台北：行政院大陸委員會，民國87年1月），頁5-32。

23　"Bush Suspends Weapons Sales to China," A transcript of Bush news conference, *Backgrounder* (Taipei: American Institute in Taiwan, 1989), pp.1-2.

24　Richard L. Williams, "US Response to Changes in China." *Department of State Bulletin* (October 1989), p.28.

25　Don Oberdorfer, "US Criticizes Deng but Seeks to Avoid Showdown on Dissident," *Washington Post*, June 13, 1989, p.20；《中國時報》，民國78年6月16日，第5版；《中國時報》，民國78年6月18日，第1版；《大公報》，1989年6月28日第一版。

26　《明報》，1989年6月6日，第16版。

中共以求突破僵局[27]。這些措施均顯示出美國不希望自己在三邊家族三角中之朋友地位倒退成以台灣為樞紐之羅曼蒂克型三角中之側翼地位。

　　事實上，此一期間美國和中共間無論是在政治關係往來，或是在經貿、科技、文化及軍事等方面的交流合作，仍相當密切[28]。而台灣與美國方面也在非政治層面維持密切交往。1992年美國總統布希宣布售我一百五十架F-16A／B型戰機，台灣也以各種方式來平衡與美國的貿易順差，雙方互惠交流，相當頻繁。此外，台灣與美國間在地方政府這個層次也已建立起緊密的關係[29]。兩岸關係方面，台灣繼續維持對大陸開放的政策，雙方交流不僅未因天安門事件而中輟，且在1991年建立起制度化之協商管道[30]。故華府、北京與台北三方面在此一時期均盡力維持三邊家族型之三角關係。

（六）1995至迄今：從三邊家族型退化為結婚型，再提升為羅曼蒂克型，進而逐漸回歸三邊家族型三角關係之時期

　　1995年6月，中華民國總統李登輝先生赴美國康乃爾大學訪問。此為中華民國有史以來第一位訪問美國的總統，並被視為提升中華民國與

[27] Paul H. Kreisberg, "The US and Asia in 1989," *Asian Survey*, vol. 30, no. 1 (January 1990), p.19.

[28] 《中國外交概覽（1990）》（北京：中華人民共和國外交部外交史研究室，1990），《中國外交概覽（1991）》（北京：中華人民共和國外交部外交史研究室，1991），《中國外交概覽（1992）》（北京：中華人民共和國外交部外交史研究室，1992），《中國外交概覽（1993）》（北京：中華人民共和國外交部外交史研究室，1993），《中國外交概覽（1994）》（北京：中華人民共和國外交部外交史研究室，1994）等有關中（共）美關係部份。

[29] 《對外關係與外交行政》（台北：外交部，民國81年12月），頁173-183。又見The *Republic of China Yearbook 1993* (Taipei: Government Information Office, ROC, 1993), pp.178-179.

[30] 《兩岸大事記(1912,1～1998.4)》，頁17。又見《近年來兩岸交流政府開放措施及中共阻擾事例》。

美國實質關係的重要步驟[31]。華府與台北關係大幅接近使本研究中規則3的情況出現，中共於是在1995年6月16日函告台北推遲辜汪會議，並於同年7月對台展開「文攻」，同年3月起至1996年3月止，則對台展開密集式「武嚇」[32]。兩岸關係迅速降至谷底。同一時間美國與中共關係也趨於緊張。由於中共對台武嚇嚴重危害到台灣安全，規則3之情況同樣地對華府出現，美國乃於1996年3月不惜冒與中共產生軍事衝突的危險，派「獨立號」與「尼米茲號」兩個航空母艦戰鬥群前往台灣，並在台灣附近海域部署，以嚇阻北京進一步採取可能危及台灣安全的軍事行動[33]。華府、北京與台北間的三邊家族型三角關係乃迅速退化成結婚型三角關係，華府與台北為夥伴，北京則成孤雛。其間變化的關鍵即在於規則3之情況同時對美國與中共出現，所不同的是北京不利於華府和台北過份接近，而華府則不利於北京危害到台北安全。故只要狀況3之情況解除，北京與華府自然是要回歸通則所規範的理性架構。

1995年3月，當美國派遣前述兩個航空母艦戰鬥群前往台灣附近水域後，中共即向美國明示無意入侵台灣[34]。此為北京方面試圖解除規則3狀況的作法，以促使華府回歸通則理性面。而美國也隨後敦促兩岸恢復對話，和平解決分歧[35]。隨著台海危機的解除，華府與北京重新展開各項政府高層接觸交流[36]，並於1997年10月與1998年6月分別舉行兩次柯江會談。結婚型戰略三角又演變成以美國為樞紐的羅曼蒂克型三角。唯由於台海兩岸自1997年下半年均有緩和彼此關係的意願，進而於1998年10月成就了辜汪會晤，故戰略三角又朝回復三邊家族型的方向發展。

---

[31] *The Republic of China Yearbook, 1996* (Taipei Government Information Office, ROC, 1996), p.141.

[32] 《兩岸大事記（1912.1～1998.4）》，頁23。

[33] 聯合報，民國85年3月12日，第1版。

[34] 中國時報，民國85年3月14日，第2版。

[35] 聯合報，民國85年3月29日，第2版。

[36] 《中國外交》（北京：中華人民共和國外交部政策研究室，1997），頁566-571。

結　論

　　戰略三角自狄特摩賦予理論意涵後，即形構成四種不同之類型。唯狄氏理論仍屬靜態分析，尙看不出類型間轉換的取向。迨吳玉山敎授提出「提升角色」之概念後，戰略三角理論乃步向動態分析。本文則進一步將狄氏四種類型戰略三角，透過吳敎授角色辭彙定義之運用，以本研究所設計的角色量化定位分析法探討角色轉換的取向以及戰略三角變化的方向，並形成圖8-3所顯示之角色和類型變化通則。

　　在經過華府、北京、台北三角關係從1949年迄今之演變檢證後，我們發現此一戰略三角之動態變化幾乎完全吻合本文所建構出來的通則。美國的角色轉換過程是夥伴→樞紐→朋友→夥伴→樞紐→朋友。中共的角色轉換過程是孤雛→側翼→朋友→孤雛→側翼→朋友。台灣的角色轉換過程是夥伴→側翼→朋友→夥伴→側翼→朋友。而戰略三角類型的變化過程是結婚型三角→羅曼蒂克型三角→三邊家族型三角→結婚型三角→羅曼蒂克型三角→三邊家族型三角。

　　從上述觀察結果中，我們可以淸楚地發現戰略三角三方在常態下均朝擴大角色效益的方向發展。只有當本文規則3的情況發生，亦即另兩方中之強勢一方有擴大對弱勢一方之影響力或支配力時，方有暫時性降低自身角色效益的情況發生。但當規則3的情況解除後，擴大角色效益的行爲又會再度出現，因而回歸到本文通則的架構中。

　　戰略三角中角色效益降低也可能因另兩方關係發生變化造成。比如居樞紐地位的一方可能因另兩方關係改善而退居朋友的地位，這就非其本身所能掌控了。他如在結婚型三角中居夥伴之一方，可能因另一夥伴與孤雛改善關係，而使自己退居側翼之角色。

　　華府、北京、台北戰略三角例證也顯示當一方因對某方不信任而未朝提升效益方向發展時，終將因提升效益誘因之持續存在而回歸通則之理性面。

　　在上述美、中（共）、台戰略三角的整個演變過程中，我們可以淸

楚看到角色扮演有朝「朋友」方向發展之取向；而戰略三角則有朝三邊家族發展的趨勢。事實上，從本文圖8-3之戰略三角角色與類型變化通則來看，三邊家族型中「朋友」之效益在所有角色效益中居第二，僅次於羅曼蒂克型三角中之樞紐，而與結婚型三角中「夥伴」之效益相同。問題是戰略三角三方效益會受到其他兩方關係變化之影響，已如前述。居樞紐地位之效益固然最高，但另外居側翼之兩方定然會朝朋友方向發展以提升效益，而這不是樞紐所能控制的。故羅曼蒂克型三角顯然不甚安定，而隨時有變為三邊家族型三角之可能。至於結婚型三角之夥伴雖與朋友享有相同效益，但因第三方孤雛處境最差，必然會盡力試圖與兩個夥伴改善關係，以便使自己的角色能提升至側翼或朋友。故結婚型三角亦非安定度高之三角類型。我們如以角色效益等級差別度來看，在羅曼蒂克型三角中，樞紐與側翼之效益等級差兩級；而在結婚型三角中，夥伴與孤雛之效益等級亦差兩級。而三邊家族型三角中，朋友與朋友間無效益等級之差別，故其內部的不滿意度顯然要較羅曼蒂克型三角與結婚型三角為低，而內在安定度也就自然較高了。故在四種類型的戰略三角中，就角色效益而言固然樞紐最大，但就三角關係整體的平衡度而言，三邊家族型三角顯然是最高的，此項發現與羅致政教授之平衡論正相呼應。而如果以此發現推論華府、北京與台北戰略三角之未來發展，則只要三方間沒有那兩方過度接近或過度敵對，則應該會朝三邊家族型的方向建構，而呈現出一種微妙平衡的態勢。

參考書目

中文書目

《大公報》，1989年6月28日，第1版。

《中美關係報告（1981～1983）》，1984，台北：中央研究院美國文化研究所。

《中國外交》，1997，北京：中華人民共和國外交部政策研究室。

《中國外交概覽（1990）》，1990，北京：中華人民共和國外交部外交史研究室。

《中國外交概覽（1991）》，1991，北京：中華人民共和國外交部外交史研究室。

《中國外交概覽（1992）》，1992，北京：中華人民共和國外交部外交史研究室。

《中國外交概覽（1993）》，1993，北京：中華人民共和國外交部外交史研究室。

《中國外交概覽（1994）》，1994，北京：中華人民共和國外交部外交史研究室。

《中國時報》，民國78年6月16日，第5版。

《中國時報》，民國78年6月18日，第1版。

《中國時報》，民國85年3月14日，第2版。

包宗和，1979，《尼克森重訂對華政策之研究》，政大外交研究所碩士論文。

包宗和，1990，《台海兩岸互動的理論與政策面向（1950～1989）》，台北：三民。

吳玉山，1997，《抗衡或扈從：兩岸關係新詮》，台北：正中。

李大維，1988，《台灣關係法立法過程》，台北：洞察。

《兩岸大事記》，1998，台北：行政院大陸委員會。

《近年來兩岸交流政府開放措施及中共阻擾事例》，1998，台北：行政院大陸委員會。

《明報》，1989年6月6日，第16版。

《對外關係與外交行政》，1992，台北：外交部。

《聯合報》，民國85年3月12日，第1版。

《聯合報》，民國85年3月29日，第2版。

羅致政，1995，「美國在台海兩岸互動所扮演的角色—結構平衡者」，《美歐月刊》10(1): 37-54。

關中，1992，《論中美關係》，台北：財團法人民主文教基金會。

外文書目

"Bush Suspends Weapons Sales to China." 1989. A transcript of Bush news conference. *Backgrounder*. Taipei: American Institute in Taiwan.

Dittmer, Lowell. 1987. "The Strategic Triangle: A Critical Review." In Ilpyong J. Kim ed., *The Strategic Triangle: China, the United States and the Soviet Union*. New York: Paragon House Publisher.

Kalb, Marvin and Bernard Kalb. 1974. *Kissinger*. Boston: Little, Brown and Company.

Kreisberg, Paul H. 1990. "The US and Asia in 1989." *Asian Survey* 30(1): 13-24.

Oberdorfer, Don. 1989. "US Criticizes Deng but Seeks to Avoid Showdown on Dissident." *Washington Post*, June 13, p.20.

Sutter, Robert G. 1994. "Cross-Strait Relations and Their Implications for the United States." *Issues and Studies* 30(12): 70.

The Republic of China Yearbook. 1993. Taipei: Government Information Office, ROC.

The Republic of China Yearbook. 1996. Taipei: Government Information Office, ROC.

Williams, Richard L. 1989. "US Response to Changes in China." *Department of State Bulletin*. Washington, D.C.: Department of State.

第九章

國際體系理論與兩岸關係

明居正

前　言

　　近十年來，由於兩岸交流日益頻繁，兩岸關係漸漸成為新聞媒體及學術界的熱門話題，舉凡經貿投資、交通、旅遊、教育、法政、文化、藝術、人員來往、半官方互動以至官方政策及互動等，無一不成為人們關注的對象。新聞報導對於兩岸間事務的關注是直觀的，他們所重視的是事情的發展、其產生的原因及可能引發的後果，通常不會運用到學術的理論，也不太喜歡太過學院式的理論分析。

　　但是學術界的要求就不太相同，「理論上」，我們需要理論，而且也不應該排斥理論，不過有趣的是，在兩岸關係的研究中，理論的應用還不是十分普遍的現象。

　　本文即擬自國際體系理論的角度出發，審視學術界是否有運用此一理論作為研究兩岸關係的理論工具，其適用的情形，在運用中所浮現之優缺點，以及可能繼續發展的空間。

＊　本文承蒙政大國關中心研究員袁易先生協助提供部分資料及建議，謹此表達最大謝忱，唯本文若有任何疏漏，概由作者負責。

國際體系理論：界定與源流

嚴格說來，理論所指涉的應該是變項間關聯的準確表述。易言之，凡是不是表述變項間準確關係的就不能稱爲理論。但是如果我們採取這種嚴格標準的話，在政治學中可以稱爲「優良」的理論恐怕不會太多，而且大概會引發相當的爭議，因此我們有必要首先對於體系理論的範圍作一探討并考察其源流，以作爲本文論述的出發點。

大致說來，我們發現學界在使用「體系理論」、「系統變項」及「體系變項」等辭彙時，常常出現兩大類不同的用法，有人將其視爲「超越國家層次之上或之外的因素的總和」，有人則將其視爲「國際體系的結構及變動對於國家行爲所可能產生的影響」對於前者，我們可以簡稱爲「外在因素」派，而後者可以稱爲「體系影響」派，以下我們就來對這兩派進行理論上的考察。

「外在因素」派

相較而言，許多國際關係學者在使用體系理論或相關概念時并不企圖精確地掌握變項間的關係。在他們看來，不論「體系」、「系統」或「環境」，指涉的都是相同的事物或現象，就是「超越國家層次之上或是之外的因素的總和」。因此由胡祖慶先生所翻譯的Pearson及Rochester兩位所著的《國際關係》一書中，就將其統稱爲「系統層次的因素」。他們指出「系統層次的因素」包括（1）地理位置；（2）國際互動與聯繫以及（3）國際系統的結構。其中，國際互動與聯繫包含敵對與互賴兩種情形，而國際系統的結構則指涉「極化的狀態」（polarity）[1]。

Theodore Couloumbis及James Wolfe的《國際關係入門》一書中，將國際系統的結構、國際法、國際組織、同盟、依賴、互賴、他國行爲與意

---

[1] Frederic Pearson and Martin Rochester著，胡祖慶譯，《國際關係》（臺北：五南，民國84年），頁125～134。

圖都列入系統層次因素中[2]。

Russett及Starr在其《世界政治》一書中，則採取了個人、角色、政府、社會、（跨國）關係及世界體系等六個層次的分析架構，因此，所有外在因素都會落入「關係」及「世界體系」兩個範疇中。根據他們的看法，它們包括國際環境、科技影響、各國在國際體系中的層級地位、同盟、不結盟、極化的狀態和跨國關係等因素[3]。

由於他們並未提出一個首尾一貫地表達變項間關係的論述，因此這三組學者所介紹的並不是理論，而是他們辨識出來足以影響各國外交行為的各種外在因素，只是一份檢查表，或是充其量，一個研究途徑。

「體系影響」派

有關此一派系的沿革，由於作者曾在他處多次為文討論，故以下擬引用本人有關論述以闡明論點。

我們要介紹幾位學者之看法並加以討論。

第一位是理查‧羅斯克蘭斯（Richard Rosecrance）。羅斯克蘭斯分析了1740年至1960年的歐洲政治史，整理出九個國際體系，分別為：十八世紀體系、革命統治體系、歐洲協商、受限制的協商、破碎的協商、俾斯麥式協商、帝國主義的民族主義、集權軍國主義、戰後體系等。這些體系可以圖9-1來表示：

---

[2]　Theodore Couloumbis and James Wolfe, *Introduction to International Relations* (New Jersey: Prentice Hall, 1990), pp.124～126.

[3]　Bruce Russett and Harvey Starr, 1981, *World Politics: The Menu for Choice* (San Francisco: W.H. Freeman, 1981), pp.70～159.

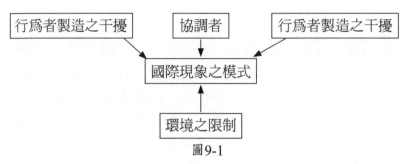

圖9-1

來源：Richard Rosecrance, Action and Reaction in World Politics: International Systems in Perspective (Boston: Little, Brown, 1963).

其中行為者製造之干擾包括意識形態、不安全感及衝突的國家利益等帶來的困擾；協商者指的是如歐洲協商、聯合國及非正式的共識等正面性維護國際和平及秩序的機制；環境之限制包括地理的距離及資源的分布等；最後國際現象的模式就是各種國際體系的結構。

以上前三組變數，干擾、協調者及環境，互動後就會導致第四個變數的結果即，國際現象之模式。而且若干擾大於協調的力量，則體系就會不穩定，反之，則是一個穩定的體系[4]。

華爾茲（Kenneth Waltz）認為，羅斯克蘭斯其實並未建立理論，他所發展出來的僅僅是一個分析的架構，將所有看似重要的因素都納入其架構中，而造成的結果，就成了他要解釋的標的。他的根本錯誤，華爾茲批評說，在於他從次體系層次中尋求原因，卻在體系面上發現結果。因此，國際政治的變化不來自體系的作用，體系對國家的行為及國際互動亦不產生任何影響。簡言之，所謂國際體系成了被解釋項，它自身無法對國際政治作出解釋[5]。

第二位是史丹利‧霍夫曼（Stanley Hoffmann）。在他看來，國際體

---

4 明居正，《國際政治體系之變遷》，（台北：五南書局，民國81年），頁5。
5 同前註。

系是國際政治中基本成員間互動關係的模式，這個模式主要是被世界結構所決定。而所謂的結構則是各國對外政策的過程及有意義之互動結果[6]。簡言之，國際體系（即成員互動模式）最終還是由各國有意義之互動結果所決定。看到這種論述，相信任何人的反應都是：「循環論證」。

　　第三位學者是墨頓・克普蘭（Morton Kaplan），克普蘭提出了六種國際體系的模型：權力均衡（Balance of Power）、鬆散兩極（Loose Bipolar）、緊密兩極（Tight Bipolar）、成員否決權（Unit Veto）、環球體系（Universal）及階層結構（Hierarchical）。克普蘭認為我們可以用五組變數，體系的基本規則、體系的變遷規則、行為者分類變數、能力變數及消息變數，來組織並描述各種體系。由於他並未提出這五項變數的明確定義、相互關係及建構原則，因此，華爾茲批評他其實尚未建立理論。此外，華爾茲還指出克普蘭面對幾大難題：第一，在其所建的最佳體系，權力均衡體系，克氏強調需要有五個以上的主要行為者，體系才能運作。華爾茲指出，在一個無政府的國際世界中，只要有兩個以上的主要行為在互動，權力均衡體系即有可能形成。第二，在定義體系時，行為者的特質及互動關係不可包含在內，否則體系的影響力及其在體系內產生的後果即無法清楚區分，而體系理論又不成為體系理論了。不過，克普蘭就犯了這個錯誤。第三，體系理論的前提之一就是體系結構與其構成份子間存在互動關係，而且前者的影響應是主要的，體系理論才可以成立。但是，克普蘭在討論其體系架構時，卻忽視甚至扭轉了二者的關係。所以，華爾茲最後的結論是，克普蘭的體系研究法還是變成為化約理論[7]。

　　華爾茲在討論國際政治體系時，特別注重體系結構對體系的構成份子的影響力。這種影響力主要來自兩個方面：第一，體系構成份子之間的社會化；第二，體系構成份子之間的相互競爭。所謂社會化意指在國際體系中，任何一個成員發展出一種有效的生產方式或作戰方式，別的國家就會傾向去模仿或學習，導致國家之間出現一定的相似性。其次，所謂的體

6　同前註。

7　明居正，《國際政治體系之變遷》，頁4～6。

系成員相互競爭意指，在一個叢林般的國際社會中，每一個成員都必須爲自身的生存與發展而負責，別的國家是不會來照料你的。爲了要達到這些目的，成員間會進行十分激烈的競爭，否則，就會受到其他成員的挑戰或淘汰。其次，國際體系由於結構不同，其對成員所形成的壓力就不同，而成員的行爲模式也因而迥異。在多元體系中，主要成員爲了制衡對其有威脅的對手，會與其他成員聯手以求形成均勢或優勢。但是在二元體系中，主要成員並無形成同盟的空間及對象，因此只有藉自我強化以進行對抗一途[8]。

最後，華爾茲的體系理論可以藉由下列圖9-2、圖9-3作一說明：

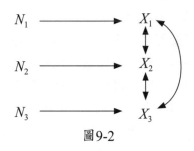

圖9-2

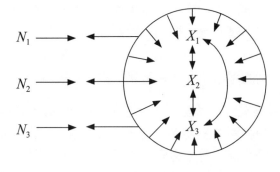

圖9-3

8　明居正，「美日安保宣言與我國之外交空間」，開拓外交空間：1996年我國外交之回顧與展望研討會論文，中正大學政研所主辦，民國85年，嘉義，頁2。

在以上二圖中，N_1、N_2、N_3代表不同的國家，而X_1、X_2、X_3分別代表他們在國際體系中的行為。圖9-2表示，別的理論家所建構的體系理論中，體系對於國家行為的影響未被掌握。圖9-3為華爾茲的理論，其中的圓圈代表體系，它對各國的行為產生影響，而且反回去影響原來的國家[9]。

體系理論與兩岸關係：文獻分析

兩岸關係雖然名為「兩岸」關係，事實上自從1949年「兩岸」關係出現後，它就從來不是只存在於兩岸間的關係，外在的因素，尤其是美國，一直扮演著一個十分重要的角色。

本節擬沿用前一節的架構，自外在因素及體系影響兩個方面來對相關文獻作一綜合性的分析。在討論之前，我們必須指出，在回顧了相關文獻後作者發現，外文文獻中運用體系理論來討論兩岸關係的作品可說完全付諸闕如。因此本文所分析的都是中文作品。

外在因素「派」

由於這是一個範圍十分廣闊的因素，所以其實我們在第一節的外在因素派中所開列的著作所提及的因素都可以包含進來，即地理、國際互動及聯繫、體系結構、層級地位、科技和極化狀態等等，都屬於這個範疇。

但是，我們如果真的採取這個較為寬鬆的觀點，則幾乎所有討論兩岸關係的作品都可能因為或多或少涉及上述任何一個而被包括進來，如此，這個因素就會變得全無意義，我們勢必無法如此做，因此，此處僅選擇一些比較明確地論述「外在因素」的作品來加以分析。

在眾多的外在因素中，人們注意力最集中的首推美國的因素。例如大

---

[9] 明居正，《國際政治體系之變遷》，頁9。

陸旅美學者鍾揚及胡偉星二人即自「兩岸關係中的美國因素」及「中美台三角關係」兩個角度探討了美國的角色，其中，鍾將美國對中共的政策區分爲接觸、對抗及搞垮三種政策，經過分析後，其結論爲美國目前對於中共的基本政策還是以接觸爲主[10]。胡將台灣、大陸及美國視爲三角關係，並認爲三角關係穩定對三方及亞太地區都有好處，而近年來這三角出現變動，主因是李總統的務實外交引發衝擊，因此他建議兩岸宜儘早開展和平談判以恢復穩定[11]。

同樣認爲美國因素會發生影響的還有旅美政論家高新先生，他認爲兩岸間爆發戰爭，尤其是中共貿然攻台，可能性並不大，因爲中共不能不考慮國際社會的制約。特別是當美國已經積極地與中共開始交往，而且介入兩岸事務中，中共對台灣的任何動作都必須審愼地評估美國的可能反應[12]。

台大政治系包宗和教授則別闢蹊徑，自博奕理論研究美國、中共及台灣間的互動，包的分析最有趣的部份爲：他觀察到在1950年至1988年間，當美國對中共的態度由對抗轉爲合作時，台海雙方賽局的本質即由「僵持遊戲」轉爲「囚徒困境」。而且若美國持續對中共採用合作戰略時，其對兩岸互動就有較大的影響力[13]。

大陸旅美學人詹軍教授在其著作《結束中國內戰（暫譯）》一書中，對於美國、大陸及台灣的關係提出了幾何模型的解析，首先，他認爲這三者間構成一組三角關係，而這三角關係會因爲台美合作、美陸和解、台陸統合及三邊維持等距而出現四種不同的狀況，而且這些不同的狀況亦會

---

10 鍾　揚，「海峽兩岸關係中的美國因素」，載於明居正，《雙贏雙輸：兩岸關係何去何從？》（台北：致良，民國85年），頁2〜22。

11 胡偉星，「中美台三角關係的互動及其後果」，載於明居正，《雙贏雙輸：兩岸關係何去何從？》，頁23〜42。

12 高新，《海峽無戰事》（台北：周知文化，1995年），頁91〜138。

13 包宗和，《台海兩岸互動的理論與政策面向》（台北：三民書局，民國79年），頁42〜72~72。

為三方帶來不同的挑戰與難題。最後作者對三方提出解決問題的建議。要之，他希望大陸能承諾，若台灣不走上獨立，則不對台動武，希望台灣不能再依賴美國以維持現狀，要在己身條件尚佳之時及早與中共開展談判，以爭取最佳安排；更希望美國認清兩岸終究會走上統一的趨勢，本著「清官難斷家務事」的原則，不要一味介入兩岸事務，順其自然才是保障其利益的最佳策略[14]。

詹軍的分析誠然有趣，但是在其「三角理論」中，三角變化的機制並未交代清楚，亦即，任二方走上合作之動力何在，在文中並不明確，而且至於在美陸和解的狀況下，台灣未必受害——目前的情況就大體如是——其分析亦頗有不足之處。最後，最可爭議之處應數詹的建議，其建議完全出於「善良的願望」，這與其前提——三者因利害分合而形成這種三角關係——有著根本的矛盾，如果不進一步釐清，則完全沒有現實的可行性。

最後，我們還注意到，大量的大陸學者在討論中共與美國雙邊關係時，會提到台灣因素的影響，如于曉輝的《戰後美國對抗政策的調整與演變》[15]，楚樹龍的《中美關係面臨戰略選擇》[16]，席來旺的《積極推進建立中美建設性戰略伙伴關係》[17]，劉江永的《柯林頓訪華與中美日關係新趨勢》[18]，王緝思的《遏制還是交往？》[19]及王海涵的《論柯林頓政府的對華政策及其前景》[20]。

---

[14] Zhan Jun, *Ending the Chinese Civil War* (New York: St. Martin's Press, 1993).

[15] 于曉輝，「戰後美國對台政策的調整與演變」，《現代國際關係》，1996，n.6，頁33～36。

[16] 楚樹龍，「中美關係面臨戰略選擇」，《現代國際關係》，1996，n.11，頁2～7。

[17] 席來旺，「積極推進建立中美建設性夥伴關係」，《現代國際關係》，1998，n.5，頁2～7。

[18] 劉江永，「克林頓訪華與中美日關係新趨勢」，《現代國際關係》，1998，n.7，頁2～6。

[19] 王緝思，「『遏制』還是『交往』？」，《國際問題研究》，1996，n.1，頁1～6。

[20] 王海涵，「論克林頓政府的對華政策及其前景」，《國際問題研究》，1997，n.1，頁3～8。

在本節所引用的各種著作中，除了包宗和及詹軍教授的二本書外，其餘的都沒有很清楚的理論架構，亦即他們都只是把美國視作影響兩岸關係的重要因素而加以討論，雖則有些作品本身的分析仍然十分深入而有見地，不過他們的研究途徑基本上不脫歷史研究法與國際政治中現實主義的混合體。

其中我們最後引用的于曉輝等六位大陸作者，則表現出相當高的一致性。他們都只在談中共與美國互動時提及台灣，而不是在明確地討論兩岸關係時，將美國作為一個外在影響因素而加以剖析，這或許與大陸官方不願將兩岸問題國際化的基本立場有關。其次他們的立場可說是完全一致：批評美國對中共或採「遏制」戰略或採「兩手策略」，批評美國因此對中共打台灣牌，最後呼籲美國改弦更張，以免發生人們不願見到的後果。他們的分析或許帶有簡單的多極論的看法，但是並未見到較深刻的理論分析與運用，而他們的寫作目標則是很明顯地希望促使美國改變其政策。

體系影響「派」

在這部分，我們準備討論二位作者的作品。第一位是大陸的兩岸問題專家，辛旗先生。辛先生在其〈國際戰略環境的變化及台灣問題〉一文中，指出：在蘇聯瓦解後，國際格局開始重組，而亞太地區的格局不出四個基點：朝鮮半島、南中國海、中南半島和台灣海峽。作者認為1995～1996年的海峽危機是「冷戰後亞洲格局調整的最顯著標誌，已使兩岸關係的互動與後冷戰時期中美關係的重新定位聯繫在一起」，「而台灣……尋求國際承認的舉動業已打破了冷戰中各國與中國建構的關係模式，直接威脅到中國構築和平的亞洲秩序」。最後，他指出：「亞太新的國際關係在美日安全條約修改之後，重點轉到中美關係上的雙方政治迴旋餘地都很小的台灣問題，亞太格局最終如何確立就在如何處理這一問題上」。[21]

---

21 辛　旗，「國際戰略環境的變化及台灣問題」，載於王家英、孫同文合編，《兩岸關係的矛盾與出路》，（香港：香港中文大學，1996年），頁90~91。

　　在討論兩岸關係的大陸學者中，辛旗先生是比較少見的具備可以運用理論來作分析的學者，他在本文中所用的是具有體系理論意涵的國際格局變動論，其隱含的假設是蘇聯瓦解後中共國力日增、地位日高，所可能引發的亞洲格局重組及其與美國的關係，辛文較不足之處厥為他只強調中共的立場，呼籲他國尊重配合，但是他並未自別國的角度作同樣的分析，列舉可能發生的互動，再尋求各方都能接受的解決之道。

　　此外，在辛先生這段話中，我們還必須指出幾點問題：

　　（1）他指責台灣「尋求承認的舉動打破了『冷戰中』各國與中國建構的關係模式」，這是句自相矛盾的話。在同一篇文章中，辛先生指出，蘇聯的解體標誌了冷戰的結束[22]，又指出，國際格局進入一個「過渡時期」。[23]既曰「冷戰後之過渡」，則台灣採取動作打破「冷戰中」各國與中國建構的關係模式，事屬必然，而中共繼續尋求以「冷戰後」之模式本屬正常反應，為何要大加批評？而且，中國大陸用「冷戰中」建構起來的國際網絡去限制「冷戰後」包含中華民國在內的國際關係，其心態本就可議，在中華民國尋求外交空間時，中共一再將其抹黑為「台獨」或「一中一台」本身就是霸權主義的做法。這又怎麼能責備台灣方面反應激烈呢？

　　（2）1991年後，不但世界格局發生變動，亞太格局亦因此受到牽動，而未來會影響亞太格局的因素應該包括美國的動向及美國、中共與日本的三角關係。[24]因此，當辛先生說「亞太新的國際關係……重點轉到中美雙方迴旋餘地很小的台灣問題上」時，問題是被嚴重地簡化了。且不說未來影響亞太走向的眾多因素，即使是中共與美國關係上，也不是只有一個台灣問題。從美國的角度來說，除了希望大陸成為一個穩定、開放、沒有侵略性、接受自由市場、政治多元化及法治的強國外，他們還希望中國大陸在遵守參與制定國際規範、成為亞太強大的安全及合作力量、防止

22　辛　　旗，「國際戰略環境的變化及台灣問題」，頁82。

23　辛　　旗，「國際戰略環境的變化及台灣問題」，頁81。

24　明居正，「美國，中共與日本的戰略關係與台海風雲」，載於許光泰編，《香港回歸與大陸變局》（台北：政大國關中心，民國86年），頁182～187。

核武擴散、打擊毒品走私、成爲美國主要貿易夥伴及加強環保等方面能與美國大力合作，以確保未來的世界是一個和平、安定、繁榮及環保的世界[25]。相比之下，美國對於兩國關係的戰略設想是比中共的規劃要來得開闊。

第二位要介紹的是台大政治系教授明居正。明居正的分析主要以Kenneth Waltz的國際體系理論作爲出發點，他考察了1991年蘇聯及東歐共產政權崩潰後對國際體系帶來的衝擊，並由此分析並推論其對亞洲局勢乃至兩岸關係所可能引發的激盪。

首先，他指出在蘇聯瓦解後，國際上形成一個以美、歐、俄、日及中共所組成的「一霸四強」格局，各國的目標在於爭取下一世紀的更佳戰略位置，而各國的關係是「既合作又競爭」[26]。

第二，在上述的格局下，未來的亞洲會呈現幾個特色：美國依然會留駐亞洲，並保有極大的影響力；中共及日本已心照不宣地進入大對抗；美國重申美日安保關係，並因其性質轉變而具有多面向之意涵；中共未來之基本努力方向應爲壓迫日本，取悅美國，以期削弱美日間之安保關係，但是中共對美之取悅會有其限度，台灣問題即爲一個重要的例子[27]。

第三，美國對中共一方面盼其因改革而逐步走上和平演變，並在國際上成爲負責任的國際成員，但是又保留人權、經貿、軍售及台灣等牌，以促使中共合作，其中「台灣牌」最有威力，然而如果使用不當，其局限性亦會浮現，1995～1996年的飛彈危機即爲著例[28]。

---

25 柯林頓，「論中國與國家利益」，（台北：美國在台協會文化新聞組，1997年）。
26 明居正，「美國，中共與日本的戰略關係與台海風雲」，頁182～187。
27 明居正，「美日安保宣言與我國之外交空間」，開拓外交空間：1996年我國外交之回顧與展望研討會論文，頁12；「美國，中共與日本的戰略關係與台海風雲」，頁184。
28 明居正，「美國，中共與日本的戰略關係與台海風雲」，載於許光泰編，《香港回歸與大陸變局》，頁186～191。

　　第四，在上述前提約束下，台灣的戰略、外交及大陸政策的空間其實有其限度，他並不認為東亞集體安全可行，亦不認為其對台灣而言為一優良戰略[29]，他進而指出，台灣可有三個戰略空間的選擇：完全倒向中共，隱隱然與美日對抗；完全倒向美日，隱隱然與中共對抗；立足於二者之間。他認為第三者目前較為可行[30]。

　　第五，如果要落實「立足於二者之間」，則台灣對大陸之主要戰略就應該是對大陸進行和平演變，化被動為主動[31]。

體系理論與兩岸關係：適用性之探討

　　在本文第一節中，我們考察了國際關係理論中體系理論的範疇、主要學說與學術源流；第二節針對體系理論與兩岸關係作了文獻回顧與分析，現在我們必須轉而探究體系理論於分析兩岸關係中之適用性。

　　首先還是先來看看作為「外在因素」的系統層次變項。提出這些變項的優點在於引導研究者的眼光自一般人習用的個人及國家層次移開、上升至層次較高、影響可能很大，但是有時卻不是明顯可見的因素上，例如國際格局、同盟和極化的狀況就是最好的例子。但是這些變項僅是變項，它們可以提醒人們的注意，引導人們的眼光，卻因為不構成理論，甚或無法據以推衍出可以測試的假說，而無法提供更進一步的研究指引。

　　其次，就體系影響論而言，我們同時看見其適用性及不足之處。就適用性而言，第一，它承襲了「結構現實主義」（Structural Realism）的傳統，這個傳統在國際關係的領域中雖然屢受理想主義、馬克思主義、自由

---

[29] 明居正，「中華民國之戰略環境與東亞集體安全」，載於許慶復編，《邁向二十一世紀的台灣》，台北：正中書局，民國83年，頁168～176。

[30] 明居正，「美日安保宣言與我國之外交空間」，頁12～13。

[31] 明居正，「國際新形勢下我國外交之走向」，載於蔡政文編，《1997台灣新契機》（台北：國家發展基金會，民國84年），頁191～195。

主義、全球主義乃至新現實主義的詰難與挑戰，然而它依然有強大的生命力，且不說一般人分析政治的觀點基本上就是直觀的、素樸的現實主義，絕大多數新聞媒體每日報導國際事件時採用的就是相近的觀點，更重要的是，世界上各國政治領袖在處理對外政策時，尤其是危機或是重大問題時，現實主義依舊是靈感的泉源。

第二，它的結構部分，即有關國際體系的分析，對於國際或是區域性的重大變化，和別的研究途徑相比，可以提供更宏觀、完整而深入的分析。簡言之，對於未來的發展可能，結構現實主義可以幫助人們觀察到幾種可能的發展大趨勢，例如，對於1991年因為蘇共瓦解而生的國際格局變遷，竊以為，惟有結構現實主義所作的解釋最為完整而且深入。

第三，據此，它可以對國際重大趨勢的未來發展提供其他理論不易企望的預測能力。

第四，結構現實主義的另一個相關假設是「理性」。它可幫助我們在一定前提下判斷對個別國家的最佳策略，當然也可以幫助我們作出同樣決策。

但是，以結構現實主義為基礎的國際體系研究途徑並非全無缺點，它也還有不少不易克服的障礙，第一，它通常假設國家或政府是「一元化的行為者」（unitary actor），因此艾力生（Graham Allison）所說的組織程序及官僚政治等決策模式所蘊含的問題，就會遭到忽視，從而對於可能出現的決策乃至事態的發展就有可能誤判，同樣的問題也會對「理性」前提形成挑戰。

第二，任何人在決策過程中，還會牽涉其「認知」的問題，一旦認知不同或是認知錯誤，事態的發展也可能會不同。

第三，即使前述各項都不發生問題，我們還必須面對決策失誤與執行失誤的問題。

第四，從中外的外交史來看，在客觀環境變遷及主觀認知及政策修正間，通常存在著「時間差距」（time lag），目前我們對於時間差距還無

法有效估算，因此結構現實主義容或可以推斷長期的趨勢，但是它對事態發展的短期的推斷及變動發生時間點的確認通常是無能爲力的。

第五，因此在預測上，體系論常受到的批評之一就是「見林不見木」。

由上可知，結構現實主義雖有其學術威力，但也絕非獨步天下，它如果能與其他的研究途徑或理論相結合，或許可以提供更豐碩的成果，例如，若將其與戰略三角或戰略多極的分析結合，則體系論可以得到在不同情境下的落實而「三角」及「多極」間之關係就會因爲掌握了體系的壓力後，而獲致更爲宏觀與更爲細緻的洞察。第二個可能的整合對象則是博奕理論，體系論可以對博奕論提供宏觀的、全局的視野，對於制訂選項、辨認報酬上可以產生很大的助益。反之，博奕論可以爲體系論設想出數種不同的情境，並據以分析可能的發展及相應的策略與報酬。

第三個結合的可能對象是「預期效益」理論[32]。這個理論實際上是強化結構現實主義中蘊含的理性前提，只是它在對理性──尤其是決策者的理性──作了不同狀況下的修正後，這個理論對於我們理解人們的決策作了相當大的推進，此二者若加以結合，其成果應可期待。

在國際關係的領域中存在各種不同的理論。截至目前爲止，沒有哪一種理論可以說全然超越其他理論，國際體系理論當然也是如此。不過，在指出它所具有的優點後，我們還必須很遺憾地指出，在兩岸關係的研究中，理論的運用有明顯不足之處，而運用國際體系論、結構現實主義作爲分析工具的作品更少，致使這個研究途徑的優點尚未被充分發掘出來，今後如果有更多有心人投入這個領域的話，相信我們在體系理論及兩岸關係這二個題目上一定都會有遠比今日更爲豐碩的成果。

---

[32] Bruce Bueno de Mesquita, *The War Trap* (New Haven: Yale University Press, 1981)

參考書目

中文書目

于曉輝，1996，「戰後美國對台政策的調整與演變」，《現代國際關係》，第6期，頁33～36。

王海涵，1997，「論克林頓政府的對華政策及其前景」，《國際問題研究》，第1期，頁3～8。

王緝思，1996，「『遏制』還是『交往』？」，《國際問題研究》，第1期，頁1～6。

包宗和，1990，《台海兩岸互動的理論與政策面向》，台北：三民書局。

辛　旗，1996，「國際戰略環境的變化及台灣問題」，載於王家英、孫同文合編，《兩岸關係的矛盾與出路》，香港：香港中文大學。

明居正，1992，《國際政治體系之變遷》，台北：五南書局。

明居正，1994，「中華民國之戰略環境與東亞集體安全」，載於許慶復編，《邁向二十一世紀的台灣》，台北：正中書局。

明居正，1995，「國際新形勢下我國外交之走向」，載於蔡政文編，《1997台灣新契機》，台北：國家發展基金會。

明居正，1996，《雙贏雙輸：兩岸關係何去何從？》，台北：致良。

明居正，1996，「美日安保宣言與我國之外交空間」，開拓外交空間：1996年我國外交之回顧與展望研討會論文，中正大學政治研究所，嘉義。

明居正，1997，「美國，中共與日本的戰略關係與台海風雲」，載於許光泰編，《香港回歸與大陸變局》，台北：政大國關中心。

柯林頓，1997，「論中國與國家利益」，台北：美國在台協會文化新聞組。

胡祖慶譯，Frederic Pearson and Martin Rochester原著，1995，《國際關係》，台北：五南書局。

胡偉星，1996，「中美台三角關係的互動及其後果」，載於明居正，《雙贏雙輸：兩岸關係何去何從？》，台北：致良。

席來旺，1998，「積極推進建立中美建設性戰略伙伴關係」，《現代國際關係》，第5期，頁2～7。

高　新，1995，《海峽無戰事》，台北：周知文化。

楚樹龍，1996，「中美關係面臨戰略選擇」，《現代國際關係》，第11期，頁2～7。

劉江永，1998，「克林頓訪華與中美日關係新趨勢」，《現代國際關係》，第7期，頁2～6。

鍾　揚，1996，「海峽兩岸關係中的美國因素」，載於明居正，《雙贏雙輸：兩岸關係何去何從？》，台北：致良。

外文書目

Bueno de Mesquita, Bruce. 1981. *The War Trap*. New Haven: Yale University Press.

Couloumbis, Theodore, and James Wolfe. 1990. *Introduction to International Relations*. New Jersey: Prentice Hall.

Hoffmann, Stanley. 1965. "International Systems and Internatiional Law." In Hoffmann, *The State of War: Essays on the Theory and Practice International Politics*. New York: Praeger.

Kaplan, Morton, 1969. "Variants on Six Models of the International System." In James Rosenau. *International Politics and Foreign Policy: A Reader in Research and Theory*. New York: The Free Press.

Rosecrance, Richard. 1963. *Action and Reaction in World Politics: International Systems in Perspective*. Boston: Little, Brown.

Russett, Bruce, and Harvey Starr. 1981. *World politics: The Menu for Choice*. San Francisco: W.H. Freeman.

Waltz, Kenneth. 1979. *Theory of International Politics*. Reading, Mass: Addison-Wesley.

Zhan, Jun. 1993. *Ending the Chinese Civil War*. New York: St. Martin's Press.

第十章

安全典則與美「中」關係：
一個認知社群的分析

袁 易

前 言

「國際典制」（International Regimes）乃指國際爲穩定國際秩序，建立起系列性有約束性制度安排或行爲規範，其制度性安排或規範，包括成文的規章制度，亦包括不成文的、非正式的默契，其重點在於突顯規則和規範等制度化的約束在國際政治中的作用。國際典制乃爲一套原則、規範、規則和決策程序，其目的乃是確立各國合作的原則、具體之途徑、解決爭端的辦法和程序。它包括了一套至爲複雜之規定，涉及到安全、經濟、貿易等不同層面。

西方學界探討「國際典制」在特定之議題領域中，如何影響國家行爲之熱潮，在此一概念問世多年後的今日，非但沒有消退，進入1990年代後，有著更爲豐富的論斷。綜合觀之，此一學術思考，展現在兩個界面上：一爲帶領學術風騷的理論健將之論著，一爲國際關係理論層次的大辯論。從個別學者之論著來觀之，Stephen D. Krasner所編的 *International Regimes*（1983）、[1]Oran R. Young之*International Regimes: Problems of Concept Formation*（1980）和其新作*Creating Regimes: Arctic*

---

[1]   Stephen D. Krasner, ed., *International Regimes* (Ithaca: Cornell University Press, 1983).

Accords & International Goverance（1998）、[2]John Gerard Ruggie之 *International Responses to Technology: Concepts & Trends*（1975）及其新 作*Constructing the World Polity*（1998）[3]，Robert Keohane之 *The Demand for International Regimes*（1983）和其近作*Internationalization & Domestic Polities*（1996）[4]，以及Ernst B. Haas之*Why Collaborate? Issue-Linkage & International Regimes*（1980）和其新作*Nationalism, Liberalism & Progress* （1997）[5]等等，其論述均跨越了1970年代、1980年代和1990年代。而 後起之秀的學者一如Joseph M.Grieco之*The Relative - Gains Problem for International Cooperation*（1993）[6]、Peter M. Haas之*Do Regimes Matter ? Epistemic Communities & Mediterranean Pollution Control*（1989）[7]、 Volker Rittberger之*Regime Theory & International Relations*（1993）和其 新作*Theories of International Regimes*（1997）[8]，以及Alexander Wendt之

---

[2]　Oran R. Young, "International Regimes: Problems of Concept Formation," *World Politics*, 32(3) 1980, p. 331-356, & *Creating Regimes: Arctic Accords* & International Governance (Ithaca: Cornell University Press, 1998).

[3]　John Gerard Ruggie, "International Responses to Technology: Concepts & Trends," *International Organization*, 29 (1975), pp. 557-583, & *Constructing the World Polity: Essays on International Institutionalization* (London: Routledge, 1998).

[4]　Robert O. Keohane, "The Demand for International Regimes," in S.D. Krasner, ed., *International Regimes* (Ithaca: Cornell University Press, 1983), & Rebort O. Keohane & Helen V. Milner, eds., *Internationalization & Domestic Politics* (Cambridge: Cambridge University Press, 1996).

[5]　Ernst B. Hass, "Why Collaborate? Issue-Linkage & International Regimes," *World Politics*, 32, (1980), pp. 357-402, & *Nationalism, Liberalism & Progress* (Ithaca: Cornell University Press, 1997).

[6]　Joseph M. Grieco, "The Relative-Gains Problems for International Cooperation," *American Political Science Review*, 87 (1993), pp.729-735.

[7]　Perter M. Hass, "Do Regimes Matter? Epistemic Communities & Mediterranean Pollution Control," *International Organization*, 43 (1989), pp. 377-403.

[8]　Volker Rittberg, *Regime Theory & International Relations* (Oxford: Clarendon Press, 1993), & Andreas Hasenclever, Peter Mayer & Volker Rittberger, *Theories of International Regimes* (Cambridge: Cambridge University Press, 1997).

ConstructingInternational Polities（1995）[9]等爲代表。

　　而在這些學者著作中反映的時代思潮，是如何透過國際關係理論界之幾波大辯論來彰顯？國際典制研究和國際政治現實之關聯性又爲何？上述問題在我們進入主題討論前必須要有所澄清，藉此系統性之邏輯梳理，一則避免見樹不見林之偏頗，二則避免引論失義的誤謬。

安全困境下之合作：
重新評估新現實主義與新自由主義辯論

　　學術界其實和其他行業在本質上頗有雷同之處，都有所謂流行時尚。不過，橫亙古今，國際關係學者所關切的課題，卻都是圍繞在個別國家針對安全困境之反應這個問題上。

　　在冷戰期間，最早提出這個概念的學者是John Herz（1950），他指出無政府狀況下的敵對國家爲了防止屈服他國權力下，故而終日憂心惶惶準備防範敵國之侵犯，此舉乃形成了所謂的武器競賽的惡性循環。[10]這個概念之後便形成「現實主義」（realism）學派之基本要素，諸凡HansMorgenthau（1955）[11]及Hedley Bull（1977）[12]等人均界定此乃一永久性的國際體系結構，新現實主義或「結構現實主義」（structural realism）學者更指出任何形式之制式國際合作終將失敗，而Robert Jervis更把這個概念細緻化，其代表作「安全困境下之合作」（Cooperation under the Security Dilemma）（1978）成了此理論之經典作。他從軍事能力和軍事戰略之層面來探討攻守均勢和攻守區格，進而指出唯有調整戰略

9　Alexander Wendt, "Constructing *International Polities*," *International Security*, 20 (1995), pp. 71-81.

10　John H. Herz, "Idealist Internationalism & the Security Dilemma," *World Politics*, vol. 1, no. 2 (January 1950), pp. 157~180.

11　Hans Morgenthau, *Politics among Nations* (New York: Alfred A. Knopf, 1955).

12　Hedley Bull, *The Anarchical Society* (New York: Columbia University Press, 1977).

形勢以及武器之部署爲純守勢才能消除安全之困境[13]。

　　儘管如此，在冷戰的這個大格局下，並未完全排除新自由主義論學者追求理論上之突破來解釋國際間之合作可能性，互依理論（interdependence）就是其中之代表。Robert O. Keohane和Joseph S. Nye, Jr.合著之*Power & Interdependence*（1977）中提出了在國際經濟之議題領域中，國家互相依存的關係造就出國際合作之新機制[14]，另外David A. Baldwin在其「Interdependence & Power」（1980）一文中提出了一個概念架構來說明國際安全合作[15]。但Charles Lipson在其「International Cooperation in Economic & Security Affairs」（1984）一文中指出安全問題較經濟問題更俱備立即和潛在的損害[16]，一旦單方之合作企圖得不到另一方之互惠回報，又缺乏有效控制對方之機制，因而國際間之安全合作是不易達成的，除非能建立一套有效限制安排以降低受損程度，國際典制這個概念乃應運而生[17]。其中安全體制乃標榜藉由原則、規則和規範來約束國家行爲進而達成互惠效果。David C. Gompert所編之*Nuclear Weapons & World Politics*（1977）是應用安全典制之先鋒，他指出美蘇兩強在核武議題上已形成四種型態的安全典制[18]。但Robert Jervis在其"Security Regime"（1982）一文中卻持較爲保守的看法，他不認爲二戰後美蘇兩強在核武戰略上之默契就表示有這麼一個安全典制之存在。其實

---

[13] Robert Jervis, "Cooperation under the Security Dilemma," *World Politics*, vol 30, no. 4 (July 1978), pp. 167~212, and Dan Reith, "Exploding the Power Keg Myth," *International Security*, vol. 20, no. 2(Fall 1995), pp. 8~12.

[14] Robert O. Keohane & Joseph S. Nye, Jr., *Power & Interdependence* (Boston: Little Brown, 1977).

[15] David A. Baldwin, "Interdependence & Power," *International Organization* vol. 34, no. 4(Autumn 1980), pp. 471~506.

[16] Charles Lipson, "International Cooperation in Economic & Security Affairs," *World Politics*, vol. 37, no. 1(October 1984), pp. 1~23.

[17] Stephen D. Krasner, ed., *International Regimes* (Ithaca: Cornell University Press, 1983).

[18] David C. Gompert, et al., *Nuclear Weapons & World Politics* (New York: McGraw- Hill, 1977).

存在於上述兩種觀點之主要差異在於如何來詮釋安全合作之機制——心照不宣法（tacit）、協議式（negotiated）或是強迫式（imposed）[19]。有鑑於此，學者提出更多較爲細緻的構想來完備分析架構，一如 Kenneth A. Oye 在 Explaining Cooperation under Anarchy（1986）一文中指出國家可透過調整收益結構（to alter payoff structure），——一如透過多邊策略進而形成國際典制，使該典制之規範內化成國家之行爲準則、延長未來陰影（to lengthen the shadow of future）——一如分段完備武器削減之進程以及增加參與成員等[20]。此外，Robert Axelrod 和 Robert O. Keohane 在 "Achieving Cooperation under Anarchy"（1985）一文中指出強調決策者的知覺（perception）、學習、心理導航、傳達概念、促進意識交流，以及新機構規範的建立都是有助於合作之達成[21]。

從以上所提之有關代表性之研究看來，在冷戰結束以前的主要論點，有關提昇或限制國際合作之情況包括互惠之戰略、參與者之數量、未來之陰影、國際典制之設立、議題範疇和權力之分布等。

後冷戰期間，國際間如何在安全困境下進行合作，仍是學術界關切的研究課題，亦是先前學界辯論之延續——國際衝突與合作。學界有關新現實主義與新自由主義之論戰，兩派學說之主要差異，乃是針對無政府狀況之本質與結果（nature & consequences of anarchy）、國際合作（international cooperation）、相對與絕對利益（relative vs. absolute gains）、國家目標之優先順序（priority of state goal）、國家意向與能力（state intention vs. capability）及國際機構與典制（international institutions & regimes）等之作用六個概念上進行不同之詮釋[22]。

---

[19] Robert Jervis, "Security Regime," *International Organization*, vol. 36, no. 2(Spring 1982), pp. 357~378.

[20] Kenneth A. Oye, "Explaining Cooperation under Anarchy," *World Politics*, vol. 38, no. 1(October 1985), pp. 1~24.

[21] Robert Axelrod & Robert O. Keohane, "Achieving Cooperation under Anarchy," *World Politics*, vol. 38, no. 1(October 1985), pp. 226~254.

[22] David A. Baldwin, ed., *Neorealism & Neoliberalism* (New York: Columbia University Press, 1993).

　　兩派學說之辯論焦點隨著冷戰之結束而有所調整，對於新自由主義學派而言，其新意在於凸顯國際典制和多邊主義（multilateralism）之作用，以爲促成國際安全困境下之合作[23]。一般而言，多邊主義策略家即強調透過多邊之手段來解決國際間之各種問題（經濟性及安全性）。因而，持這種觀點者認爲多邊主義非但不會挑起爭端，反而可以確保國際安全穩定。多邊機構爲國際間之類型機構，此類機構根據一些行爲準則，協調三個以上國家間之關係。此類機構領域涵蓋國際秩序、國際典制和國際組織等幾種範疇。藉由資訊之提供、交易成本之降低、互惠之促成，以發展一套衝突防制和衝突管理之機制，並有效達成並確保和平。新自由主義學派認爲，透過國際機構合作、國際典制之建立以及多邊性規範之樹立，藉此促成後冷戰期間國際之穩定。尤有甚者，國際典制可以改變國家之選擇，進而改變國家行爲[24]。反之，新現實主義學派則堅持國際典制僅爲國際間權力分配之反映，也缺乏對國家行爲之影響力，因而這些典制對國際穩定之促成，助益有限，特別是在國際安全這個議題上，其解釋效用就更微不足道了，權力均勢仍是主導國際政治的要素。[25]也有人認爲亞洲和歐洲不同，亞洲缺乏多邊安全合作的經驗，在亞洲沒有像「歐洲共同體」（EC）或是「北約」（NATO）這類機構存在，也缺乏像赫爾新基談判以爲進行信心共建的機制，故而目前亞洲充其量只算是一個穩定型的權力均勢。[26]

---

[23] Robert O. Keohane & Joseph S. Nye, Jr., "Two Cheers for Multilateralism," *Foreign Policy*, no. 60 (1985), pp. 148~167; Robert O. Keohane, "Multilateralism," *International Journal*, vol. 45(Autumn 1990), pp. 731~764; and John Gerard Ruggie, ed., *Multilateralism Matters* (New York: Columbia University Press, 1993).

[24] Volker Rittberger, ed., *Regime Theory & International Relations* (Oxford: Clarendon Press, 1993).

[25] John J. Mearsheimer, "The False Promise of International Institutions," *International Security*, vol. 19, no. 3(Winter 1994/95), pp. 5~49; and Robert O. Keohane & Lisa L. Martin, "The Promise of Institutionalist Theory," *International Security*, vol. 20, no. 1(Summer 1995), pp. 39~51.

[26] Michael Brenner, ed. *Multilateralism & Western Strategy* (New York: St. Martin's Press, 1995).

　　從研究途徑來觀之，這兩個時期的主流學派都是以博奕理論來建構所謂之收益矩陣（payoff matrix）來檢驗合作與否。 當然亦有學者一如Joseph S. Nye, Jr. 和 Robert O. Keohane開始注意到促成國際合作之規範要項，這也就是研究國際合作之深思反省論（reflective approach）之濫觴，我們可從其分析途徑來區別兩派學說之差異。[27]理性抉擇論以實體理性（substantive rationality）爲假說──即如果國際典制無法產生潛在收益，則即無此需要設立一典制。然而，在現實國際社會中，就是透過這些機構所達成協議之價值，以及達成這些協議之困難性，反而突顯國際典制的存在價值，因而國際典制就是促成國際合作之不二法門。理性抉擇論認爲國際典制可以降低不確定性，並改變交易成本。深思反省論者則認爲現實國際政治中，政治的交易成本在國家主權和國家自主性的考量下是不可忽略的。因而使用新古典主義經濟學的均衡模式思維，是很難了解國際典制的興起緣由，因爲任何國際典制之產生，必然反映相對的政治力量，國際典制亦不可能政治中立。國際典制不會只根據其成員最大化收益的估算而設立，而必然是根據當時之物質環境和社會思潮，形成一種機構的內在動力，進而透過一種學習過程來促成新的國際典制之設立，也就是說，先要了解人們如何思考，才能知曉人們如何組織。

　　然而，以上兩派學說都存在一個嚴重的缺點，那就是忽略了國內政治在國際合作上產生的作用，上述兩派學說僅著重於國際系統這個階層上，制約國際合作之要素，以博奕理論爲例，其假設在所謂單一理性決策者（an unitary, rational actor），進而衍生出合作選擇的策略、能力和利益。事實上，決策者國內因素才是構成國際合作之制約要素，一如國內特殊利益團體之作用、民意之歸向和國內政治系統之本質，在在都構成國家決定策略之考量。另外，決策者之認知過程更構成了影響決策者戰略互動收益之關鍵要素[28]。

---

[27] Helen Milner, "International Theories of Cooperation among Nations," *World Politics*, vol. 44, no. 3(April 1992), pp. 466~496.

[28] Robert O. Keohane, "International Institutions," *International Studies Quarterly*, vol.

　　綜合而論，新現實主義與新自由主義有關於透過國際典制來促進國際合作之論點並非沒有交集，其中最重要的認識乃在於後者並非想要取代前者，而是提出補充前者之解釋不足。尤其針對國際無政府狀態這個結構性問題，新自由主義學派認為可以透過國際典制之建立，型塑新的規範和價值以為消除國際間之安全困境，進而達成國際合作之目的。這就把國際理論以往所描寫國家純為尋求自保的理性決策體，透過新的認知建構和學習過程來加以改良，就是新自由主義所謂新的安全合作機制下最重要的一環了。

國際安全合作研究的新興思想學派

　　有別於上述兩派學說，社會建構主義學派則對於知識的形成將採取了一種擴充性的觀點。此派觀點認為知識並非指那些位於人類心中，或是任何存在心中的象徵性事物。人們對於所有外界事物的理解，其實是經由複雜的經驗、行為和互動所交織而成的一種情境。而在國際安全方面的論述，「建構主義論」就是針對後冷戰時期新的國際合作問題之處理所產生的新銳學派。[29]誠如該學派的主要倡導者，Alexander Wendt在他的啓蒙文章一如「國家所組成的無政府狀態：權力政治的社會建構」（Anarchy is What States Make of it: The Social Construction of

---

32(1988), pp. 392~393; Stephen M. Walt, "The Renaissance of Security Studies," *International Studies Quarterly*, vol. 35(1991), p. 224; David A. Baldwin, "Security Studies & the End of the Cold War," *World Politics*, vol. 48(October 1995), pp. 131~132; and Charles L. Glaser, "Political Consequences of Military Strategy," *World Politics*, vol. 44, no. 4 (July 1992), pp. 519~525.

[29] On constructivism, see Ole Waver, "The Rise and Fall of the Inter-Paradigm Debate," in *International Theory: Positivism and Beyond*, ed. Steve Smith, Ken Booth, and Marysia Zalewski (Cambridge: Cambridge University Press, 1996), pp.149-85; John Rawls, *Political Liberalism* (New York: Columbia University Press, 1993), pp.89-130; and Steve Smith, "New Aspproaches to International Theory," in *The Globaization of World Politics*, ed. John Baylis and Steve Smith (Oxford: Oxford University Press, 1997), pp.183-87

Power Politics）（1992）、[30]「集體認同的形成和國際狀態」（Collective Identity Formation & the International State）（1994）等文，[31]和Jeffrey T. Checkel的評論文章：「建構論者在國際關係理論中的轉變」（The Constructivist Turn in International Relations Theory）（1998），[32]——中所採取的觀點，強調的是在安全困境之競爭性的動態本質下，各國能夠彼此相互合作的可能性。一般而言，建構主義論反對現實主義所主張，國際體系「自立救濟」之特質是在「外部性」（exogenously）的無政府的結構（無政府狀態和國家能力的分布）假定下，所形成的一種「過程」（國家間的互動和相互學習）和「制度」。此外，該學派認為「安全困境」是由各國之「互為主體性了解」[33]（intersubjective understanding）所組成的一種社會結構（social structure）；而在此一結構中，由於國家間的相互不信任，造成了各國對於彼此意圖上的最壞打算假設，進而才導致了各國皆以自力救濟的方式來界定其利益[34]。因此相對地，Wendt所強調的「安全共同體」（security community）則是一個完全不同的社會結構。由於它是基於共享的知識所構成，因此各國間能夠彼此信賴而不再以戰爭的方式來解決相互的爭端[35]。由此可知，建構主義者對於國際政治的看法和現實主義者存在著很大的差異[36]。在他們眼中，國際結構是國際社會關係的產

---

[30] Alexander Wendt, "Anarchy is What States Make of it: The Social Construction of Power Politics," *International Organization* 46, no.2 (Spring 1992), pp.391-425.

[31] Alexander Wendt, "Collective Identity Formation and the International State," *American Political Science Review*, 88, no.2 (June 1994), pp.384-98.

[32] Jeffrey T. Checkel, "The Constructivist Turn in International Relations Theory," *World Politics*, vol. 50, no.2 (January 1998), pp.324-48.

[33] According to Rebert Keohane, norms cannot be studied positivistically but have to be seen as intersubjective phenomena only researchable by non-positivist methods. See Friedrich Kratochwil and John G. Ruggie, "International Organization: A State of the Art or an Art of the State," *International Organization*, vol. 40 no.4 (Fall 1986), pp.753-75.

[34] See Wendt, "Anarchy is What States Make of it," p.407.

[35] John MacMillan and Andrew Linklater, eds., *Boundaries in Question: New Directions in International Relations* (New York: St. Martin's Press, 1995), p.5.

[36] For a discussion of neorealism, see Robert O. Keohane, ed., *Neorealism and Its Critics*

物，社會結構則是由諸如——規範、共有的「認同」（identities）和「利益」（interests）等成分所組成。

換言之，根據Wendt的說法，建構主義的主要特徵包括了以下的幾個中心的主張：（1）國家是國際政治理論的主要分析成員；（2）國家體系的關鍵結構是在於成員間的主觀性互動而非「物質性的」（material）；（3）影響國家認同和利益界定的重要部份應是由社會結構所構成，而非由體系內諸如人性或國內政治等外在特定因素所構成[37]。

而藉著對於形成國家安全政策的兩個關鍵因素的確認——「文化與制度的脈絡」（the cultural-institutional context）和「國家建構之認同」（constructed identity of states）——建構主義於是從「社會制度論」（social institutionalism）的理論性觀點來探索這些關鍵性因素，並以「一國的環境特性」（character of a state's environment）和「政治認同之競爭性本質」（contested nature of political identities）作為其研究的焦點[38]。因此一些屬於心理層面的屬性，諸如規範、認同和文化等則會被當作顯著的標誌，藉此來凸顯那些他們正在分析之心理因素的特性[39]。

由於本研究途徑將分析的焦點放在那些作為改變之機制的「規範的工具性效果」（instrumental effects of norms）上，亦即在建構主義研究途徑

(New York: Columbia University Press, 1986), and Kenneth A. Oye, ed., *Cooperation under Anarchy* (Princeton, N.J.: Princeton University Press, 1986).

[37] See Wendt, "Collective Identity Formation and the International State," p.385.

[38] Peter J. Katzenstein, "Introduction: Alternative Perspective on National Security," in *The Culture of National Security: Norms and Identity in World Politics*, ed. Peter J. Katzenstein (New York: Columbia University Press, 1996), p.4.

[39] On cognitive evolution, values, and progress in international relations, see Emanuel Adler, "Cognitive Evolution: A Dynamic Approach for the Study of International Relation and Their Progress," in *Progress in Postwar International Relations*, ed. Emanuel Adler and Beverly Crawford (New York: Columbia University Press, 1991), chap.2; and Christer Jonsson, "Cognitive Factors in Explaining *Regime Dynamics*," in *Regime Theory* and International Relations, ed. Volker Rittberger (Oxford: Clarendon Press, 1993), chap.9.

中所描述之「互動的密度」（density-of-interaction），並提出了一個「認知」（cognition）和「制度」（institution）的「戰略聯結」（strategic nexus）分析模型來進行分析了解國際安全典制運作之動力。

因而，此一研究途徑不僅止於展現「建構主義途徑」在作為解釋國家間安全合作上的一個可選擇或必要的研究工具的可能性，同時還明確地建立了應如何藉由將安全研究與政治心理兩者間的創意性結合，來增進我們對於國際典制的了解。此外也試圖闡釋預期理性途徑的缺點，並凸顯和檢視前兩種研究方法上的不足之處。

建構主義的理論性推論：規範、認同與國家利益

建構主義者對於新現實主義的批評，其主要的關切點在於國際合作是如何運作的基本概念上。此一途徑不同於新現實主義的觀點，它並不認為在一個具競爭性本質的互動體系中，將會因為各國增強本身的安全而產生威脅到其他國家安全的「安全困境」的情況。[40]整體而言，「建構主義模型」形成了對於當代國際安全典制「建構學派思想」的重要試煉。建構主義植基於兩個主要的假設：（1）國家互動的國際環境是社會化，同時亦是物質取向的；（2）此一環境可提供各國對於各自利益的了解。國際體系層次的互動改變了國家的認同與利益，而國家間的集體認同也將出現在國際體系的層次之中。[41]透過這樣的過程就能夠產生各國的相互合作關係，並且有助於將國際體系的無政府狀態轉變為「國際狀態」（international state）──亦即一個足以侵蝕領土主權觀念的超國性的政治權威體系[42]。

對建構主義者而言，規範是解釋國家行為的「集體性了解」

---

[40] Wednt, "Anarchy is What States Make of it," p.407.

[41] Checkel, "The Constructivist Turn in International Relations Theory," p.325.

[42] Wendt, "Collective Identity Formation and the International State," p.384.

（collective understandings）。由於它構成了國家的認同與利益，故其影響效果深遠。規範並非是基於物質基礎上的超越性結構；事實上，它反而有助於「物質基礎」（material base）的形成與界定。[43]對建構主義者來說，國家與社會結構是「互動」而「相互構成」的。也正由於建構主義者重視國家與社會結構之間的互動過程，因此認爲有形成「認同」與「利益」的「黑盒子」的出現[44]。

社會建構論的理論性推論是以下列的五個基本的特色爲其特徵而有別於新現實主義。以下是簡單的摘要。

社會建構論的第一項論點是有關於規範的效果。社會建構論認爲，在一國環境中所具有的文化或制度成分塑造了該國的安全利益或安全政策[45]。

「規範」是指在特定的認同下對於適當行爲的集體性期望。有時規範的作用有如規則（rules）而能夠爲「認同」的意義作出界定。由於這些規則「指出」（specify）了那些行爲能使他人「認識」（recognize）和「確認」（validate）某一特定的認同，並且也能對此一認同做出適當的回應，故這時它所具有的效果屬於「構成性效果」（constitutive effects）。而在其他的例子中，規範則具有「管制性」（regulative）的效果，它可作爲那些由被界定之認同所產生的適當「規定」（enactment）或「安排」（deployment）的標準（standards）。因此，規範一方面界定了認同的意義，另一方面又爲那些「已建構之認同」（already constituted identities）規定（prescribe）和剝奪（proscribe）了相關的行爲。總之，規範爲我們建立了有關誰將是在某一特定環境下的行爲者，以及此一行爲者將如何作爲的相關期望[46]。

---

[43] Checkel, "The Constructivist Turn in International Relations Theory," p.356.

[44] Ibid.

[45] Ronald L. Jepperson, Alexander Wendt, and Peter J. Katzenstein, "Norms, Identity, and Culture in National Security," in Katzenstein, *The Culture of National Security*, pp.52-53.

[46] Ibid., pp.54-58.

第二個論點也與規範有關。此一論點認為，在國家所處的全球或國內環境中，它所具有的文化或制度的成分形成了國家的認同[47]。

文化或制度結構建構或塑造了基本的國家認同，而這些正是「國家地位」（statehood）或國家認同的特徵。正如同國家的科技地位一般，在世界社會中，多少都有一些合法的（legitimate）國家認同正在發展。因此「認同觀」（concepts of identity）在環境的「結構」和「利益」之間發揮了重要的連結功能[48]。

第三項論點則涉及到「認同的效果」（effects of identity）。該論點主張不同的國家認同，或者是國家認同的改變都將影響到國家的安全利益與政策[49]。

認同不但產生並且塑造了利益，某些利益，例如生存和最基本的物質上的幸福皆存在於特定的社會認同之外，因此它們相對上是屬於「一般性」（generic）的利益。但是許多國家安全上的利益卻都取決於特定的自我認同建構，而此一認同建構則又與該國所認知到的他國認同有關。進一步言，基本認同的持續不變有助於解釋國家在安全利益和政策的基本規律；相同地，一旦認同轉變則也將導致形成國家安全政策之利益的改變。在任何情況下，國家集體認同的改變必將導致國家利益和政策的根本性改變[50]。

第四個論點則主張，國家認同的輪廓（configurations）影響了國家間的規範性結構（interstate normative structure），例如建制或安全環境[51]。

從以上有關於國家安全利益和政策的認同效果的討論中，我們能夠分析國家如何在國家間的「規範性結構」中（包括了建制和安全的環境），

---

[47] Ibid., pp.52-53.

[48] Ibid., pp.58-60.

[49] Ibid., pp.52-53.

[50] Ibid., pp.60-62.

[51] Ibid., pp.52-53.

尋求制訂或制度化它們的認同[52]。

　　第五項論點認爲國家的政策將反過來再生和再造文化和制度性的結構[53]。

　　然而在說明過建構主義的五項基本論點之後，當我們進一步檢視國家運作的範圍條件時（scope conditions），則此一途徑又出現了一些複雜的問題。

　　總體來說，此一研究途徑較爲注重規範、文化和認同之分析，並以此做爲國際安全環境和國家安全戰略的基礎。此學派側重規範之心理要素，認爲國家間存在不同的規範、文化和認同的組成，因而欲探討國際典制中這些規範、文化和認同是如何建構起來，國際政治結構和內涵之變化又是如何變化。其主要是表達一種政治心理學理上分析權力的關係形成和變化的過程，亦是一種政治過程與文化環境的互動過程。

　　誠如Wendt所言，在國際安全領域中，有兩個基本假定：第一，國家所處的安全環境很大程度上不僅只是物質的環境，而是文化與制度的環境，第二，文化環境所左右、所影響的，不止是國家的不同行爲動機，而且更是國家的基本特性。國家的文化環境含有三個層面：一爲正式的制度或安全典制，二爲世界政治文化之存在，三爲友善或敵對關係的國際模式，即國際間一種由歷史形成的文化心理結構。

　　國家間的文化環境如何影響各國對于生存和安全問題之看法？此種環境如何影響國際體系間國家關係？個別決策者觀念如何反過來影響環境中的不同要素，再再都構成當今安全典制研究之素材。

　　準此，認知式的國際典制研究，基本上反應出對行爲主體主觀性之重視。它重視行爲主體之所謂主體含義結構，進而把結構制約、行爲者利益、選擇偏好聯系在一起，認知理論把對制度的需要看成是一種由行爲體

---

[52] Ibid., pp.62-63.

[53] Ibid., pp.63-65.

的意識與知識所決定，而意識和知識則是經過逐漸學習而成的。認知主義者認為，不存在固定的國家利益，所謂結構實際上是相對的觀念，是由解釋框架決定的。因而把權力、意識和利益放在同樣重要的地位加以思考，特別重視認同感與制度凝聚力之間，以及規範與好惡之間的聯繫關係。

　　總之，認知理論所探討的，是在「安全典制」前提下，被前兩派所視為當然耳的要件，究竟是如何構成的。其核心論點是，行為者之意識、價值觀、信息處理等乃是充分了解國際合作之要件，綜凡任何一種國際合作，都受制於人們之想像、知覺和信息處理等能力之影響，因而任何國際合作都不是固定的，而是動態、變化、學習的過程。此派強調價值、規範和實踐，在不同文化下有著不同的特質，而各種不同的價值、規範和實踐，將決定了不同制度性的安排。學習過程及人的意識的生成，以其特有的方式反映到國際典則和國際合作中，知識和意識，能改變行為者的利益，利益只有在具體的規範和知識條件下而才會形成。

　　以下將透過對美國與中共現階段所建構之「安全典制」進程之分析，初步的來闡釋認知社群論的分析架構，從而更深刻的說明此一分析途徑的學理性建設含義。

安全典制建構與美「中」關係：一個認知社群論的分析架構

　　早在美國總統柯林頓與中共「國家主席」江澤民，於1996年11月24日在出席「亞太經濟合作」會議上共同聲明，在未來二年間相互邀訪進行元首層級的國是訪問。柯林頓總統此舉乃是希望開始和中共建構一個全方位交往的戰略關係。

　　美國作為後冷戰時期全球唯一超強國，深刻了解戰略佈局刻不容緩，柯林頓政府也充份體認要因應中共這個崛起的地區強權，與其依賴在傳統國際關係上慣用的現實主義手段——如權力均勢、軍事力量及核武威嚇，也必須援用一些較有創意的作為——如透過國際典制來規範中共的國際行

為，亦即透過婉轉、協商的方式和中共進行互動。這種標榜相互性、透明化、制度化以及避免訴諸武力解決國際間紛爭的方式，就構成了後冷戰期間，美國所標榜國際關係理論中的新思維——新自由主義之主體。

柯江會談期間，柯林頓總統明確表示：「美國著眼使中國成為一個真正的夥伴，而非著眼於遏制中國。遏制是一個負面策略，而美國想要的是同中國保持全面接觸的政策，以增加在那裡實現自由、繁榮與真正合作的機會。」美國與中共全面接觸的政策將充份展現在有關國際安全領域的各種議題內，從防止核武器擴散到地區及全球安全等問題，美國希望和中共進行各層級的對話，進而形成一個立體的對話格局。從兩國最高層元首級的互訪，到部會級對口單位的經常性接觸，特別強調兩國最高層級的政策協調。美國方面基本上已認識到，中共在江澤民的領導下，已走出了1989年北京「天安門事件」的陰影，在這股不可遏止的發展勢頭下，美國必須調整作為，期盼在中共領導階層內建構所謂的「認知社群」，以為型塑共同的價值及行為規範之基礎。

然而，美國當局亦清楚了解此一認知建構之大不易。目前，美「中」雙方所達成的新共識其基礎仍然脆弱，美國立即可做的是口頭上放棄對中共的極端敵視，並宣示將放棄使用經濟制裁來對付中共。於此同時，美國並將會對中共日後明顯違反國際文明規範之作為而提出忠告和指責。此一適用範圍包括了防止殺傷武器之擴散，以及維持亞太地區之和平與穩定等問題。然而，凡此種種均在在突顯了中國大陸不可或缺的戰略地位。

稍早，中共「國務院」新聞辦公室曾於1995年11月17日，公布了一份有關「中國的軍備控制與裁軍」的政策白皮書，這份文件可視為中共官方針對美國決定於七年內發展「導彈防禦系統」（Ballistic Missile Defense）這項政策，最有系統性的批判。文件中抨擊美國透過武器轉移的方式干涉他國內政，同時亦首次正式反對美國在東亞建立 「戰區導彈防禦」（Theater Missile Defense）之構想。

根據先前美國於1995年2月27日所公布「東亞戰略報告」（East Asia Strategy Report），其中明確地指出美國及其東亞盟軍為有效遏止強力殺

傷武器之擴散，及有效地預防、嚇阻及防禦具有威脅的國家，應採取所謂「不擴散戰略」（Non-Proliferation Strategy）或可稱爲「防止擴散方案」（Counter- Proliferation Initiative），而「戰區導彈防禦」爲此戰略最具關鍵性的一環。

　　當時，此項「戰區導彈防禦」是針對北韓而言，美國認爲北韓是構成東北亞地區最大軍脅的因素。對於中共，美國則企圖透過建設性交往、區域安全以及核武擴散防止等三種機制和中共落實合作安全（Cooperative Security）和共同安全（Common Security）之目標：（一）通過建立信任措施——如「亞太安全理事會」（Council for Security Cooperation in the Asia Pacific, CSCAP）及其附屬之工作小組、「東北亞安全對話」（Northeast Asia Cooperation Dialogue, NEACD）、「美朝協議」（U. S. - North Korea Agreed Framework）及「朝鮮半島能源發展組織」（Korean Peninsula Energy Development Organization, KEDO）、「南海會議」（The South China Sea Informal Meeting, SCS-IM）以及倡議成立「南沙能源發展組織」（Spratleys Energy Development Organization, SEDO）和「太平洋原子能委員會」（PACATOM），分別針對三個潛在衝突熱點——台灣海峽、朝鮮半島和南沙群島分別進行安全對話；（二）藉由軍備控制及軍備裁減的方式，進而嚴格管制中共轉讓敏感性材料及軍事裝備給巴基斯坦和伊朗。此種多邊安全機制分別以條約、公約或協議形式呈現，中共已參加「全面禁止核試驗條約」（Comprehensive Test Ban Treaty）、「不擴散核武器條約」（Nuclear Non-Proliferation Treaty）之無限期延長，參與「導彈技術管制」（Missile Technology Control Regime）及積極參加「禁止生產核武器用裂變材料條約」（Fissile Material Cutoff Treaty）等兩項公約的談判，以及正式簽署了「禁止在戰爭中使用窒息性、毒性或其他氣體和細菌作戰方法公約」（Biological Weapons Convention）和「禁止發展、生產、儲存和使用化學武器及銷毀此種武器公約」（Chemical Weapons Convention）等兩項公約，希望通過這些多層次的設計來逐行合作安全的目的。

　　中共發表這份政策白皮書之時，台灣海峽危機尚未形成，但中共卻已

凸顯出其針鋒相對之意。中共尤其指責美國身爲一個核武大國，既未放棄核武嚇阻戰略，亦未停止發展導彈防禦系統，更以武器轉移的方式逐行霸權主義和強權政治目的。反之，中共通過單方面實行了一系列裁減軍隊數量、維持低水平的國防支出，並參與國際多邊軍備控制組織。中共自認爲作爲一個「聯合國」安全理事會常任理事國，除了充分地克制外，並且作出了應有的貢獻。

中共的思路基本展現在下列兩方面：一方面中共認爲「中國」需要在一個和平環境中專心致力於經濟現代化的發展，故而中共支持國際間倡議的共同主張，包括軍備控制和防止核武擴散，並透過具體行動來表現其誠意。另一方面，中共則堅持國際社會必須充分尊重台灣爲中國領土之主權宣示，包括中共採取軍事手段逐行維護領土完整之必要性。

有鑒於此，美國和中共在亞太地區的戰略互動就形成了本地區各國所關注之焦點。尤有甚者，美國和中共形成了影響本地區目前生成中的「安全典制」最重要的兩股主導力量。爲此，此一分析途徑當兼俱理論與政策之雙重屬性：從理論創新來觀之，有關「安全典制」之討論，爲當今國際關係理論主流學派之顯學。其次，從政策制訂來觀之，誠如美國國務卿歐布萊特女士所曾說道：「美國將會透過雙邊結盟和多邊機構來強化美國之力量。」國際多邊安全典制將主導邁入二十一世紀亞太地區之走向，攸關美國國際戰略設計之成敗，故極富挑戰性，本研究途徑乃針對上述二項目而作，進而提出解釋。

美「中」戰略之分析架構（概念、目標與運作）

誠如先前所陳述國際關係理論中的兩派學說——新現實主義（neo-realism）和新自由主義（neo-liberalism），就如何達成安全困境下之合作這個概念上之論點，本研究途徑除綜合了上述兩派學說之重點，並建構一個新的分析架構來說明國家權力、國際典制、國內政治和國家行爲等，這幾個變項間之邏輯關係。進而，本研究途徑將從國際安全建制形成原

則（國家主權、國家安全及社群建立）、規範（相互性、集體行動、透明化、制度化、避免武力以及強國加入）、法條和決策程序等制度性要素，來檢視現階段美國與中共在亞太地區建構中之「安全典制」，分就（一）建立信任措施（Confidence-Building Measures）——以「亞太安全理事會」、「東北亞安全對話」、「南海會議」及等多邊安全對話體爲例之實際運作情況，並就（二）軍備控制（Arms Control）——以「全面禁止核試驗條約」、「不擴散核武器條約」、「禁止生產核武器用裂變材料公約」、「禁止在戰爭中使用窒息性、毒性或其他氣體和細菌作戰方法公約」、「禁止發展、生產、儲存和使用化學武器及銷毀此種武器條約」、「東南亞無核區條約」，以及「導彈技術管制體」等條約、公約之談判過程，加以研究。

藉此，本研究途徑企圖了解個該安全建制之運作方式、組織權力結構和其他國際組織互動之模式，透過這些組織動態面之了解，以期觀察出其間以及與其環境之間之互動關係，進而評估其影響力。

本研究途徑將綜合此三類型多邊安全機制——建立信任措施、反核武擴散和導彈技術管制，對美「中」關係之影響，進而說明多邊安全建制和國家行爲之關聯性，並且系統性地來檢視美「中」兩國在這三個領域內之戰略互動，以及對兩岸關係所產生之戰略穩定性、軍備競賽穩定性和危機穩定性三種戰略意涵。

美「中」安全典制之分析架構：認知社群論

基於前述討論，本研究途徑綜合各派學說，並建構一個有關形成國際安全合作之分析架構，如圖10-1所示：

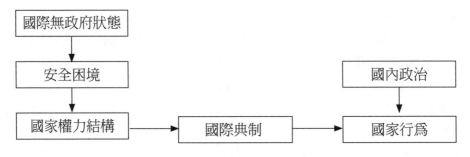

圖10-1　國際安全合作分析架構

資料來源：請參閱*Barry Buzan, "The Level of Analysis Problem in International Relations Reconsidered," in Ken Boolh & Steve Smith, eds., International Relations Theory Today (University Park, Penn.: The Pennsylvania State University Press, 1995), pp. 198-216; and Jim George, Discourses of Global Politics (Boulder, Colo: Lynne Rienner Publishers, 1994), pp. 111-117.*

（I）為影響決定國家行為的國際環境（或稱無政府狀態）。無政府狀態為現階段國際中，主權國之上缺乏絕對威權體。國際結構乃係國家單元存在於此一體系中之安排。

（II）為在此一國際體系中國家權力結構（或稱綜合國力）。此處國家權力結構乃指當今國際體系中，各國之綜合力量，後冷戰期美國作為全球性強權，中共在經過十數年的對外開放，加之軍事現代化之配合，已成為一個區域性之強權。依新現實主義之論，國家相處之道即是藉由其本身之力量反覆地進行權力均勢的建構，其目的不外乎自保和解決安全困境下之壓力。

（III）為國家行為的直接情境（或稱安全困境）。有關安全困境這個概念，特別彰顯於無政府狀態下的國際環境，通常它是指一個國家在增強其安全保障時，相對降低了敵對國家的安全感。這個概念在描寫現階段的美「中」關係是最貼切不過了，美國對中共所採用的是個十足的交往與圍堵兩面手法，而中共的策略則是發展與壯大。

（IV）為國際安全典制（或稱國際合作建構過程）。國際典制是新

自由主義論者所強調的機制，用來促進國際合作，它有別於國際秩序、國際組織和其他傳統國際條約，見表10-1。此處「國際典制」其定義為「一組隱性的或顯性的原則、規範、法條、和決策程序；在這些基礎上，某一特定國際關係領域中的行為者能有類似的期望。原則是指對事實、因果、和正義的信仰。規範是行為的標準，由權利和義務來界定。法條是對應然行為和違規行為的詳細規定。決策程序是在制訂和執行集體決定時所採用的主要方式。」它是國際間藉由一個共同協調與合作之過程，進而確立在某些領域中的規則和決策程序，因而，它是消除安全困境的手段。現階段美「中」關係，透過多邊國際安全典制來建構合作之實例，包括導彈技術管制、不擴散核武條約，及全面禁止核子試爆條約等談判等。

（Ｖ）為國內政治對國際合作之衝擊。國內政治對國際合作之衝擊，可從為兩方面來看：對中共而言，在面臨威權政體轉型和世代交替的雙重變遷下，政治行動者為未來的政治規則和程序進行重組，而產生衝突和不確定性。過去幾年間，中共和美國就台灣問題大幅震盪就是中共軍方和非軍方矛盾公開化之佐證。對美國而言，民主與共和兩黨就如何因應中共之對台武力威脅，存在相當大的歧見。

表10-1　亞太地區多邊合作安全機制

	類型	名稱
1	條約（Treaty）	東南亞無核區條約（SEANWFZ）
		不擴散核武器條約（NPT）
		全面禁止核子試爆條約（CTBT）
2	公約（Convention）	禁止生產核武器用裂變材料公約（FMCT）
		禁止在戰爭中使用窒息性、毒性或其他氣體和細菌作戰方法公約（CBW）
		禁止發展、生產、儲存和使用化學武器及銷毀此種武器公約（CCW）
3	協定（Agreement）	關於在邊境地區加強軍事領域信任協定（AMRBA）
		五國防衛協議（FPDA）

表10-1　亞太地區多邊合作安全機制（續）

	類型	名稱
		美朝協議（U. S. - North Korea Agreed Framework）
4	組織（Organization）	國際核能總署（IAEA）
		東南亞國家協會（ASEAN）
5	典制（Regime）	導彈技術管制（MTCR）
		出口管制（Export Controls）
6	對話體（Dialogue Body）	東協區域論壇（ARF）
		亞歐高峰會（ASEM）
		亞太安全理事會（CSCAP）
		東北亞安全對話（NEACD）
		南海會議（CSC-IM）
7	其他	南沙能源發展組織（SEDO）
		朝鮮半島能源發展組織（KEDO）
		太平洋原子能委員會（PACATOM）

資料來源：袁易：「多邊主義與安全困境下之合作」《問題與研究》35（1996），p.9

　　（VI）爲國家行爲（或稱安全困境下之合作）。這就形成了美「中」戰略關係中的結構矛盾性，柯林頓政府所倡議的後冷戰亞太戰略是以防止核武擴散爲主軸，它是建立在信心及安全建立、軍備控制、積極與中共交往，以及維持和一些亞洲國家之雙邊軍事同盟等四個重點上，在戰略本質上而言，它是所謂的防禦性防衛（Preventive Defense）。美國國會則主張，把台灣納入「戰區導彈防禦」（T.M.D）中，此舉之戰略意涵爲嚇阻，在此種戰略下，中共就成爲美國的假想敵，美「中」合作安全的關係卻又存在某種程度的針對性，因而中共之負面反應是可想而知的。

　　本研究途徑將選擇美「中」安全典制建構過程中，俱有代表性的議題進行系統性的分析，透過對這些安全典制的認知社群背景、本質之了解，本研究途徑將進一步地觀察美「中」兩國之國家行爲在此一安全機制的節制下，有著何種調整？於此同時，本研究途徑也企圖了解國內政治因素對

促成國際安全典制作用爲何？

　　首先，本研究途徑之創見在於提出「認知與機構之戰略聯核」（strategic nexus of cognition & institution）這個概念，來分析解釋安全建制建構對美「中」戰略互動形成之影響。圖10-2「安全典制」之具體內涵，它包括了（1）典制之建立（regime creation）；（2）典制動力（regime dynamics）；（3）典制持續（regime persistence）；以及（4）典制變遷（regime change）這幾個要項。此處所謂「認知社群」是指：「一群由專家構成之人際網絡，這些在特定領域中之享有聲譽和專長，並能對該領域所涉及之政策，發表權威性之評論。」其操作性定義就是國際典制中跨國（包括國際組織和非國際組織）網絡角色，或可稱爲國際典制與其環境間的互動關係。

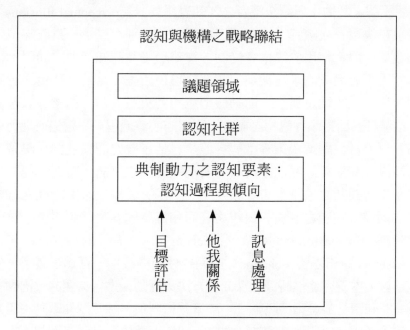

圖10-2　安全建制建構

資料來源：袁易，《安全建制建構與美「中」關係：一個認知社群論的分析》（台北：行政院國家科學委員會，2000）。

　　其次，爲落實安全典制之認知社群分析，本研究途徑將建構一個美「中」安全典制動力之認知因素（cognitive factors in regime dynamics）分析架構，來說明「認知社群論」之要項：它包括了（一）認知社群體，即國際組織（International Organization, IGO）、非政府組織（Non-Government Organization, NGO）和政府間組織（Inter-Government Organization, IGO）間所形成之跨國議題網絡；（二）議題領域（issue-areas），即建立信任措施、軍備控制及戰區導彈防禦等；（三）認知過程和傾向（cognition process & dispositions）即認知社群成員之知覺（perception）和學習（learning）等主要心智過程，它包括了目標評價（既定立場）、他我關係（其他相關之既定立場）以及訊息處理（潛在相關之非既定立場）等幾個功能。其中尤以潛在相關之非既定立場這個功能，最值得觀察，原因在於此一認知心理因素，具備了對決策者在危機時機產生衝擊之潛力。所謂決策者之「知覺錯誤」（perceptual illusions），即表現在決策者之談判上。有關造成誤判的類別有二：一爲認知型，一爲動機型。前者種因於決策者受制於複雜環境及認知能力之局限；後者則起於決策者個人需求之衝突，和嚴峻環境所生成之情感作用。認知型誤判會造成系統性之錯誤；而動機型之誤判決策者傾向繼續尋求替罪藉口，以減輕其面對事實眞相之痛苦。學習的心智過程則是透過心理導航；（四）可分爲協議或決策等型態。協議包括了雙方認知社群（決策者及智庫幕僚）在進行談判前：（甲）表現在議題之確認、腹案之擬訂、談判之承諾和談判之協議上，在談判中：（乙）表現在有關議程之辯論、原則之選擇、議題之定義、退讓之磋商和協議內容之俱體表現。這就和典制建構（formation）的建立（creation）、動力（dynamics）、持續（persistence）和變遷（change）四個要件相得益彰、互爲表裏了。依此實證資料，本研究途徑將深入探究雙方決策互動，進行有關其政治動力心理——認知驅動或是動機驅動——決策分析判別。綜凡認知驅動決策乃種因於決策者受制於環境及認知能力之局限；而動機驅動決策則起因於決策者個人需求之衝突和嚴峻環境所生成之情感作用。準此，本研究途徑將區別雙方政治行動者之行爲類型建構：學習、妥協、退讓、順從或衝突等各種類型。

　　最後，由於國際典制中的認知社群之研究，目前仍處於起步之階段。因而，本研究途徑探討的問題核心一如此一認知社群如何構成？如何運作？實際影響力有多大？以及如何估算其對政策所產生之影響力等諸項問題，迫切需要本研究途徑取得相關實證資料來一一解答。

結　論

　　總體而言，美「中」關係在柯林頓總統任內，已展現出一個發展之規律，本研究途徑總結過去三年來之發展，進而配合現階段美「中」關係戰略互動進程，勾畫出以未來爲基調的藍圖，鎖定美「中」安全建制與觀察目標，希望藉由掌握彼等之規律，能洞察美「中」戰略互動之走向，以防範突變之生成。進而，透過觀察美國肆應中共這個崛起的區域強權之道，可以爲兩岸關係互動之參考。

　　有鑑於此，本研究途徑結合理論與實際之考量，預期完成之工作項目有下列幾類：（一）有關理論方面：國際關係理論界對於國際安全建制之探討，目前正值發展期，其因乃是基於當今世界仍處於後冷戰之轉型期，國際權力結構正從雙元格局走向多元格局之際，因而造就了國際關係理論主流學派新思潮之產生。本研究途徑之預期目標之一，即是透過對美「中」兩國安全典制建構之了解，進而來檢驗此一概念之本質。再者，透過本研究途徑較爲細緻的分析架構，以爲具體掌握全典制之建立，發展和變遷之內容。尤其透過此一研究途徑所提出，對決策者及其幕僚智庫群之「認知與機構之戰略聯結」此一概念，來了解安全典制之動態面內涵。另外，本研究途徑所提出之政治心理分析法，其所依據之認知心理學理論，亦屬國際學界所採行之新穎觀點，具有大膽理論突破之前瞻性，屬於前延理論，亦是對學界行之多年「理性擇論」之挑戰。故而，此一研究途徑之核心概念——國際安全典制、認知社群和認知與機構之戰略聯結等，可透過實證分析來逐一檢驗；（二）有關實證資料方面：此一研究途徑將透過對美「中」安全建制架構下，所包涵之各類題領域實證資料，依其所策列之要項與進度逐年觀察並加以蒐集整理，並期建立起一組可資辨識的安全

典制發展動向表，發展出一組美「中」安全互動之合作/衝突行爲指標，並建立一個「資料庫」（d-base），它包括靜態型的資料，以及動態型的資料。其關鍵要素是透過對各項鎖定觀察要項進行深度了解，逐步形成一個比較科學的資料體系，建立一個健全良好之分析機制，使之標準化和制式化以便產出信度與效度較高之指標，以加強研究之戰略縱深；（三）有關政策方面：本研究途徑將可透過對中共決策者智庫成員之訪談，來區別其認知結構與過程，此法可消除我方同時和中共參與國際多邊組織時所造成之認知盲點，進而更準確地掌握彼等之意圖和傾向，進而建立和彼等在特定議題上之「認知社群」，以期突破現階段雙方之零和互動型態。準此，本研究途徑兼具國際和大陸兩個向，一方面擴大對彼等學術以及政策認知社群之資訊掌握，另一方面建構與彼等之工作聯繫。

尤其，本研究途徑採用的資料其取得方式特色之一，在於運用國際網際網路之充沛資訊，蓋本研究之主體——建立信任措施、反核武擴散以及戰區導彈防禦均爲現階段發展中的事務，故須講求對所蒐集資料之時效性。準此，本研究之主體依其性質可區分爲：（一）國際組織：如（UN-Security Council）、（UN-Office in Geneva）等；（二）政府間國際組織：如（Conference on Disarmament）、（International Atomic Energy Agency）等；（三）國際典制：如（Missile Technology Contorl Regime）、（Export Controls）；（四）國內機構一如：（US Arms Control & Disarmament Agency）、（US Department of Defense-BMDO）、（US Department of Energy-Office of Non-Proliferation & National Security）、（US National Security Council）等，以及（五）非政府組織一如：Cooperative Monitoring Center（CMC）、Federation of American Scientists（FAS）、Los Alamos National Laboratory、Montery Institute of International Studies（MIIS）、Arms Control Association（ACA）、Center for Strategic & International Studies, CSIS、Institute on Global Conflict & Cooperation, IGCC等，上述機構均設有網站、資料庫和網際討論群，透過這項網路工具，大幅度地降低了相關資料蒐集的取得成本。同時亦提供了議題領域內相關資料，擴大了對研究議題蒐尋的廣度，

更者，研究者可以透過網際討論群進行對話，以進一步交換資訊。此一網路技術驅動的優勢，改變了過往我國因不隸屬一些國際組織，而無法取得個該國際組織官方資料之限制，並且突破了個別研究者在資料貧乏下的孤立心理狀態，對於此類研究之操作有著極大之助益。

參考書目

外文書目

Axelrod, Robert, and Robert O. Keohane. 1985. "Achieving Cooperation under Anarchy." *World Politics* 38(1): 226～254.

Baldwin, David A. 1980. "Interdependence and Power." *International Organization* 34(4): 471～506.

Baldwin, David A., ed. 1993. *Neorealism & Neoliberalism*. New York: Columbia University Press.

Baldwin, David A. 1995. "Security Studies and the End of the Cold War." *World Politics* 48(1): 117～141.

Brenner, Michael, ed. 1995. *Multilateralism and Western Strategy*. New York: St. Martin's Press.

Bull, Hedley. 1977. *The Anarchical Society*. New York: Columbia University Press.

Buzan, Barry. 1995. "The Level of Analysis Problem in International Relations Reconsidered." In Ken Booth & Steve Smith, eds., *International Relations Theory Today*. University Park, Penn.: The Pennsylvania State University Press.

Checkel, Jeffrey T. 1998. "The Constructivist Turn in International Relations Theory." *World Politics*, 50(2): 324-48.

Adler, Emanuel. 1991. "Cognitive Evolution: A Dynamic Approach for the Study of International Relation and Their Progress." In Emanuel Adler and Beverly Crawford, eds., *Progress in Postwar International Relations*. New York: Columbia University Press.

George, Jim. 1994. *Discourses of Global Politics*. Boulder, Colo.: Lynne Rienner Publishers.

Glaser, Charles L. 1992. "Political Consequences of Military Strategy." *World Politics* 44(4): 519～525.

Gompert, David C. et al. 1977. *Nuclear Weapons and World Politics*. New York: McGraw-Hill.

Grieco, Joseph M. 1993. "The Relative-Gains Problems for International Cooperation." *American Political Science Review* 87: 729-735.

Hasenclever, Andreas, Peter Mayer, Volker Rittberger. 1997. *Theories of International Regimes*. Cambridge: Cambridge University Press.

Hass, Ernst B. 1980. "Why Collaborate? Issue-Linkage & International Regimes." *World Politics* 32(3): 357-402.

Hass, Ernst B. 1997. *Nationalism, Liberalism & Progress*. Ithaca: Cornell University Press.

Hass, Perter M. 1989. "Do Regimes Matter? Epistemic Communities & Mediterranean Pollution Control." *International Organization* 43(3): 377-403.

Herz, John H. 1950. "Idealist Internationalism and the Security Dilemma." *World Politics* 1(2): 157～180.

Jepperson, Ronald L., Alexander Wendt, and Peter J. Katzenstein. "Norms, Identity, and Culture in National Security." In Peter J. Katzenstein, ed., *The Culture of National Security: Norms and Identity in World Politics*. New York: Columbia University Press.

Jervis, Robert. 1978. "Cooperation under the Security Dilemma." *World Politics* 30(4): 167～212.

Jervis, Robert. 1982. "Security Regime." *International Organization* 36(2): 357～378.

Jonsson, Christer. 1993. "Cognitive Factors in Explaining Regime Dynamics." In Volker Rittberger, ed. *Regime Theory and International Relations*. Oxford: Clarendon Press.

Katzenstein, Peter J. 1996. "Introduction: Alternative Perspective on National Security." In Peter J. Katzenstein ed., *The Culture of National Security: Norms and Identity in World Politics*. New York: Columbia University Press.

Keohane, Robert O. 1983. "The Demand for International Regimes." In S.D. Krasner, ed., *International Regimes*. Ithaca: Cornell University Press.

Keohane, Robert O., and Helen V. Milner, eds., 1996. *Internationalization & Domestic Politics*. Cambridge: Cambridge University Press.

Keohane, Robert O., and Joseph S. Nye, Jr. 1977. *Power & Interdependence*. Boston: Little Brown.

Keohane, Robert O., and Joseph S. Nye, Jr. 1985. "Two Cheers for Multilateralism." *Foreign Policy* 60: 148~167.

Keohane, Robert O., and Lisa L. Martin. 1995. "The Promise of Institutionalist Theory." *International Security* 20(1): 39~51.

Keohane, Robert O. 1988. "International Institutions." *International Studies Quarterly* 32(4): 379~396.

Keohane, Robert O. 1990. "Multilateralism." *International Journal* 45: 731~764.

Keohane, Robert O., ed. 1986. *Neorealism and Its Critics*. New York: Columbia University Press.

Krasner, Stephen D. ed. 1983. *International Regimes*. Ithaca: Cornell University Press.

Kratochwil, Friedrich, and John G. Ruggie. 1986. "International Organization: A State of the Art or an Art of the State," *International Organization*, 40(4): 753-75.

Lipson, Charles. 1984. "International Cooperation in Economic & Security Affairs." *World Politics* 37(1): 1~23.

MacMillan, John, and Andrew Linklater, eds. 1995. *Boundaries in Question: New Directions in International Relations*. New York: St. Martin's Press.

Mearsheimer, John J. 1994/95. "The False Promise of International Institutions." *International Security* 19(3): 5-49.

Milner, Helen. 1992. "International Theories of Cooperation among Nations." *World Politics* 44(3): 466-496.

Morgenthau, Hans. 1955. *Politics among Nations*. New York: Alfred A. Knopf.

Oye, Kenneth A. 1985. "Explaining Cooperation under Anarchy." *World Politics* 38(1): 1~24.

Oye, Kenneth A. ed. 1986. *Cooperation under Anarchy*. Princeton, N.J.: Princeton University Press.

Rawls, John. 1993. *Political Liberalism*. New York: Columbia University

Press.

Reith, Dan. 1995. "Exploding the Power Keg Myth." *International Security* 20(2): 8-12.

Rittberg, Volker. 1993. *Regime Theory & International Relations*. Oxford: Clarendon Press.

Ruggie, John Gerard, ed. 1993. *Multilateralism Matters*. New York: Columbia University Press.

Ruggie, John Gerard. 1975. "International Responses to Technology: Concepts & Trends." *International Organization* 29: 557-583.

Ruggie, John Gerard. 1998. *Constructing the World Polity: Essays on International Institutionalization*. London: Routledge.

Smith, Steve. 1997. "New Approaches to International Theory." In John Baylis and Steve Smith ed. *The Globalization of World Politics*. Oxford: Oxford University Press.

Walt, Stephen M. 1991. "The Renaissance of Security Studies." *International Studies Quarterly* 35(2): 221～239.

Waver, Ole. 1996. "The Rise and Fall of the Inter-Paradigm Debate." In Steve Smith, Ken Booth, and Marysia Zalewski ed., *International Theory: Positivism and Beyond*. Cambridge: Cambridge University Press.

Wendt, Alexander. 1992. "Anarchy is What States Make of it: The Social Construction of Power Politics." *International Organization* 46(2): 391-425.

Wendt, Alexander. 1994. "Collective Identity Formation and the International State," *American Political Science Review* 88(2): 384-98.

Wendt, Alexander. 1995. "Constructing International Polities." *International Security* 20: 71-81.

Young, Oran R. 1980. "International Regimes: Problems of Concept Formation." *World Politics* 32(3): 331-356.

Young, Oran R. 1998. *Creating Regimes: Arctic Accords & International Governance*. Ithaca: Cornell University Press.

五南文化廣場

橫跨各領域的專業性、學術性書籍 在這裡必能滿足您的絕佳選擇！

五南全國門市

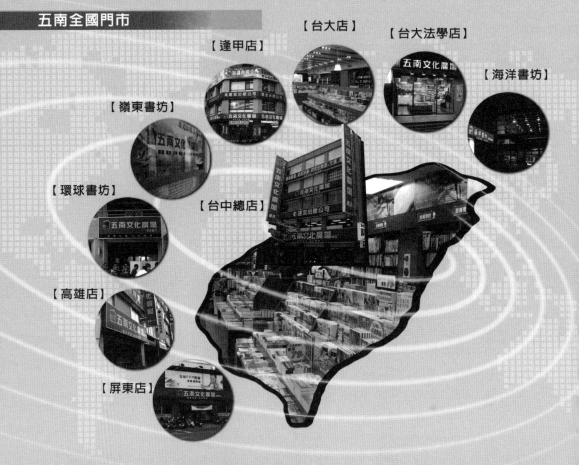

【逢甲店】 【台大店】 【台大法學店】 【海洋書坊】 【嶺東書坊】 【環球書坊】 【台中總店】 【高雄店】 【屏東店】

海 洋 書 坊：202 基 隆 市 北 寧 路 2號　　TEL：02-24636590　FAX：02-24636591
台　大　店：100 台北市羅斯福路四段160號　TEL：02-23683380　FAX：02-23683381
台大法學店：100 台北市中正區銅山街1號　　TEL：02-33224985　FAX：02-33224983
逢　甲　店：407 台中市河南路二段240號　　TEL：04-27055800　FAX：04-27055801
台 中 總 店：400 台 中 市 中 山 路 6號　　TEL：04-22260330　FAX：04-22258234
嶺 東 書 坊：408 台中市南屯區嶺東路1號　　TEL：04-23853672　FAX：04-23853719
環 球 書 坊：640 雲林縣斗六市嘉東里鎮南路1221號　TEL：05-5348939　FAX：05-5348940
高　雄　店：800 高 雄 市 中 山 一 路 290號　TEL：07-2351960　FAX：07-2351963
屏　東　店：900 屏 東 市 中 山 路 46-2號　TEL：08-7324020　FAX：08-7327357
中信圖書團購部：400 台 中 市 中 山 路 6號　TEL：04-22260339　FAX：04-22258234
政府出版品總經銷：400 台中市綠川東街32號3樓　TEL：04-22210237　FAX：04-22210238
網 路 書 店　http://www.wunanbooks.com.tw

專業法商理工圖書・各類圖書・考試用書・雜誌・文具・禮品・大陸簡體書
政府出版品總經銷・中信圖書館採購編目・教科書代辦業務

國家圖書館出版品預行編目資料

爭辯中的兩岸關係理論／高朗等合著；包宗
和、吳玉山主編. －－二版.－－臺北市：五
南，2011.05
　　面；　公分
ISBN 978-957-11-6254-6（平裝）
1.兩岸關係　2.文集
573.09　　　　　　　　　　　100004394

1PB4

爭辯中的兩岸關係理論

主　　編 ─ 包宗和　吳玉山（193）

作　　者 ─ 包宗和　吳玉山　高　朗　張五岳　吳秀光
　　　　　　冷則剛　石之瑜　明居正　袁　易

發 行 人 ─ 楊榮川

總 編 輯 ─ 王翠華

主　　編 ─ 劉靜芬

責任編輯 ─ 張婉婷

封面設計 ─ P.Design視覺企劃

出 版 者 ─ 五南圖書出版股份有限公司

地　　址：106台北市大安區和平東路二段339號4樓

電　　話：(02)2705-5066　　傳　真：(02)2706-6100

網　　址：http://www.wunan.com.tw

電子郵件：wunan@wunan.com.tw

劃撥帳號：01068953

戶　　名：五南圖書出版股份有限公司

法律顧問　林勝安律師事務所　林勝安律師

出版日期　1999年3月初版一刷
　　　　　2009年3月初版七刷
　　　　　2011年5月二版一刷
　　　　　2012年6月二版二刷
　　　　　2015年8月二版三刷

定　　價　新臺幣350元